Rena Kornreich Gelissen

Renas Versprechen

Zwei Schwestern überleben Auschwitz

Aus dem Amerikanischen von Elfriede Peschel

WILHELM HEYNE VERLAG
MÜNCHEN

HEYNE SACHBUCH
19/611

Titel der amerikanischen Originalausgabe:
RENA'S PROMISE
Erschienen 1995 bei Beacon Press, Boston

Besuchen Sie uns im Internet:
http://www.heyne.de

Umwelthinweis:
Dieses Buch wurde auf chlor-
und säurefreiem Papier gedruckt.

Ungekürzte Taschenbuchausgabe
im Wilhelm Heyne Verlag GmbH & Co. KG, München
Copyright © 1995
by Rena Kornreich Gelissen und Heather Dune Macadam
Copyright © der deutschsprachigen Ausgabe 1996
by von dem Knesebeck GmbH & Co. Verlags KG, München
Printed in Germany 1998
Umschlagillustration: Smithonian Institution Press, John Vachon
Umschlaggestaltung: Atelier Adolf Bachmann, Reischach
Druck und Verarbeitung: Ebner Ulm

ISBN 3-453-14136-9

INHALT

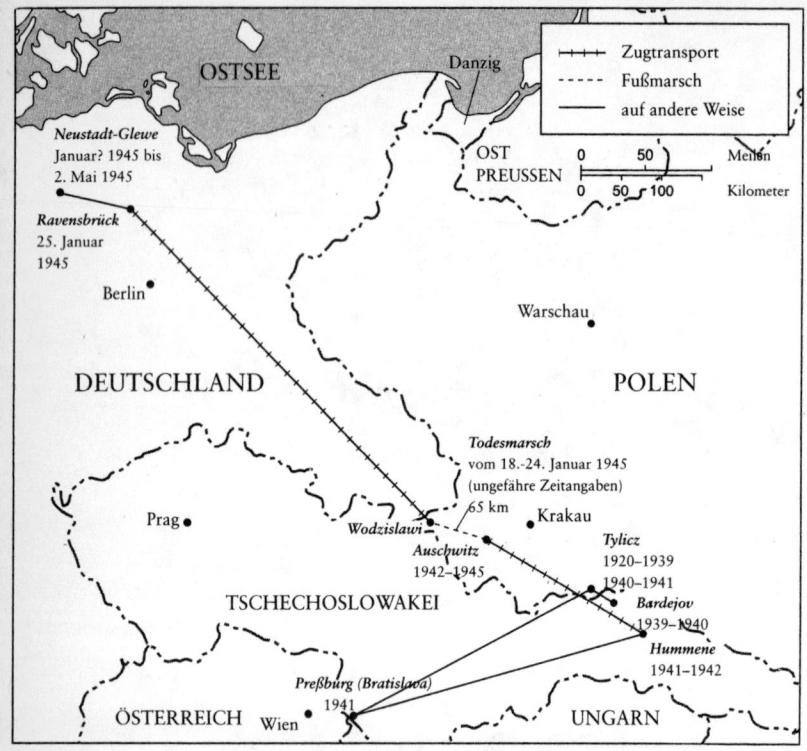

Die von Rena während des Kriegs in Europa zurückgelegten Wege

Liebe Mama, lieber Papa:
Dieses Buch ist für euch. Seit fünfzig Jahren
erzähle ich euch diese Geschichte in meinen Gedanken.
Jetzt ist sie endlich niedergeschrieben,
und ich muß sie nie wieder erzählen.
Alles Liebe, Rena

Und für Danka:
Ohne dich gäbe es keine Geschichte.

Noch Jahre danach brennt es
in den Gliedern, im Kopf, Rauch
steigt noch immer hinter den Wänden auf, selbst
am zweiten Mai, dem Geburtstag aller Geburtstage.
Und wenn auch in Polen der steinerne
Brunnen bei Tylicz niemals verstummt,
kühlt er nicht die schwelende Glut, nicht die
schrecklichen Träume, die den Schlaf nähren.

Monatelang läßt der Redwood-Baum
die Flamme lodern, die ihn verzehrt und eine
schwarze Narbe in sein Herz brennt. Inmitten
der verbrannten Skulptur grünt wie ein Wunder
der Sproß eines jungen Baums. Laßt uns die Asche
nach neuem Leben durchsieben, nach der Geschichte,
die im Leid geschmiedet ist; wo die Geburt in die
Sprache so schrecklich ist wie das Feuer oder die Liebe.

Annette Allen
The Story (für Rena)

VORWORT

Ich berühre die Narbe an meinem linken Unterarm, gleich unterhalb des Ellbogens. Ich habe mir die Tätowierung chirurgisch entfernen lassen. Es gab so viele Menschen, die nicht Bescheid wußten, und so viele Fragen: »Was ist das für eine Nummer?« »Ist das Ihre Adresse?« »Ist das Ihre Telefonnummer?«

Was sollte ich sagen – »Das war drei Jahre und einundvierzig Tage lang mein Name«?

Eines Tages bot mir ein freundlicher Arzt an, sie mir zu entfernen. »Das ist kein Akt der Wohltätigkeit«, versichert er mir. »Es ist das mindeste, was ich als amerikanischer Jude tun kann. Sie waren dort, ich nicht.«

So entschloß ich mich, die Fragen aus meinem Arm herausschneiden zu lassen, nicht aus meinem Kopf – die können nie entfernt werden. Das Stück Haut, das der Doktor mir wegoperiert hat, ruht in einem Glas Formaldehyd, worin das Fleisch sich zu einem schaurigen Grün verfärbt hat. Die Tätowierung dürfte inzwischen verblaßt sein, ich habe es nicht überprüft. Ich brauche keine Gedächtnisstützen. Ich weiß, wer ich bin. Ich weiß, was ich war.

Ich war im ersten Judentransport nach Auschwitz. Ich war Nummer 1716.

Rena Gelissen

TYLICZ

*I*n gleichmäßigem Tempo fahre ich an einem Samstagmorgen im Januar hinauf in die Berge North Carolinas, um eine Frau zu treffen, die ich erst zweimal gesprochen habe – Rena. Als wir uns das erstemal am Telefon sprachen, kochte ich gerade Piroggen und Kielbasa zum Abendessen.

»Kommen Sie aus Polen?« fragte sie aufgeregt.

»Nein«, erklärte ich ihr, »ich mag nur gern Piroggen. Wir essen sie immer an einem Imbißstand namens Kiew, an der Lower East Side in New York.«

»Ich glaube, da würde es mir gefallen.«

Ich lachte. »Das glaube ich auch.«

Renas Haus liegt in einem kleinen Tal mit einer Weide voll grasender Kühe dahinter. Wie eine Klammer am Horizont schließen uns die sich üppig vorwärtsschiebenden Hügel der Blue Ridge Mountains ein. Bevor ich aus dem Wagen steige, versuche ich, meine Gedanken und meine Büchertasche zu ordnen. Es ist ein wunderbarer Tag. Die Luft hier oben ist kühler, aber die Sonne scheint, und wenn der Wind auch nach Winter riecht, hat er doch nichts von dessen Unbarmherzigkeit.

Drinnen werde ich von John warmherzig empfangen. Wir geben uns die Hand, und er ruft Rena.

»Sie sind ja so groß!« Sie lächelt, als wir uns zum erstenmal begrüßen.

»Bin ich das wirklich?« Ich muß lachen. »In unserer Familie bin ich die Kleine.«

»Und ich in meiner die Große.« Ihre Augen blitzen.

»Kommen Sie Heather und schauen Sie sich Renas Wäscheschränke an!« John gibt mir ein Zeichen.

»Nicht, Jan!« Sie tadelt ihn auf Holländisch, fügt dann aber glücklicherweise auf Englisch hinzu: »Du bringst mich in Verlegenheit.«

14

»Du hast den ganzen gestrigen Tag damit zugebracht, sie in Ordnung zu bringen, laß doch Heather jetzt wenigstens sehen, wie hart du gearbeitet hast. Wie sonst soll sie es wissen?«

»Das stimmt nicht«, sagt sie leise. »Die sind immer so ordentlich.« Als sie mir ihre wunderschöne Wäsche zeigt, die sie schon seit Jahren sammelt, sagt sie ruhig: *»Von meiner Familie hatte ich keine Wäsche oder irgendwelche Erbstücke. Deshalb habe ich sie selbst für mich zusammengetragen. Bis drei Uhr morgens bin ich aufgeblieben, um einen Fleck herauszuschrubben, den andere als aussichtslos aufgegeben hatten.«*

»Da haben wir's. Jetzt weiß Heather, wie ordentlich und sauber du bist. Werden Sie auch Ihre Wäscheschränke aufräumen, wenn wir zu Besuch kommen?« frozzelt John.

»Ich habe keine Wäscheschränke.« Ich lache wieder. *»Sie können froh sein, wenn ich Staub wische.«*

Rena nimmt meinen Arm. »Unterstehen Sie sich bloß, für mich sauberzumachen! Ich mache zu viel sauber. Wenn ich unruhig bin, kann ich nicht damit aufhören.«

Im Untergeschoß, wo wir viele Stunden des kommenden Jahres damit zubringen werden, die klammernden Geister der Vergangenheit auszugraben, flackert ein Gasofen. Die rosafarbenen Gardinen vor den Fenstern tauchen das Zimmer in rosiges Licht.

Vom rosa Zimmer mit seinem Ofen werde ich in einen Nebenraum geführt, in dem die Familienfotos aufgestellt sind. Die Wand ist in zwei Bereiche unterteilt: links die Gelissen-Familie aus Holland; rechts die Kornreich-Familie aus Polen. In der Mitte hängen Renas und Johns Hochzeitsfoto und Bilder ihrer Kinder.

Rena berichtet mir, daß sie keine Vorkriegsbilder hätte, wenn nicht ihre Schwester Gertrude schon vor dem Krieg nach Amerika ausgewandert wäre. Sie zeigt mir dann das Hochzeitsfoto ihrer Mutter. Ein viktorianisch hochgeschlossener Spitzenkragen verhüllt ihren Hals, und sie trägt eine so anmutige Hochsteckfrisur, daß es gar nicht nach Perücke aussieht.

»Wie hieß sie?« frage ich.

»Sara.« Rena drückt einen Kuß auf ihre Hand und berührt das Gesicht auf dem Foto.

»Wissen Sie, als ich hierher zog, dachte ich mir, ich habe meine Nummer entfernen lassen, keiner kennt mich, ich kann alles hinter mir lassen. Und da habe ich beschlossen, nie wieder darüber zu reden. Es lohnt sich nicht.«

»Warum erzählten Sie es Corinne?« will ich von ihr wissen, indem ich sie auf unsere gemeinsame Freundin anspreche.

»Ich weiß es nicht!« Sie lacht. »Das war schon sehr seltsam.« Ihre Augen werden groß, als sie die Geschichte erzählt, die zu dieser Begegnung geführt hat.

»Ich hatte die falsche Nummer gewählt, aber die Stimme am anderen Ende der Leitung hörte sich vertraut an. ›Ist das Corinne vom Tennisklub?‹ sage ich. ›Bist du Rena?‹ fragt sie.«

Rena ahmt die Stimmen nach, führt das Gespräch vor, als fände es vor meinen Augen statt.

»Ich wollte jemand anderen anrufen, und hatte statt dessen sie dran. Wir fanden das beide furchtbar lustig, denn sie war einige Wochen weggewesen. ›Wie geht's dir denn?‹ sage ich. ›Ich habe dich schon lange nicht mehr gesehen.‹ ›Ich habe eine schwere Zeit durchgemacht‹, erzählt sie mir.

Sie sagte in etwa, daß ihre Vergangenheit sehr schmerzlich gewesen sei, und ehe ich mich versah, sage ich: ›Das kenne ich. Auch ich habe schlimme Dinge durchmachen müssen. Ich war in Auschwitz.‹ Ich erzählte ihr, daß ich seit fünfzig Jahren meine Geschichte im Kopf schreibe, sie aber nicht aufs Papier bringe. ›Ich brauche jemanden mit freundlichen Augen, der mir gegenüber sitzt, sich alles anhört und für mich niederschreibt.‹ Sie sagt: ›Ich kenne dafür genau die richtige Frau.‹«

»Und hier sind Sie! Alles nur wegen einer falschen Num-

mer.« *Sie tätschelt mein Knie.* »Habe ich Ihnen gesagt, was
mir durch den Kopf ging, als wir zum erstenmal miteinander
telefonierten?« *Ich schüttle den Kopf.* »Daß Sie Piroggen essen, war ein Zeichen, daß Sie der richtige Mensch für meine
Geschichte sind.« *Sie lacht, und ich falle mit ein.*

*Wir lassen uns auf der Couch vor dem Ofen nieder.
Geräuschlos schalte ich mein Tonbandgerät ein; Zeit, anzufan-
gen.*

»Ich habe jede Menge Bücher über den Holocaust.« *Sie
springt auf.* »Wollen Sie sie sehen?«

»Nicht jetzt. Erzählen Sie erst einmal.«

»Okay.« *Sie wirft mir einen mißtrauischen, resignierten
Blick zu, ehe sie sich hinsetzt.*

*Ich komme mir vor wie ein Zahnarzt, der eine Extraktion
vornehmen soll.*

»Wo soll ich anfangen?«

»Mit Auschwitz?« *frage ich.*

Sie ist enttäuscht. »Wollen Sie nicht lieber zuerst etwas über
meine Kindheit erfahren? Ich hatte eine wunderschöne Kindheit. Ich könnte Ihnen von meiner Schwester Danka erzählen,
und von Mama und Papa.« *Sie sieht mich hoffnungsvoll an,
und da mir mein Fehler klargeworden ist, nicke ich bereitwillig.*

*Genußvoll taucht sie in ihre Familiengeschichte ein, verge-
wissert sich, daß ich den Lebensstil der orthodoxen Juden
nachvollziehen kann, und skizziert die Kräfte, die in der Familie zum Tragen kamen. Sie spricht schnell, angeregt und lebendig, ihre Hände gestikulieren, ihre Augen lächeln.*

*Für Renas Vater Chaim bestand die Aufgabe der Frau darin,
Kinder zu gebären, einen koscheren Haushalt zu führen, und
zu wissen, wie man betet. Doch Renas Mutter war entschlossen, daß ihre Mädchen Hebräisch lernen sollten.* »Ich werde
nicht zulassen, daß meine Mädchen, wenn sie im Tempel ver-

heiratet werden, so in Verlegenheit kommen wie ich, weil sie nicht im Gebetbuch lesen können.« Sie machte einen derartigen Wirbel, daß die Synagogenältesten, um sie zu besänftigen, beschlossen, in diesem einen Fall Sara Kornreichs Tochter nach ihrem normalen Schultag zum Besuch des Cheder, der hebräischen Schule für die Jungen, zuzulassen. Ihre Mutter zahlte den Melamed, den Lehrer, mit Eiern, Butter und Milch, so daß Rena auf der einen Seite des Zimmers sitzen (die Jungs saßen auf der anderen Seite) und Hebräisch lernen konnte. Nach dem Unterricht nahm Rena die Lektionen mit nach Hause, um sie Danka beizubringen.

»Was mache ich nur?« ruft Rena. »Ich fange ja mittendrin an, ohne einen Anfang!« Wir versuchen es noch einmal.

Rena wurde 1920 in Tylicz, Polen, geboren, als Sara Ende Dreißig und Chaim Ende Vierzig war. Die Familie teilte sich in die beiden Kinder auf, die sie in ihrer Jugend bekommen hatten, und die beiden Nachzügler. Gertrude, die Älteste, war sechzehn Jahre älter als Rena. Dann kam Zosia, die zwei Jahre jünger als Gertrude war. Danka, die Jüngste, kam zur Welt, als Rena gerade zwei war.

Ich weiß noch, wie ich mit Mama in Dankas Wiege sah. Sie war so zerbrechlich, so klein. Als sie erst ein paar Monate alt war, bekam sie Kehlkopfdiphterie. Es war schrecklich. Sie hustete und hustete den ganzen Tag und die ganze Nacht, dann hörte das Husten auf. Die Stille war fürchterlich.

Mama fing an zu jammern. Nie hatte ich sie so außer sich gesehen. Schwerfällig zieht sie über Dankas Kopf ein weißes Tuch und die Babydecke.

Die Stille in unserem Haus war so traurig ... Ich war erst drei Jahre alt, aber ich erinnere mich, daß ich Mamas Tränen wegwischen wollte, und ich betete zu Gott im Himmel, er möge Mama meine kleine Schwester zurückbringen.

Dann hörte man Schreien von unter der Decke. Erst war alles entsetzt – ein Geist, eine Erscheinung, etwas Unfaßbares war in unser Haus gekommen. Aber das Geschrei hörte nicht auf. Mama rannte zu Danka, warf die Decke zurück, und da lag sie, rotgesichtig und atmend und ganz und gar nicht damit einverstanden, daß man sie zugedeckt hatte.

Unser Baby lebte!

Obwohl nur zwei Jahre älter, war ich von da an die Große, und Danka war die Kleine. Sie war immer zarter, und Mama bemutterte sie sehr, war sie doch von der Pforte des Todes zurückgekehrt. »Paß auf die Kleine auf«, sagte Mama immer. »Kümmere dich um das Baby.« Es war meine Lieblingsaufgabe.

Rena könnte den ganzen Tag von Tylicz und ihrer Kindheit erzählen. Was sie daran schätzte, waren nicht nur ihre Erinnerungen, sondern auch die Nähe in dieser Gemeinde, ihre jüdischen und nichtjüdischen Freunde und die Einfachheit ihres Lebens.

Als wir anfingen, hatte ich ständig die Frage im Kopf, Wie schaffte Rena es, in diesen drei Jahren und einundvierzig Tagen reinster Sklaverei im Konzentrationslager der Nazis Gedanken, Herz und Geist beisammenzuhalten? Anfangs schien es so, als wollte sie es vermeiden, darüber zu reden, und lieber von ihrer Kindheit, ihrer Familie und den Freunden, mit denen sie aufwuchs, erzählen. Nach unserem ersten gemeinsamen Wochenende hatten wir Auschwitz noch kaum berührt, umkreisten das Problem wie nervöse Vollblutpferde. Doch ich wartete und hörte zu und achtete auf das Muster, vielleicht auch den Sinn hinter dem allen – es gab einen Grund, weshalb sie mir ihr ganzes Leben erzählte, und nach und nach merkte ich, daß sie meine Frage auf ihre Weise beantwortete.

In meiner Kindheit schwärmte ich für Andrzej Garbera, und er war in mich verknallt. Ich war gerade fünf Jahre alt, als

Andrzej mit einem Leiterwagen über die Matschkuchen fuhr, die wir geformt hatten. Es erübrigt sich zu sagen, daß unsere ganze harte Arbeit ruiniert war, und er sich nicht im geringsten darum kümmerte, sondern statt dessen über unser Mißgeschick lachte. Sein einziges Ziel schien im Quälen von uns Mädchen zu bestehen. Auf dem Weg zur Schule bewarf er uns mit Schneebällen, doch dann eines Tages warf er keine Schneebälle mehr und war auch sonst nicht mehr zum Ärgern aufgelegt, sondern sagte einfach: »Hallo.«

Ich erwiderte sein »Hallo«, und das war der Anfang von Andrzej und mir ...

Sie hält inne, wirft einen Blick durchs Zimmer, als stünde dort jemand vor ihr, jemand, der für mich unsichtbar war. Sie beugt sich vor und streicht das Tischtuch des Couchtisches glatt, vergewissert sich, daß die Kanten vollkommen flach und im rechten Winkel zum Tisch liegen.

Sie wechselt das Thema und erzählt liebevoll von den Feiertagen.

Frania war eine meiner besten Freundinnen. Sie kam immer zu uns ins Haus, um Sukkot, das Laubhüttenfest, mit uns zu feiern. Wir bauten im Freien eine Hütte und hängten kleine Körbe mit Kastanien oder Äpfeln, farbige Papierringe und Nüsse unters Dach, das aus Baumästen gemacht war. An Weihnachten ließ Mama uns dann zu Frania gehen, um ihrer Familie beim Schmücken des Weihnachtsbaumes zu helfen.

Mein Lieblingsfeiertag war Jom Kippur, denn an diesem Tag versöhnte sich jeder mit jedem, man umarmte sich und vertrug sich wieder. Mir gefiel die ganze Idee, daß man reinen Tisch machte und wieder neu anfing. Der Hunger beherrschte all meine Gedanken. Ich trödelte auf dem Heimweg, um das Fasten so lang wie möglich auszudehnen, aß das Abendessen langsam und stellte mir vor, wie mein Hunger schon gestillt war. Wenn man den ganzen Tag gefastetet hatte, glaubte man, etwas geleistet zu haben, und nach dem Tag der Buße stellte sich ein Gefühl des Friedens ein.

Als Zosia, Renas zweitälteste Schwester heiratete, bat sie ihren Vater darum, ihr doch ein paar Haare zu lassen. Rena wollte wissen, warum verheiratete Frauen ihre Köpfe rasierten. Es war ein Versprechen, für keinen anderen Mann mehr attraktiv zu sein, erklärte Mama, ein Bekenntnis, daß man sich seinem Ehemann verpflichtet hatte.

Alle paar Wochen nahm Mama ihre Perücke ab und ließ sich den Kopf rasieren, wie das in orthodoxen Familien üblich ist. Mit einer Waschschüssel und Papas Haarschneider in der Hand, führte ich die Messer über ihren Schädel, sorgfältig darauf bedacht, daß ich nicht die zarte Haut mit den scharfen Scherspitzen erwischte. Mama schloß dabei die Augen als meditierte sie, und ich nutzte den Augenblick, die Gelassenhaut auf ihrem Gesicht zu studieren. Dann polierte ich ihren Schädel, als wäre er aus Porzellan. Er war so klein und glänzend, weich wie ein Baby. Wenn ich fertig war, hielt sie ihre Augen noch ein paar Sekunden geschlossen, dann rief sie Papa, daß ich auch ihm den Kopf rasieren konnte. Während sie den Platz tauschten, verbanden ihre Blicke sich für einen Moment, und Mama lächelte liebevoll.

In meinen Träumen war der Tag, an dem mein Kopf rasiert werden würde, ein feierliches Gelübde an meinen Ehemann. Es war ein Ritual zu einem neuen Lebensabschnitt, vor dem wir uns fürchteten, den wir aber auch herbeisehnten. Doch wie Zosia hatte ich Angst, häßlich zu sein. Sein Haar zu verlieren, war nicht gerade schön, aber zu heiraten, das war's, wonach wir uns sehnten – verheiratet zu sein wie Mama und Papa.

Jedesmal, wenn Papa an Mama vorbeiging, streckte er die Hand aus und berührte sie. So war das zwischen ihnen –

schweigende Begrüßungen und ein zärtliches Willkommen-heißen, eine Hand, die sie sachte zwischen den Schulterblättern berührt.

Als die Sonne ihre Mittagsstellung bezieht, ist es hell im Zimmer. In der Hoffnung, daß Rena es nicht mitbekommt, werfe ich einen raschen Blick auf die Uhr. Wir arbeiten noch nicht einmal eine Stunde.

»Verwirre ich Sie?« *will sie wissen.* »Ich glaube nicht, daß ich das hier richtig mache. Ich hätte alles für Sie aufschreiben sollen, damit es klar ist. Ich springe soviel herum – und ich denke immer, Sie wissen alles schon, aber das können sie ja gar nicht.«

»Sie machen das sehr gut, Rena«, *versichere ich ihr, während ich meine Notizen nach Namen überfliege, die ich während ihrer Ausführungen notiert habe. Da ist ein Name, der sich abhebt, doch ich bin mir nicht sicher, warum. Vielleicht lag es an ihrem Blick, der sich im Raum verlor und bei mir ein Kribbeln hervorrief. Ich habe einen Stern neben seinen Namen gekritzelt.* »Erzählen Sie mir was von Andrzej. Wer war er?«

»Andrzej Garbera, war der erste Junge, den ich je ... Ich habe in einem meiner Bücher ein Bild von ihm. Wollen Sie es sehen?« *Sie stürzt zu ihrem Archiv und kehrt mit einem Arm voller Bücher und Notizbücher zurück.* »Seit Jahren schreibe ich alles auf. Jedesmal, wenn mir ein Datum oder ein Name einfällt, schreibe ich es auf. Es ist polnisch geschrieben, aber vielleicht hilft es uns bei der Arbeit.«

Ich lasse meine Augen über ihre Notizen und die Titel der Bücher wandern, die sie vor mir auf den Tisch gestellt hat: die Enzyklopädie des Holocaust, Die Judenvertreibung, Anus Mundi. Ich muß jede Menge Nachforschungen anstellen und weiß, daß ich im Lauf dieses Projekts diese und viele andere Bücher lesen werde, aber nicht heute.

»Jetzt habe ich alles durcheinander gebracht.« Sie fängt an, die Bücher der Größe nach zu ordnen, während ich eins öffne und eine Fotografie von Menschen auf einer Waldlichtung betrachte. Ein kleines Mädchen, das ihre winzigen Hände vor ihrer Brust zusammenpreßt, starrt in die Kamera. Ich versuche die Bildunterschrift zu lesen, aber sie verschwimmt mir vor den Augen – ich weiß, was sie besagt: das Kind ist tot, alle Menschen auf dieser Lichtung sind tot. Ich bin ganz niedergeschlagen.

»Das hier ist Andrzej ...« Sie zeigt mir seine Fotografie in einem Buch mit polnischen Helden des Zweiten Weltkriegs. »Sie wird ihm nicht gerecht.« Sie seufzt.

»Der Marktplatz in Tylicz war das Zentrum unserer Welt, und alles andere war nebensächlich«, erzählt mir Rena.

Der koschere Metzger und der nichtjüdische Metzger befanden sich auf der Hauptstraße, genauso der Käseladen und das Rathaus. Hier wohnte die Familie Garbera, direkt neben Renas guten Freundinnen Erna und Fela Drenger. Danka und Rena verbrachten viele Abende bei Erna und Fela. Auch Dina, deren Cousine, war dort. Sie saßen im Wohnzimmer, spielten Domino oder »Erwachsensein« und vertrauten einander ihre Träume an.

Eines kalten Winterabends, als Danka und Rena nach draußen gingen, um sich auf den Heimweg zu machen, begrüßte Andrzej sie. »Ich habe auf euch gewartet, um euch beide nach Hause zu bringen. Der Berg ist sehr vereist, und ich möchte nicht, daß ihr fallt und euch verletzt.«

Nach diesem Abend wurde es Andrzej zur Gewohnheit, vor Ernas und Felas Haus zu warten und Rena nach Haus zu geleiten. Doch sie war sich nie völlig sicher, ob Andrzejs Stimme sie aus dem Dunkeln fragen würde: »Servus, Rena. Kann ich dich heute nach Hause bringen?«

Eines Frühlingsabends, als sie nach Hause schlenderten,

nahm er ohne jeden Grund ihre Hand. Rena wiederholt das Gespräch für mich.

»Heute ist die Straße nicht eisig, Andrzej«, sagte ich ihm.

»Nein, das ist sie nicht.« Aber er ließ mich nicht los. Das Geräusch des unablässig in den steinernen Brunnen tröpfelnden Wassers zog uns auf die Seite der Gasse. Er wurde langsamer, als sähe er etwas, und murmelte dann sehr sanft meinen Namen. »Rena?«

»Ja?« Ich blickte hoch in sein Gesicht, und dort, neben dem Dorfbrunnen, stahl Andrzej Garbera sich einen Kuß von meinen Lippen. Von diesem Moment an, gab es kein Gehen mehr, ich rannte den ganzen Weg nach Hause.

Mama wartete in der Tür unseres Bauernhauses auf mich, ihre Laterne leuchtete und tänzelte im Dunkeln.

»Rena!« höre ich sie meinen Namen rufen.

»Ich komme, Mama.«

»Wo bist du gewesen? Es ist spät. Komm herein.«

»Ich habe bei Erna und Fela gelernt«, antworte ich und putze mir die Schuhe ab.

»Gearbeitet, was?« Sie strich mir das Haar aus dem Gesicht und sah mir in die Augen. Ich frage mich, ob sie in ihnen die Wahrheit lesen kann. »Geh und mach dich fertig fürs Bett.«

»Ja, Mama.« Ich küsse ihre Wange. Sie riecht so gut.

Während Rena spricht, merke ich, daß sie von der Vergangenheit in die Gegenwart übergeht und dann wieder zurück, daß sie zwischen den Welten von »war« und »ist« hin und her wechselt als gäbe es keine genaue Trennung zwischen beiden.

»Ihre Haut war so weich.« Sie holt tief Luft. »Ich kann sie noch immer riechen, als stünde sie direkt neben mir. Eine Mischung aus Challah und Vanilleextrakt, so roch Mama.« Ihre Augen zucken zusammen, als würde allein schon der Hauch ihr tief drinnen einen Schnitt versetzen.

Ich bewundere mein Spiegelbild und gebe meinem Haar hundert Bürstenstriche, während ich mir vorstelle, wie Andrzej sich zum Kuß herabbeugt. Wieder und wieder denke ich daran, wie seine Lippen auf meinen schmeckten. Mein Herz rast.

»Ich bin geküßt worden.« Dieses große Geheimnis vertraue ich meinem Spiegelbild an. Wir erröten.

Im Nachthemd schlüpfe ich zwischen kühle, saubere Baumwollaken und warte auf Mama zum Zudecken. »Rena, du glühst ja. Was ist denn mit dir passiert?«

»Nichts, Mama. Es ist nur so eine wunderbare Nacht.« Ich lächle in die Dunkelheit.

»Schlaf süß.« Sie gibt mir einen Gutenachtkuß.

Ein wenig Traurigkeit überkommt mich bei dem Gedanken, daß mein Geheimnis nie geteilt werden kann. Ich bin damit großgeworden, mit Nichtjuden in eine öffentliche Schule zu gehen und von katholischen Lehrern unterrichtet zu werden, obwohl wir streng orthodoxe Juden sind. Andrzej und ich haben miteinander gespielt, seit wir Kinder waren, aber er ist kein Jude. Aus seinem Kuß kann nichts werden, das weiß ich.

Das wußte ich.

In ihrer Kinderzeit flirteten Rena und Andrzej im Geheimen. Doch die Zeit verging, und Andrzej, der drei Jahre älter war als Rena, besuchte die Oberschule in Krynica, einer größeren, sieben Kilometer entfernten Stadt, und sie sahen sich nur noch selten. Rena war dreizehn, als sie ihm wieder auf dem Marktplatz begegnete. Froh, einander wiederzusehen, unterhielten sie sich über ihre Lieblingsbücher und -fächer in der Schule. Rena achtete darauf, immer den gebührenden Abstand zu ihm zu wahren, wie man es ihr beigebracht hatte, aber sie vergaß auf die Uhr zu sehen. Es war schon fast dunkel, als ein Mitglied der Synagoge auf seinem Weg zum Tempel an ihr vorbeikam und sie sah. Es war Rena verboten, sich mit einem nicht-

jüdischen Jungen oder überhaupt einem Jungen zu unterhalten, ohne daß eine Anstandsdame dabei war, und der Mann erinnerte sie daran, ehe er ging, um ihren Vater über ihr Betragen zu informieren.

Rena eilte allein den Berg hinab, um sich dem Zorn ihres Vaters zu stellen. Ihre Mutter weinte, und ihr Vater verbot ihr streng, jemals wieder etwas mit Andrzej zu tun zu haben.

Jahrelang sprach sie nicht mehr mit Andrzej. Dann, eines Abends – sie war inzwischen fünfzehn –, begleitete er sie nach Hause und sagte ihr, er ginge nach Krakau zum Militär. Rena würde ihre zufälligen Begegnungen vermissen, aber er versprach, sich eine Möglichkeit einfallen zu lassen, ihr zu schreiben, ohne daß ihre Eltern es mitbekamen.

Ein paar Wochen danach traf Andrzejs Schwester Hania Rena am Marktplatz, und als keiner aufpaßte, steckte sie ihr einen Brief aus Krakau zu. Rena brauchte ein paar Tage, ehe sie den Mut fand, ihm zurückzuschreiben, aber schließlich antwortete sie ihm doch, und von da an brachten entweder Hania oder Andrzejs Mutter ihre Briefe zur Post, so daß keiner im Dorf erfuhr, daß sie sich schrieben.

Rena machte zwei Sommer lang eine Schneiderlehre in Krynica, wo sie sich mit Jungs verabredete und ins Kino ging. Mit siebzehn kam sie sich sehr erwachsen vor und begann über ihre Zukunft nachzudenken, als Andrzej ihr schrieb:

Liebe Rena,

gerade habe ich meine Offiziers-Streifen bekommen und lebe nun nicht mehr in der Kaserne. Ich habe jetzt Anspruch auf eine Wohnung in der Stadt. Ich habe genug Geld für den Zug nach Krakau beigelegt. Kommst du, um mich zu heiraten? Du kannst tun was du willst mit der jüdischen Religion. Du kannst die Kinder im jüdischen Glauben erziehen. Ich werde dir einen silbernen Kandelaber kaufen, damit du am Freitagabend in unserem Heim die Kerzen anzünden kannst, genau wie deine Mutter. Falls dies für deine Eltern nicht annehmbar ist, werde ich mich beschneiden lassen und den jüdischen Glauben annehmen. Ich habe dich geliebt, seit ich dich zum erstenmal sah und wir noch Kinder waren. Wenn auch du mich liebst, warum sollten wir nicht glücklich sein? Wenn du kämst, um meine Frau zu werden, wäre ich der glücklichste Mann in ganz Polen.

Rena sehnte sich danach zu heiraten und eine Familie zu gründen. Auf gewisse Weise war Andrzejs Vorschlag die Erfüllung eines Traumes, aber sie wußte, daß eine Ehe mit Andrzej unmöglich war. Sie schrieb ihm zurück:

Lieber Andrzej,

meine Eltern möchten nicht, daß du zum Judentum übertrittst, selbst das wäre nicht genug. Du mußt von Geburt an Jude sein. Ich dachte, du wüßtest über die strengen Regeln unseres Glaubens und unseres Volkes Bescheid. Es tut mir leid, wenn ich dir in irgendeiner Weise etwas vorgemacht habe. Wenn ich einen Nichtjuden heiratete, würde das meine Eltern zugrunde richten. Sie würden um mich trauern, als wäre ich tot, und mich behandeln, als wäre ich nicht mehr ihre Tochter. Es ist unmöglich, daß du und ich zusammenkommen. Trotz meiner Gefühle für dich könnte ich es nicht ertragen, meine Familie niemals wiederzusehen. Dein Geld schicke ich dir zurück. Es tut mir leid, aber ich kann dich nicht heiraten.

Alles Liebe, Rena.

»Ehrlich gesagt, habe ich mit meinen Eltern nicht einmal über Andrzejs Brief geredet«, erzählt Rena mir.

»Warum denn nicht?« will ich wissen.

»Es hätte sie niedergeschmettert. Ich mußte einen jüdischen Mann heiraten, bevorzugt einen Orthodoxen, und ich hätte nie etwas getan, was sie aufgebracht hätte.«

Ich frage mich – falls Rena Andrzej geheiratet hätte, wäre ihr Auschwitz dann erspart geblieben? Ich ertappe mich dabei, immer wieder ihre Geschichte umschreiben zu wollen.

»Sind Sie müde?« erkundigt sie sich. »Sie sehen müde aus.«

»Ein wenig. Und Sie?«

»Ach, ich könnte ewig weitermachen.«

Am nächsten Morgen, als die Sonne durch ihre rosa Gardinen scheint und vor mir der Kaffee dampft, gesteht Rena mir: »Ich habe letzte Nacht überhaupt nicht geschlafen.«

Nach einiger Zeit hat unsere Beziehung sich verändert. Wir sind einander nähergekommen und rufen uns häufig an, nur um zu plaudern, weil wir einander vermissen.

Es ist, als hätten wir von Anfang an gewußt, daß wir Freunde sind. Rena versucht manchmal noch immer, mir etwas vorzuenthalten, doch ich bestehe darauf, daß sie Auschwitz nicht mehr allein ertragen muß. Natürlich hatte sie ihre Familie und Freunde, die sie trugen, aber ich glaube, sie versucht uns vor ihrer Wahrheit abzuschirmen – als fürchte sie, daß diese zu schwer, zu schmerzlich ist. Es gibt Zeiten, da weiß ich, daß da noch mehr ist, was sie mir nicht erzählt. Dann wiederum gibt es Zeiten, wo ihre Worte unter dem Gewicht ihrer Tränen zerbrechen, und ich weiß, daß nur das Schweigen für Rena sprechen kann.

»Habe ich dir jemals meinen Traum erzählt?« fragt sie mich eines Tages am Telefon.

»Nein.« Ich greife nach einem Kugelschreiber und einem Bleistift.

Diesen Traum hatte ich in Holland, nach dem Krieg, und zwar jede Nacht ... Danka ist in Gefahr. Manchmal befehlen sie ihr zu springen, manchmal stoßen sie sie in die Grube. Und immer stehe ich da und sehe zu.

»Danka!« schreie ich, renne an ihnen vorbei und packe ihre Hand, ehe sie in die Tiefe stürzt. Ich stehe am Rand eines Abgrunds, und ihr Schicksal hängt vollkommen von der Kraft ab, die ich noch habe. Ich starre in die Leere unter uns, die zu graben sie uns gezwungen haben. Wie konnten wir je ein so tiefes Loch graben, daß kein Grund mehr zu sehen ist?

»Rena, hilf mir.« Das Klopfen unserer Herzen dämpft ihre Stimme. »Bitte, laß mich nicht allein.«

»Das tue ich nicht«, versichere ich ihr. Meine Muskeln zittern. Jedes Zucken, jeder Krampf ist eine Bedrohung meines Versprechens. Mein Körper spannt sich an. Dies ist kein Traum. »Gib nicht auf, Danka.« Zitternd graben sich meine Nägel in ihr Fleisch, entschlossen, mich ans Leben zu klammern.

Andrzej taucht aus dem Hintergrund auf. Er nimmt unsere Hände mit festem Griff und hebt Danka mühelos aus der Grube. Vor lauter Erleichterung, ihn zu sehen, bin ich sprachlos. Er lächelt mich an und verschwindet vor meinen Augen. »Andrzej!« rufe ich seinen Namen. Es kommt keine Antwort. Er ist weg.

»Wenn du vor mir stirbst« – höre ich Dankas Stimme – »wird keiner mehr weinen als ich. Und wenn ich vor dir sterbe, weiß ich, daß, selbst wenn keiner mehr auf der Welt ist, um mich zu betrauern, du über meinem Grab weinen wirst.«

Keuchend wie ein wildes, von Jägern eingefangenes Tier erwache ich. Wie erstarrt von den tiefsten Ängsten der Nacht, nicht wissend, wo ich bin oder wer ich bin, kämpfe ich mit den Laken, in denen sich meine Arme und Beine verheddert haben. Ich suche auf dem Nachttisch nach einer Kerze zum Anzünden, aber der Raum bleibt dunkel. Mein Name ist aus meinem Bewußtsein getilgt. Wieder bin ich eine Nummer.

Rena zeigt mir später die Narbe auf ihrem Unterarm, wo einst die Nummer war; ein kleiner Punkt aus graublauer Tinte ist noch immer in ihrer Haut eingebettet. »Das war der untere Teil der eins«, erklärt sie mir.

Es ist die Farbe von verblaßtem Schwarz.

SLOWAKEI

Nur eine Familie in Tylicz besaß ein Radio. Am Nachmittag machten sie das Fenster auf, und alle versammelten sich davor im Freien, um sich die Nachrichten aus der Welt anzuhören und den merkwürdigen, inbrünstigen Reden Adolf Hitlers zu lauschen, die voller Drohungen gegen Polen, Juden und alle anderen Nicht-Arier waren. Die Kornreichs waren sehr betroffen, als die Slowakei 1938 plötzlich von Deutschland annektiert wurde, denn Sara Kornreichs Bruder, Jakob Schützer, und Chaims Bruder Herschel wohnten beide gleich hinter der Grenze in Bardejov. Aber die Qual, die Rena wegen Andrzejs heimlichen Antrags empfand, ließ ihr den Rest der Welt weit weniger bedeutsam erscheinen.

Deutschland und Rußland schlossen einen Pakt; beklommen lauschten die Kornreichs den Nachrichten, und Polen selbst zitterte vor Angst. Während Europa den Atem anhielt, um zu sehen, ob die Beschwichtigungspolitik funktionierte, rief Polen seine jungen Männer auf, sich der Armee anzuschließen und ihr Land zu verteidigen. Zu oft war es schon geteilt worden, um die Drohungen Stalins und Hitlers nicht ernst zu nehmen.

Am 1. September 1939 fiel Deutschland in Polen ein. »Und von da an gab es keine Unschuld mehr in unserem Leben«, sagt Rena zu mir. Eingelullt im Glauben, daß die Welt ihnen helfen würde, wurde Polen geplündert. Aus dem kleinen verschlafenen Grenzort Tylicz wurde sofort ein strategisch wichtiger Posten mitten im besetzten Polen; überall stieß man auf deutsche Wachposten, Wachhunde und Waffen, und die Nürnberger Gesetze traten in Kraft. Ein Mann namens Joseph von der Synagoge wurde zum Obersten einer neuen Organisation ernannt, dem Judenrat, und hatte den Befehl, die Namen sämtlicher junger Juden mitzuteilen, die in Tylicz lebten. Schon eine Woche nach der Invasion der Nazis waren die Juden gezwungen, ständig Armbinden tragen, auf denen der Davidstern in Blau aufgestickt war. Es war ihnen nicht mehr erlaubt, bei Nicht-Juden einzukaufen, Nicht-Juden für sie arbeiten zu lassen oder die polnische Grenze zu überqueren (noch durften sie an Nicht-Juden Ware verkaufen). Es wurde verkündet, daß jeder Jude oder Nicht-Jude, der dem deutschen Gesetz nicht gehorchte, als Verräter angesehen und zum Tode verurteilt werden würde.

Danka und Rena wurden zusammen mit anderen jüdischen Männern und Frauen dazu bestimmt, die Quartiere der Armee sauberzuhalten, Schuhe zu putzen, Fußböden zu wischen und auch sonst alles zu erledigen, was ihnen die Deutschen befahlen. Jahrelang war eine arme Nichtjüdin jeden Sabbat-Morgen zu den Kornreichs gekommen, um das Feuer anzuzünden und das Essen aufzuwärmen, das Mama am Tag zuvor zubereitet hatte. Gemäß den neuen Bestimmungen durfte sie nicht mehr ins Haus kommen oder sonst irgend etwas für die Kornreichs tun. Sie weinte, als sie zum Verabschieden kam, doch wie für die anderen Juden in Tylicz auch, kam es für die Kornreichs nicht in Frage, am Sabbat Feuer zu machen – damit hätten sie gegen das orthodoxe Gesetz verstoßen. Da keine Hilfe eingestellt werden durfte, blieb Papa und auch den anderen jüdischen Bauern nichts anderes übrig, als Überstunden zu machen, um die Ernte einzubringen. Danka und Rena arbeiteten von der Morgendämmerung bis in die späten Abendstunden, teilten sich die Hausarbeit für die Deutschen und den eigenen Hof.

Da kein Gesetz verbat, Leistungen gegen Ware einzutauschen, wurden Zosias Näharbeiten zum Tauschobjekt für Butter, Käse, Mehl. Es gab noch immer nichtjüdische Bauern, die mit ihren jüdischen Nachbarn Geschäfte machten, denn Tylicz war eine fest zusammengewachsene Gemeinde, und die Deutschen waren nicht geachtet, nur gefürchtet.

Seit dem Einmarsch der Deutschen, als Zosias Ehemann Nathan gemeinsam mit den anderen tauglichen Männern des Landes zur polnischen Armee gegangen war, hatten die Kornreichs nichts mehr von ihm gehört. Dann kam im Oktober eine Karte mit einer russischen Briefmarke. Zosia übergab sie an Mama, faltete ihre Hände vor dem Gesicht, als spräche sie das Sabbat-Gebet, und wartete auf die Nachrichten.

Mama räusperte sich. »Liebe Familie. Dort, wo ich bin, ist es sehr kalt. Ich liebe euch alle. Nathan.«

Sie starrten zu Boden, als Zosia schluchzte: »Er muß in Sibirien sein.«

Zosias Sohn Herschel wurde sehr krank und benötigte eine Operation, aber die neuen Regelungen erlaubten den Juden nicht, einen Arzt aufzusuchen. Die slowakischen Juden wurden weit weniger grob behandelt als die polnischen Juden, vermutlich weil die Slowakei von Deutschland annektiert worden war. Sie durften arbeiten und Geld verdienen, wurden nicht gezwungen den Stern zu tragen, und, was für Herschel von größter Bedeutung war, sie erhielten medizinische Hilfe.

»Wenn wir es über die Grenze schaffen, kann es doch gar nicht so schwer sein, zu Onkel Jakob in Bardejov zu kommen. Herschel könnte dort wenigstens behandelt werden«, erklärte Zosia. »Wer weiß, wo Nathan jetzt ist, und ob er je wieder heimkehren wird? In der Slowakei kann ich in Onkel Jakobs Schneiderei arbeiten, bis ich selbst Arbeit gefunden habe, und wenn ich Fuß gefaßt habe, lasse ich die kleine Ester nachkommen.«

»Ich werde meinen Bruder benachrichtigen, daß du kommst«, sagte Mama, »und für deine Sicherheit und dein Wohlergehen beten.«

Jede Woche schrieb Zosia aus dem Haus der Schützers in der Slowakei und gab ihre Briefe nichtjüdischen Freunden aus Tylicz mit, die noch immer die Grenze passieren und auf dem Marktplatz in Bardejov ihre Ware verkaufen konnten. Herschels Operation sei gut verlaufen, hieß es in einem Brief. Die Gebete der Familie waren erhört worden.

Ein paar Wochen später schrieb sie, ihr wäre in Bratislava [Preßburg] ein Posten als Haushälterin angeboten worden. Bratislava befand sich am anderen Ende der Slowakei, an der Grenze zu Österreich. Zosia zog hin, und ihre Briefe kamen weniger häufig.

In der Zwischenzeit arbeiteten Danka und Rena lange, harte Tage und blieben oft bis halb fünf Uhr morgens auf, weil sie auch noch Zosias Näharbeit übernommen hatten. Rena wurde als die Weißnäherin am Ort bekannt, und als sie am Sonntag in ihre Arbeit vertieft an der Nähmaschine saß, hörte sie ein Klopfen am Fenster.

Entsetzt sah sie draußen einen deutschen Offizier warten. Er bat sie, für ihn zwei Kopfkissenbezüge zu nähen. Es war eine Frage, kein Befehl, was an und für sich schon eine Besonderheit war. Rena sagte ihm, sie könne die Kissenbezüge machen, und eine Woche später kam Offizier Joksch vorbei, um sie abzuholen. Dabei lobte er ihre Kunstfertigkeit, bestellte zwei neue und händigte ihr ein paar Münzen für ihre Arbeit aus.

Rena rannte durch das Haus, um ihrer Mutter die Münzen zu zeigen. »Ein österreichischer Offizier hat mich für die Kissenbezüge bezahlt!« rief sie.

Mama starrte voller Verwunderung auf das Geld. »Du bist ein Wunder, Rena. Selbst in all dem Elend schaffst du es, diejenigen freundlich zu stimmen, die uns normalerweise voll Grausamkeit behandeln.« Sie umarmte ihre Tochter und versteckte die Münzen in der Teekanne, in der alles Wertvolle aufbewahrt wurde.

Anfang November erging der Befehl, daß die Thora, der Talmud und alle heiligen Bücher verbrannt werden müssen, und alle Männer wurden gezwungen, ihre Folianten herbeizubringen. Für Menschen, die nicht nur tief religiös, sondern auch gelehrt waren, war dieser Befehl nicht nachvollziehbar. Der Tempel wurde einfach geschlossen, und sämtliche Bücher, die innerhalb seiner Wände aufbewahrt wurden, landeten auf der Straße. Frauen und Kinder jammerten in ihren Häusern, als die Juden von Tylicz sich vor ihrer Synagoge versammelten. Rena, Danka und Mama saßen wartend und für Papas Heimkehr betend auf den Stufen ihres Bauernhauses.

»Aufstellen!« Ein großer deutscher Offizier bellte seine Befehle. Ganz benommen stellten sich Chaim Kornreich und die anderen Männer nebeneinander vor dem Hügel aus Anmachholz und Manuskripten auf.

»Es verstößt gegen unsere Politik, daß Juden diese lächerlichen Locken und Bärte tragen. Jeder Mann in dieser Reihe wird rasiert oder erschossen!«

Wie eine Horde mit Schnappmessern bewaffnete Jugendliche schwangen die Soldaten die Scheren und befahlen den Männern, ihre Hüte abzunehmen. Dann schnitten sie ihnen ganz systematisch ihre Ohrlocken und Bärte ab.

Ein deutscher SS-Mann entzündete eine Fackel, und im Nu machten sich wütende Funken daran, ihr schriftliches Vermächtnis niederzubrennen. »Es ist euch von jetzt an nicht mehr erlaubt, egal zu welchem Zweck, zu beten oder den Tempel zu betreten!« Die neueste Liste mit Bekanntmachungen wurde über dem brennenden Scheiterhaufen verlesen. »Es ist gegen die Vorschriften, den jüdischen Sabbat zu feiern und am Freitagabend Kerzen zu entzünden.« Hilflos sahen Chaim Kornreich und die anderen zu, wie ihre Geschichte von den Flammen verschlungen wurde.

Ein paar Tage danach hörte Rena die vertraute Stimme von Offizier Hans Joksch an ihrem Fenster. Sie händigte ihm die Kissenbezüge aus, die er bestellt hatte. Dabei war sie sorgfältig darauf bedacht, ihre Augen respektvoll zu senken. Dem Offizier, der neben ihm stand, nickte sie höflich zu.

»*Laden Sie uns doch zu sich nach Hause ein, Rena*«, sagte Offizier Joksch.

Seine Bitte brachte alles durcheinander. Wie hätte ich nein sagen können? Er schien ein netter Mann zu sein, aber er gefährdete unser Leben, wenn er unser Haus betrat. Ich kam nicht umhin, ein anderes Motiv dahinter zu vermuten, aber wer hätte seinen eigentlichen Grund ahnen können?

Rena rannte durchs Haus, um ihre Eltern zu warnen. Mit über den Augen gefalteten Händen, betete Mama: »*Herr Gott, mein Herr, beschütze uns.*« *Dann nahm sie ihren Platz im Wohnzimmer ein und faßte sich in zermürbendes Schweigen.*»

Offizier Joksch und sein Freund benahmen sich ganz zwanglos und erkundigten sich, ob es im Haus ein Grammophon gab.

»*Nein,*« *entgegnete Rena schnell, zu schnell.*

»*Ich wette, Sie sind eine gute Tänzerin, Rena.*«

»*So la la.*« *Sie starrte zu Boden.*

»*Nun, würden Sie mit mir tanzen, wenn mein Freund etwas pfeift?*«

Sie warf einen Blick auf die kreidebleichen Gesichter ihrer Eltern. Als Offizier Joksch Renas Hände nahm, fing sein Freund an, einen Tango zu pfeifen, und sie schoben sich unbeholfen durch das Wohnzimmer.

Ich war so nervös und fragte mich, was er wohl tun würde, wenn ich auch nur einen falschen Schritt machte, aber ich versuchte den Eindruck zu erwecken, als fühlte ich mich wohl dabei.

Sein Freund pfiff, bis ihm Puste und Spucke wegblieben, und Offizier Joksch sagte: »Sie tanzen wunderbar, Rena.«

Ich bekam kaum das Wort *Dankeschön* heraus, mein Mund war wie ausgetrocknet.

»Nein, nein, Fräulein. Ich danke *Ihnen*. Sie haben diesen Tag wahrhaft unvergeßlich für mich gemacht, und ich werde Ihr Vertrauen nie vergessen.« Er wünschte uns einen guten

Abend – natürlich ohne uns die Hand zu geben, aber trotzdem sehr freundlich – zahlte für die Kissenbezüge und ging.

Händeringend weinte Mama still vor sich hin. Papa sagte kein Wort.

O mein Gott, wie ich zitterte. Ich weiß nicht, warum ich nicht taumelte oder warum meine Knie nicht einfach unter mir nachgaben. Dann kam mir in den Sinn, daß ich vielleicht wirklich eine gute Tänzerin war.

Es war Sabbat, und Rena stand in ihrem Dirndl vor dem Spiegel und fing an, ihr langes Haar zu einem einzigen Zopf zu flechten, der ihr über den Rücken ging. Selbst wenn sie nicht in den Tempel gehen konnten, versuchten sie so weiterzumachen, als wäre alles normal, denn in ihren Herzen konnten sie noch immer den Gottesdienst abhalten. Doch trotz der Verordnungen hatten einige der Ältesten der Synagoge beschlossen, sich zu treffen. Gerade als sie die Gebete angestimmt hatten, platzten die Soldaten herein.

»Ihr widersetzt euch den Befehlen, und dafür werdet ihr jetzt bestraft werden.« Einer der Offiziere belferte die Kommandos und stieß die Männer gegen eine Wand. »Heute werden wir euch eine Lektion erteilen! Und die heutige Lektion soll euch lehren, daß jedesmal, wenn ihr euch trefft, einer von euch mit zum Fluß genommen und dort erschossen wird. Packt ihn!«

Zwei Soldaten schleppten zwischen sich einen Mann aus der Tür, und das war mein Vater.

»Rena! Rena!« schrie Joseph, der Oberste des Judenrats, als er auf unser Haus zulief. Die Hände noch mit dem Zopf beschäftigt, rannte ich ans Fenster und beugte mich hinaus, um zu fragen, was los war.

»Sie haben deinen Vater, und sie werden ihn töten!« sagte er mit zitternder Stimme. »Laufe hinunter zum Fluß und halte sie auf, ehe es zu spät ist!«

Meine Füße flogen die Stufen hinunter, ehe ich noch ein

weiteres Wort über die Lippen brachte. »Mach schnell, Rena!«
Seine Stimme jagte mich die Straße hinunter.

Ich war barfuß. Mein Haar war nicht geflochten. Ich hatte
nicht einmal meine weiße Armbinde mit dem blauen Davidstern an, die ich ständig tragen mußte. So rannte ich also die
Schotterstraße hinunter zum Fluß – mein Haar zog schwer
nach hinten, fiel mir ins Gesicht, klebte mir am Hals –, raste
über die Karpatenhänge, jeder Schritt ein Gebet an unseren
Gott, meinen Vater zu retten. Ich spürte die Steine nicht mehr,
die sich mir ins Fleisch schnitten. Ich achtete nicht auf die
Blutspur im Schmutz.

Jeden Morgen fand man viele Leichen entlang des Flusses,
denn einen Juden zu töten, war kein Verbrechen, und so wußte ich genau, wohin ich zu rennen hatte. Doch was hatte Joseph sich dabei gedacht, als er mich schickte, um Papa zu retten? Ich schäme mich nicht, es zuzugeben, aber in Wahrheit
hatte ich in diesem Augenblick nur einen einzigen Gedanken:
Mama erzählen zu müssen, daß ich direkt dabeistand und zu-
sah, als sie Papa töteten – ich nichts tun konnte. Das Bild ihres
schmerzgezeichneten Gesichts war mehr als ich ertragen konnte, und deshalb versuchte ich mir unterwegs einen Plan zu-
rechtzulegen, der mich davor bewahren würde, Mama erzählen zu müssen, daß Papa tot war.

Ich entdeckte sie sofort auf der anderen Seite des Feldes, als
ich aus den Bäumen herausstürzte, die den Pfad zum Fluß
säumten. Papa stand vor dem Zaun, als die beiden Soldaten
ihre Gewehre auf sein Herz hielten.

»Aufhören!« schrie ich und sprang vor ihn. »Das ist mein
Vater. Wenn ihr ihn töten wollt, werdet ihr auch mich töten
müssen.« Ich dachte insgeheim, mich werden sie nicht töten,
ich bin ein junges Mädchen. Ich war so naiv.

»Scheißjude! Dreckiger Hund!« zischten sie.

Ich wagte nicht, Papa ins Gesicht zu sehen, und so schaute
ich statt dessen seinen zukünftigen Mördern in die Augen.

»Ich verlasse meinen Vater nicht«, erklärte ich ihnen mit Nachdruck.

»Sieh dir das Mädel an!« lachten sie mir ins Gesicht. »Sie glaubt wohl, wir würden sie und ihren Drecksjuden von einem Vater nicht umbringen.«

Ich drehte mich um und zeigte auf Papas weißes Hemd. »Schaut doch, wie weiß der Kragen von seinem Hemd ist. Er ist nicht schmutzig. Wie könnt ihr es wagen, zu sagen, daß mein Vater dreckig ist!« Ich verstand nicht, was sie meinten. »Meine Mutter hat dieses Hemd selbst gewaschen und gebügelt.« Ich zeigte ihnen seinen sauberen Kragen.

»Du bist wirklich zu komisch!« lachten sie und spannten ihre Gewehre. »Möchtest du ein Gebet sagen, bevor du stirbst, du kleines Judenmädel?« Ich blinzelte in den Lauf ihrer Gewehre. Es war eine seltsame Vorstellung, daß so ein kleines dunkles Loch das letzte sein sollte, was ich im Leben erblickte.

Meine Hände knitterten Falten in meine frisch gebügelte Bluse. Einen Moment lang glaubte ich Gelächter von der Straße am Fluß zu hören. Es hörte sich so gutmütig, so fröhlich an, daß ich mich fragte, ob ich über dem Warten auf den Tod plötzlich verrückt geworden war.

»Was treibt ihr Burschen hier?« rief eine bekannte Stimme von der Straße her. Hinter den Soldaten kamen zwei Männer lachend auf ihren Fahrrädern angefahren.

Unser Todeskommando antwortete: »Heil Hitler, Offizier Joksch! Wir sind gerade dabei diesen Juden und seine Tochter zu töten.« Sie salutierten. »Wollen Sie ihm die Ehre erweisen?«

Ich konnte meinen tränenden Augen kaum glauben. Ich war nicht verrückt. Ich träumte nicht. Da, nur ein paar Schritte entfernt, stand Hans Joksch.

»Ein Bier ist mir lieber.« Er klopfte ihnen auf den Rücken. Sie lachten. »Kommt, springt auf unsere Räder auf, ich geb euch eins aus!«

»Laßt sie uns erst töten – dann haben wir wirklich Durst!«

»Warum haltet ihr euch mit ihnen auf? Ich will außerdem nicht mehr warten.« Er stieg auf sein Fahrrad und gab zu verstehen, daß er keine Weigerung gelten ließ. »Kommt schon, beeilt euch. Ich hab' nicht ewig Zeit. Ich bin sicher, ihr findet andere Juden, die ihr morgen umbringen könnt.« Die Soldaten warfen uns einen wütenden Blick zu, taten aber, wie ihnen geheißen, denn Offizier Joksch hatte den höheren Rang.

Wir schienen noch endlos ihre Stimmen über das Feld zu hören, das machte es uns beiden unmöglich, uns von der Stelle zu bewegen. Es war, als hätten meine Füße Wurzeln geschlagen. Ich wagte nicht, Papa anzusehen. Er wagte nicht, mich anzusehen. Der Schock trieb uns brennende Tränen in die Augen. Langsam machten wir uns auf den Heimweg, doch mitten auf der Straße brachen wir zusammen und umklammerten den Schmutz unter unseren Händen. Unsere Beine wollten uns nicht mehr tragen.

Den Nürnberger Gesetzen nach konnte jeder Arier, der mit einer Nicht-Arierin Sex hatte, mit dem Tode bestraft werden. Deshalb glaubten viele Familien, ihre Töchter wären wegen dieses Konzepts der Rassenschande sicher. Doch nicht lange nach dem Zwischenfall am Fluß sah ein deutscher Soldat Rena zur Arbeit gehen und fragte Josephs Sohn Alex, wer sie sei.

Es war mitten in der Nacht, als der Soldat betrunken hoch zu Alex' Haus taumelte. »Mach die Tür auf!« rief er. »Alex, ich bestehe darauf, daß du die Tür aufmachst und mich zu Renas Haus bringst!«

Joseph weckte rasch seinen Sohn und schickte ihn durchs Fenster, damit er loslief und die Kornreichs warnte. Dann hielt er den SS-Mann in Schach, bis Alex wieder zurück war.

»Chaim! Sarah!« schrie Alex draußen. »Versteckt Rena schnell! Da kommt ein deutscher Soldat, der hinter ihr her ist.« Ich riß meine Augen auf.

»Papa, du paßt auf, während ich Rena verstecke. Schrei,

wenn du sie kommen siehst.« Ich hörte Mamas Stimme von unten und war aus dem Bett, ehe sie noch in mein Zimmer kam. »Komm mit.« Sie nahm meine Hand und führte mich auf den Dachboden. »Leg dich flach auf deinen Bauch.« Sie sagte das mit fester Stimme, und ihre Hände zitterten nicht. Ich legte mich hin und sie deckte mich mit Stroh zu. »Rühr dich nicht, ehe ich dir sage, daß die Luft rein ist.« Sie strich das Stroh über meinem Körper glatt, verteilte es gleichmäßig, so daß es nicht nach einem Versteck aussah.

»Mama, sie kommen!« warnte uns Papas Stimme.

»*Ribono shel olam*, Allmächtiger Herr, schütze mein Kind«, betete Mama, ehe sie nach unten lief. So flach ausgestreckt wie ich dalag, pulsierte mein Magen gegen die Dielenbretter, und ich drehte mein Gesicht zur Seite und versuchte gewaltsam, meinen Atem unter Kontrolle zu halten. Ich konnte hören, wie der Gewehrkolben gegen unsere Haustüre schrammte und der Offizier schrie: »Wo ist Rena? Bringt mir Rena!«

»Sie ist nicht zu Hause.« Vater tat so, als wäre er gewaltsam aufgeweckt worden.

»Ich glaube dir nicht! Scheißjude! Du würdest doch nicht erlauben, daß deine kostbare Tochter so spät in der Nacht wegbleibt.«

»Sie ist auf Verwandtenbesuch in einer anderen Stadt.«

»Das werden wir gleich sehen! Ich weiß doch, wo ihr verfluchten Hunde eure Kostbarkeiten versteckt!« Er stieß Papa beiseite, drang in unser Haus ein und ging sofort die Treppe hoch, die zu unserem Dachboden führte. Dies war außer dem Kartoffelkeller der einzige Platz in einem Bauernhaus, wo sich etwas verstecken ließ, und deshalb sah er dort zuerst nach.

»Ist sie hier?« Ich hörte ihn im Stroh herumstochern. »Vielleicht sagst du es mir lieber, ehe ich deiner Tochter das hübsche Auge aussteche!« Die Dielen krachten unter dem Gewicht seiner Füße; jede seiner Bewegungen ließ den Boden unter mir erbeben.

Er wollte Mama und Papa zu einer Bewegung verleiten, die mein Versteck verraten würde. Sie waren wie Steine, unbewegt und schweigend.

»Hier unter dem Haufen versteckt sie sich also nicht – aber vielleicht hier?« Er stach immer wieder auf das Stroh ein, als wäre es ein Lebewesen, das er töten konnte. Mein Herz dröhnte gegen den Holzboden. Ich versuchte, nicht in Panik zu geraten, war mir aber sicher, daß er jeden Sprung und jeden Schlag des pulsierenden Blutstroms hören konnte, der durch meinen Kopf jagte. Vier Zentimeter vor meiner Nase blitzte der Stahl auf.

Ich rührte mich nicht.

»Ich weiß, daß du mich anlügst, Jude. Kümmere dich darum, daß sie das nächstemal zu Hause ist, wenn ein deutscher Offizier vorbeikommt, oder ich schneide dir die Kehle durch!« Er warf die Haustür so heftig ins Schloß, daß das Porzellan in den Schränken klirrte.

Mama kam zurück auf den Speicher. »Bist du in Ordnung, Rena?« Ich hielt mich an ihr fest, versuchte nicht zu weinen, versuchte tapfer zu sein. Doch mein Zittern durchbrach meine Tapferkeit.

»Du wirst heute nacht hier oben schlafen müssen« – sie strich mir das Haar glatt – »für den Fall, daß er zurückkommt. Versuch' dich auszuruhen. Morgen sehen wir weiter. Doch auf keinen Fall wirst du wieder in diesen Kasernen arbeiten, das ist sicher.« Sie küßte meine Stirn und drückte mich fest an ihre Brust, wo ich ihr Nachthemd mit meinen Tränen naß machte.

Diese Nacht veränderte alles. Für Rena war es gefährlich geworden, in Tylicz zu bleiben. Das Dorf war außer sich über diesen Vorfall, und fast jeder bot seine Hilfe an. Ein nichtjüdischer Freund überbrachte Renas Onkel in der Slowakei einen Brief, worin es hieß, Rena würde kommen, um bei ihnen zu wohnen, wie vorher schon Zosia. Für Papa war es eine lang-

wierige und schwierige Überlegung, mit wem er in Kontakt treten sollte, damit er Rena über die Grenze schmuggelte. Andrzej hatte gegen die Deutschen gekämpft, als diese in Polen einmarschierten, aber er hatte Glück gehabt und war der Gefangennahme entgangen. Er war heimlich nach Tylicz zurückgekehrt und arbeitete jetzt für den polnischen Widerstand.

Wer kannte die Grenze besser als Andrzej?

Mein Vater war Andrzej nie begegnet, aber an diesem Morgen ließ er den Jungen, den zu treffen er mir verboten hatte, in unser Haus holen. Mit keinem Wort hatte man diese Abmachungen mir gegenüber erwähnt. So war mein Vater, und natürlich wurde ich nicht hinzugezogen.

Ich stand in der Küche, als ich Andrzejs Stimme an der Türe hörte. Meine Knie wurden weich. Mama sah mich prüfend an, aber ich sah ihm nicht einmal ins Gesicht.

»Willkommen, Andrzej. Bitte setzen Sie sich.« Papa bot ihm einen Stuhl an. »Möchten Sie eine Zigarette?« Mama und ich beobachteten sie aus dem Nebenzimmer.

»Danke, Herr Kornreich.« Andrzej nahm die Zigarette mit einem dankbaren Nicken.

»Ich möchte Sie um einen Gefallen bitten, Andrzej ... Es fällt mir sehr schwer, aber ich muß es tun. Für Rena ist es hier in Tylicz nicht mehr sicher. Ihre Mutter und ich sorgen uns jeden Tag um ihre Sicherheit.«

»Ich habe gehört, was gestern nacht passiert ist, Herr Kornreich. Ich verstehe Ihre Sorge.«

»Ich habe kein Geld, womit ich Ihnen diesen Gefallen bezahlen könnte.«

»Mein Herr, ich würde von Ihnen auch kein Geld annehmen. Sie ist meine Freundin seit unserer Kinderzeit. Ich werde alles tun, was Sie verlangen, um Ihrer Tochter zu helfen.«

»Ich danke Ihnen.« Papa hielt inne und strich sich dort, wo der Bart hätte sein sollen, übers Kinn. »Sie scheinen ein Mann zu sein, der meint, was er sagt. Wenn Sie Rena über die Grenze zur Slowakei bringen könnten, würden ihre Mutter und ich nachts wieder Schlaf finden.«

»Ich werde mich darum kümmern«, antwortete Andrzej galant. »Und ich schwöre, sie mit meinem Leben zu beschützen, daß ihr nicht ein Haar gekrümmt wird. Ich gebe Ihnen mein Ehrenwort, daß ich sie Ihrem Wunsch gemäß sicher in die Slowakei bringen werde. Ich werde ihre Hand nur halten, weil das Gelände holprig ist, aber ich werde sie nicht berühren, mein Herr. Sie dürfen mir trauen.«

Mein Vater besiegelte ihr Abkommen mit einem Handschlag, doch er hatte einen Ausdruck in seinen Augen, den ich noch nie zuvor gesehen hatte, den Ausdruck tiefster Demütigung und Niederlage.

An diesem Abend küßte meine Mutter mich weinend auf die Augenbraue. »Sei tapfer Rena, sei vorsichtig, mach's gut.«

Ich versprach zu schreiben und ihnen Essen zu schicken. »Sobald sich die Lage verbessert, komme ich wieder zurück.«

»Gute Reise«, sagte Papa feierlich. »Gott segne dich.« Ich gab ihm einen Abschiedskuß und umarmte Danka. Dann ging ich ohne die Begleitung einer Anstandsdame in die dunkle Winternacht, um mich Andrzej anzuschließen.

»Wir werden die ganze Nacht unterwegs sein. Wir dürfen nicht einmal flüstern – nicht ein Wort – denn die Hunde wittern Geräusche über große Entfernungen, und wenn sie einmal bellen, ist alles zu spät«, belehrte Andrzej mich. »Dann werden die Suchtrupps nach uns ausschwärmen, und die Chance, ihnen durchs Netz zu schlüpfen, ist sehr klein. Wenn ich nach unten deute, legst du dich flach auf den Boden. Du darfst weder den Kopf heben, noch die kleinste Bewegung machen, ehe ich dir bedeute, daß du aufstehen kannst.« Er nahm meine Hand. »Ich werde den ganzen Weg deine Hand halten, damit du nicht hinfällst. Es ist wieder so, wie es in unserer Kindheit war, als ich dich und Danka den Berg hinabführte.«

Es war regnerisch und kalt, und Schneeregen setzte ein. Jedesmal wenn das Licht der Suchscheinwerfer sich über das Gelände ergoß, fielen wir flach zu Boden, um keinen Schatten zu werfen. In diesem glitschigen Matsch wäre einem schon bei Tag, unter Gelächter und dem Singen von Schlittenliedern, das Gehen schwergefallen, aber schweigend und in Todesgefahr zu versuchen, nicht in die frische Schneekruste einzusinken, war nahezu unmöglich. Entlang einer Schlucht suchten wir uns unseren Weg zwischen Bäumen im Unterholz, um unsere Spuren zu verwischen.

Andrzej stolperte, verlor für eine Sekunde meine Hand aus seinem Griff. Aus dem Gleichgewicht gebracht, kämpfte ich dagegen an, in den Abgrund unter mir zu fallen, stürzte dann aber doch. Während ich den steilen Abhang hinunterrollte, versuchte ich, um meinen Sturz abzufangen, mich an den Baumästen festzuhalten, die mir in die Handflächen schnitten. Platschend fiel ich in einen Fluß. Ich biß mir auf die Zunge – nichts als eisüberkrustete Felsbrocken, um meinen Fall zu dämpfen. Die Stille der Nacht wich zurück. Eisiges Wasser bahnte sich seinen Weg durch meine Kleider. Wir spitzten die Ohren, um zu hören, ob wir Hunde in den nahegelegenen Zwingern aufgeweckt hatten. Laut tropfte das Wasser von meinen Ellbogen. Keiner von uns beiden wagte sich zu rühren oder zu atmen. Kein Hundegebell.

Schließlich gab Andrzej mir das Zeichen zum Aufstehen. Ich stützte meine Hände an den Felsen ab und erhob mich langsam. Meine Beine konnten mich kaum tragen, sie zitterten heftig vor Kälte und Angst. Nachdem Andrzej an einem Baum Halt gefunden hatte, reichte er mir die Hand. Meine Nägel gruben sich in sein Fleisch. Meine Muskeln zuckten zusammen, aber er hielt mich fest, als ich mich ans Ufer hocharbeitete. Endlich stand ich auf ebenem Boden. Mit seinen Händen rieb er die meinen, versuchte sie zu wärmen, während ich mir den Mund zuhielt, damit mein Zähneklappern nicht zu hören war. Er lächelte, und weil er wußte, wie naß und kalt ich war, nahm er meine Hand fester als zuvor und führte mich zu unserem Ziel.

Das Licht, das aus dem Bauernhaus drang, kam mir erst wie ein Trugbild vor. Ich war mir sicher zu träumen; es war spät, ein oder zwei Uhr morgens, doch da fiel dieser großartige Lichtschein über den Schnee. Andrzej führte mich zum Stall. Dort warteten wir, an Kühe und Pferde geschmiegt.

»Das ist ein Verbindungspunkt des slowakischen und polnischen Untergrunds«, flüsterte Andrzej mir ins Ohr. Ich nickte und wußte, daß wir jetzt in Sicherheit waren.

Sie wurden von einem Bauern begrüßt, der damit prahlte, wie er mit den Grenzwachen Poker gespielt hatte. Seine Frau servierte ihnen heißen Kakao und gab Rena etwas Trockenes zum Anziehen. Der Bauer Karl ging davon aus, daß Rena und Andrzej zusammen schlafen würden, aber Andrzej versicherte ihm, daß dem nicht so wäre, so bekam Rena das Ehebett, und Andrzej schlief auf dem Dachboden. Am nächsten Morgen stiegen Karl, Andrzej und Rena als slowakische Bauern verkleidet in ein Fuhrwerk und brachen nach Bardejov auf.

Vor dem Haus von Onkel Jakob nahm Andrzej meine Hand. »Ich habe mein Versprechen gegenüber deinem Vater gehalten, nicht wahr?«

»Das hast du, Andrzej.«

»Ich habe nur deine Hand gehalten.« Ich wollte, daß er sie für immer hielt und nie mehr losließ. Die große Stadt und dieses fremde Land machten mir angst.

»Ich liebe dich, Rena.«

»Hab Dank, daß du mich zum Haus meines Onkels Jakob Schützer gebracht hast.« Ich errötete und stürzte hinein.

Rena verbarg sich im Haus der Schützers, bis sie fließend slowakisch sprach. Sie ließ sich auch ihre langen Zöpfe abschneiden, um eher wie ein Mädchen aus der Stadt auszusehen. Sie versuchte ihrer Tante und ihrem Onkel etwas von den

Greueln mitzuteilen, denen die Juden in Polen ausgeliefert wa-
ren, aber man meinte, sie nehme alles zu schwer, und glaubte
ihr nicht. Cili und Gizzy, ihre Cousinen, versuchten mit Rena
auszugehen und sich zu vergnügen. So sehr Rena sich auch
bemühte, niemand schien den Ernst der Lage zu begreifen.

Zwei Wochen nach meiner Ankunft in Bardejov, sah ich
Andrzej vor dem Haus stehen. Er hatte ein Paket von Mama
mit ein paar Kleidern für mich geschmuggelt. Ich wurde nervös und versuchte unser Gespräch vorzeitig abzubrechen, doch
er fragte, ob wir uns privat unterhalten könnten. Wir gingen
hinters Haus.

»Ich habe gerade gehört, daß sie damit anfangen wollen,
junge Juden zur Zwangsarbeit in Lager zu stecken, sofern sie
nicht in gemischter Ehe leben«, fing Andrzej an. »Wenn du
mit einem Goi verheiratet wärst, hättest du eine gute Chance,
daß sie dich nicht nehmen.« Ich wollte seinen Worten Einhalt
gebieten, ehe er sie aussprach. »Ich möchte dich heiraten –
morgen. Ich habe alles vorbereitet. Mein Bruder wohnt etwa
fünfzehn Kilometer weit entfernt und hat ein Zimmer für uns.
Ich würde nicht mehr zwischen hier und Polen hin und her
laufen, es sei denn für die wichtigen Leute, und wir könnten
hier in der Slowakei leben, wo es sicher ist.«

Ich war ganz allein. Ich hatte keinen, mit dem ich über diese
Idee hätte sprechen können. Ich wußte nicht, was tun, aber ich
wußte, daß ich weder meine Familie noch meinen Glauben
verraten konnte. Schließlich sagte ich: »Ich bin nicht sehr
glücklich in der Slowakei, Andrzej. Meine Eltern sind noch in
Polen, und ich sterbe vor Sehnsucht nach ihnen. Ich bin jung
und kräftig, selbstsicherer als sie es sind, doch sie sind diejenigen, die den Deutschen ausgesetzt sind. Ich will eigentlich gar
nicht hierbleiben. Ich möchte nach Hause nach Tylicz, aber ich
kann nicht und weiß nicht, was ich sonst tun soll.« Mein Herz
verlangte danach, ihm nur einmal zu sagen, daß auch ich ihn
liebte und glücklich wäre, ihn zu heiraten, wenn wir beide al-

lein auf der Welt wären.«»Da ist auch noch das Problem unserer Religionen«, sagte ich statt dessen. »Es tut mir leid. Ich kann nicht deine Frau sein.« Ich konnte ihm nicht länger ins Gesicht sehen. »Ich kann nicht mehr länger mit dir reden. Meine Tante und mein Onkel könnten sonst Verdacht schöpfen.«

»Wenn du deine Meinung änderst, Rena, laß es mich wissen.« Einen zärtlichen Augenblick lang packte er meine Hand. »Ich werde die meine nie ändern.« Wie sehr wünschte ich mir, ihm mein wahres Herz offenzulegen! Aber voller Pflichtbewußtsein gegenüber meiner Familie schwieg ich und ging verwirrt und durcheinander ins Haus zurück.

Jakob Schützer und seine Frau Regina gaben Rena ein wöchentliches Taschengeld und baten Gizzy und Cili, Rena ein paar hübsche Kleider zu schenken, die sie zum Tanzen oder ins Kino anziehen konnte. Rena kaufte von ihrem Taschengeld Nahrungsmittel für ihre Eltern. Der Gang zum Marktplatz, wo sie ihre nichtjüdischen Freunde aus Tylicz traf, war die größte ihr mögliche Annäherung an zu Hause, und sie erwartete diese Tage immer voll Ungeduld.

Die meisten jüdischen Jugendlichen in Bardejov hatten mit der zionistischen Bewegung zu tun. Sie trafen sich, unterhielten sich über die Schaffung eines neuen Staates Israel und veranstalteten Tanzabende. Gizzy und Cili schleppten Rena zu diesen Abendveranstaltungen mit. »Wir werden einen netten jüdischen Jungen für dich finden!« neckten sie sie zärtlich.

Onkel Jakob fand es gut, daß sie unter Leute ging, und teilte ihr mit, daß er es gerne sähe, wenn sie mit Schani Gottlobb, einem Schneider, ausginge. »Ich würde deinem Vater gerne erzählen können, daß du eine passende Begleitung gefunden hast.« Er gab eine Kleinigkeit extra für neue Kleidung. Gehorsam kaufte Rena gerade soviel Stoff, wie sie für ein Kleid brauchte, ging dann mit dem Rest des Geldes direkt zum Markt, um mehr Mehl, Zucker und Käse nach Hause zu schicken.

Schani war verrückt nach mir. Er schmeichelte mir, fand mich gleichermaßen kühn und klug, daß ich aus Polen geflüchtet war, und es war ihm egal, daß ich mein Geld lieber für meine Eltern als für Kleider ausgab. Wir gingen gemeinsam zu geselligen Treffen und ein paarmal ins Kino; ich setzte für alle ein zufriedenes Gesicht auf, aber innerlich war ich unglücklich. Es gab nichts, worüber man hätte glücklich sein können.

Nachdem wir uns etwa zwei Monate lang kannten, setzte Schani es sich in den Kopf, daß ich sein ein und alles sei.

»Du bist verrückt, Schani ... ich kann dich nicht heiraten!« Ich wußte nicht, wie ich aus diesem Schlamassel herauskommen sollte.

»Warum nicht? Dein Onkel heißt mich gut, und er ist dein Vormund, solange du von zu Hause weg bist.«

»Schani, du bist wirklich nett ... ich mag dich auch sehr ...« Ich versuchte so freundlich und ehrlich wie möglich zu sein, ohne seine Gefühle zu verletzen. »Ich bin sehr gern mit dir zusammen, aber mein Herz ist nicht bei dir.«

»Es gibt einen anderen, nicht wahr?«

Ich nickte und biß mir dabei auf die Lippen, soviel preisgegeben zu haben. »Ich wollte dir nichts vormachen. Es ist ohnehin egal, denn daraus wird nichts, doch ich bin noch nicht über ihn hinweg und kann dich deshalb nicht lieben. Es tut mir leid.«

»Ich kann warten. Du wirst schon sehen. Ich werde dich so sehr lieben, daß meine Liebe groß genug ist für uns beide. Und um es dir zu beweisen, werde ich dir einen wunderschönen Mantel als Verlobungsgeschenk machen, damit ich, wenn du im Herzen über ihn hinweg bist, seinen Platz einnehmen kann.«

In dieser Woche erhielt Rena einen Brief von ihren Eltern, die ihr schrieben, daß sie sehr glücklich über ihre Beziehung zu Schani seien. Jetzt wußte sie, daß sie von Onkel Jakob über die Werbung informiert worden waren. »Schani wird ein guter

Ehemann sein«, erklärte Gizzy ihr, »und er kümmert sich so
sehr um dich.« Völlig durcheinander nahm Rena den wunder-
schönen grauen Mantel an, den Schani für sie genäht hatte,
und damit waren sie offiziell verlobt.

Es war ein schöner Sonntagmorgen zu Beginn des Frühlings.
Die Luft war frisch, und der am Boden liegende Schnee gab
das Land noch nicht aus seiner winterlichen Umarmung frei.
Schani und Rena waren auf dem Weg zum Marktplatz, als sie
Andrzej auf der anderen Straßenseite auf sie zukommen sah.
    »Hallo, Rena.« Er berührte seinen Hut, und seine Augen
bissen sich in ihrer Seele fest. Wie vorherzusehen, schlug ihr
Herz heftiger, und ihr Gesicht wurde rot.

Ich wollte ihm irgendwie meine wahren Gefühlen mitteilen,
aber ich konnte nicht zugeben, ihn zu kennen, ohne Schani,
meinen zukünftigen Ehemann, in Verlegenheit zu bringen. In
den orthodoxen Regeln oder Traditionen gab es keinen An-
haltspunkt für ein angemessenes Verhalten in einer solchen Situation. Ich wußte, was ich tun wollte – ich wollte hinüberge-
hen, ihn umarmen und ihm sagen, wie sehr ich ihn vermißte,
ich wollte ihm mein Herz ausschütten – aber ich hörte die
Stimme meines Vaters, die mir verbat, mit »diesem Jungen« zu
sprechen. Meine Wünsche standen im Widerspruch zu meinen
Eltern und meinem Glauben, und bei all meinem Mut reichte
es doch nicht, Hallo, Andrzej, zu sagen. Ich sagte kein einziges
Wort. Er ging unerkannt, aber nicht übersehen an uns vorbei.

»Ist das nicht der Goijm, der sein Leben aufs Spiel gesetzt
hat, um dich hierherzubringen?« unterbrach Schani meine
Überlegungen.

»Ja.« Ich wandte mich ab.

»Das ist der Junge, den du liebst, nicht wahr?«

»Wie kommst du darauf?« sagte ich wütend.

»Sieh dich doch an, Rena. Du bist ganz rot geworden,« ver-
teidigte er sich.

Plötzlich wurde mir klar, daß dieser Mann mir nichts Böses wollte. »Es tut mir leid, Schani ... Ja, das ist Andrzej.« Ich senkte meinen Blick zu Boden. Normalerweise hätte ich mich stolz hingestellt und diese Worte gesagt, aber ich schämte mich meiner Tatenlosigkeit.

»Warum bist du nicht zu ihm hingegangen? Warum hast du ihn nicht gegrüßt? Er hat dir das Leben gerettet.«

»Ich wußte doch nicht, wie du das aufnehmen würdest!« schnauzte ich ihn an.

»Wie meinst du wohl, wie ich das aufnehmen würde? Wie ein Mann, wie ein Mensch, so würde ich es aufnehmen! Ich würde ihm die Hand schütteln und ihm dafür danken, daß er dich nach Bardejov gebracht hat, wo du sicher bist.«

»Das würdest du für mich tun?«

»Ich würde alles für dich tun, Rena.«

Hastig blickte ich mich um, um noch etwas, irgend etwas zu Andrzej zu sagen, aber er war weg. Die Straße war leer.

»Das nächstemal wirst du uns einander vorstellen.« Schani nahm meinen Arm.

»Ja, das nächstemal möchte ich, daß ihr einander kennenlernt,« antwortete ich. Und zum erstenmal empfand ich Zärtlichkeit für Schani, aus der, das wußte ich, eines Tages Liebe werden konnte.

Das Passahfest kam und ging; endlich war der Winter besiegt, und Frühlingsblüten schmückten die Straßen der Stadt. Auf der Suche nach Eßbarem, das sie nach Hause schicken konnte, hörte Rena, wie eine der früheren Nachbarinnen sie grüßte.

»Guten Morgen, Rena. Hast du von dem Gerücht gehört, daß sie alle Juden in Tylicz vierzig Kilometer von der Grenze weg umsiedeln wollen?«

»Nein, davon weiß ich nichts. Was ist mit meinen Eltern? Wie soll ich ihnen etwas zu essen schicken, wenn sie nicht mehr in Tylicz sind?«

»Mach dir keine Sorgen, Rena. Es ist nur ein Gerücht.«

Eine andere Frau tätschelte ihren Arm. »Du erinnerst dich doch an Andrzej Garbera?«

»Natürlich erinnert sie sich an Andrzej Garbera, du dumme Kuh«, frozzelte die erste.

»Wir wuchsen zusammen auf.« Ich versuchte, ganz unbefangen zu tun.

»Er ist vor ein paar Wochen gestorben.«

Die Worte stürzten auf meinen Kopf. Der Boden unter meinen Füßen wankte. Wortlos brach ich zu Füßen meiner Nachbarinnen zusammen.

Über mir hörte ich einen Mann sagen: »Hast du denn nicht gewußt, daß sie ineinander verliebt waren, du dumme Gans? Sie haben sich heimlich geschrieben.« Durch den Nebel der Bewußtlosigkeit wunderte ich mich, wie diese Leute etwas wissen konnten, was wir so gut verborgen hatten.

Ihre Stimmen schwebten über mir als wären sie meilenweit entfernt. Ich griff nach ihnen, versuchte, zu mir zu kommen, schüttelte den Kopf, bedeckte meine Augen – ich konnte doch nicht mitten auf dem Marktplatz weinen, wo halb Tylicz und Bardejov zusahen. Es gab keinen Ort, wo ich meinen Schmerz zeigen konnte, keinen Ort der Zuflucht. Von dem Tag an wollte ich nicht mehr in der Slowakei sein. Mir war alles gleichgültig, ich wollte nur noch in die Arme meiner Mutter, zur Stimme meines Vaters.

Ich verabschiedete mich von Schani und nahm zu Tolek Kontakt auf, einem neuen Freund der Familie, der im Untergrund arbeitete. »Bring mich nach Hause«, sagte ich zu ihm. »Ich ertrage es hier nicht länger. Ich bin es leid, in Sicherheit zu sein.« Und so nahm Tolek meine Hand und führte mich nach Hause in die Arme meiner Mutter.

Es war keine glückliche, sorglose Heimkehr, aber es war das, was ich wollte. »Mama! Papa!« Nie hätte ich gedacht, diese wertvollen Worte wieder auszusprechen. Ich umarmte sie, als wollte ich sie nie mehr loslassen, als könnten ihre Arme meinen Schmerz vertreiben. Arm in Arm gingen wir ins Haus.

»Hast du das von Andrzej gehört?« flüsterte meine Mutter mir zu.

Ich nickte und kämpfte gegen meine Tränen an. »Ja, Mama. Ich würde gerne seiner Mutter und seinen Schwestern mein Beileid aussprechen, wenn du und Papa nichts dagegen habt.«

»Es ist nur recht, wenn du ihm damit Ehre erweist, Rena. Ich werde dir einen Laib Challah mitgeben.«

Die Straßen waren aufgeweicht vom Regen. Begleitet vom Duft warmen Brotes in meinen Armen, ging ich denselben Pfad, den Andrzej und ich so viele Male gemeinsam entlanggeschlendert waren. Als ich am Dorfbrunnen vorbeikam, versuchte ich sein lachendes Gesicht, seinen süßen zärtlichen Kuß zurückzudrängen. Ich schluckte heftig und zwang mir ein Lächeln auf die Lippen, ehe ich an die Haustür klopfte.

Seine Mutter kam gleich zur Begrüßung, als hätte sie an der Türe auf mich gewartet.

»Setz dich, Rena. Fühle dich wie zu Hause.« Seine Mutter bedeutete mir, Platz zu nehmen. »Andrzej wird gleich hier sein.« Sie rannte ans Fenster und hielt nach ihm Ausschau. »Er wird so glücklich sein, dich wiederzusehen.« Händeringend beobachtete sie die Straße. »Ich glaube, er mag dich, Rena. Ich wäre nicht überrascht, wenn er dich eines Tages bitten würde, ihn zu heiraten.«

Tränen stürzten über mein Gesicht, als Hania mich in die Küche zog. Hania erklärte mir, daß es für ihre Mutter besser war, sich nicht zu erinnern. Sie erzählte mir, die Grenzwachen wären mit Hunden auf Patrouille gegangen. Andrzej mußte auf einen Baum klettern und hielt sich dort die ganze Nacht über versteckt. Es war so kalt, daß er starr wurde und herunterfiel. »Glücklicherweise fanden ihn einige von unseren Leuten und brachten ihn nach Hause, so daß ihn die Nazis Gottseidank nie in die Hände bekamen«, berichtete Hania. »Doch

er bekam eine Lungenentzündung. Wir versuchten ihn, gesund-
zupflegen, doch seine Lungen machten nicht mehr mit.«

Ich verlor mich in meinen Gedanken an Andrzej. Die
Straßen von Tylicz führten mich zum Dorffriedhof. Nichts
durfte ich auf seinen Grabstein legen, denn nach deutschem
Recht war es Juden nicht erlaubt, Blumen auf das Grab eines
Nichtjuden zu legen – dies würde man als Entweihung empfinden; dafür würde man mich erschießen. Mir blieb nichts anderes übrig, als die Blumen, die schon auf dem Grab standen,
mit meinen Tränen zu benetzen und an den Jungen zu denken,
den ich auf meinem Schulweg mit »Hallo« zu grüßen pflegte.
Mir blieb nur der Gedanke, daß es keinen mehr auf der Welt
gab, der mir die Hand hielt und mich auf diesem Hügel grüßte.

*Nach Andrzejs Tod wurde gesetzlich festgelegt, daß alle Juden,
die weniger als vierzig Kilometer von der polnischen Grenze
entfernt wohnten, abgeschoben werden sollten. Sie durften nur
einen Laib Brot und pro Person ein Kleidungsstück zum
Wechseln mitnehmen. Die Kornreichs verloren ihren gesamten
Besitz, ihr Haus, ihr Land. Sie wurden mit den anderen Juden
aus Tylicz vertrieben und siedelten nach Florynka um. Damit
verloren sie alle nichtjüdischen Verbündeten, die ihnen geblieben waren. Sie mieteten sich ein Zimmer bei einem Bauern
und schliefen auf dem Fußboden auf Strohmatratzen. Rena
hatte die Sondergenehmigung erhalten, ihre Kuh mitzubrin-
gen, doch wenn sie spät mit Melken dran war, stahl der Bauer
die Milch und behauptete, die Kuh hätte keine. Da in dieser
neuen Stadt nur sehr wenige die Kornreichs kannten, gab es
kaum Nähaufträge. Aber alle paar Wochen schaute Tolek bei
ihnen vorbei und brachten ihnen Mandeln aus der Slowakei.
Rena und Danka brachten die Mandeln nach Grybow, wo sie
sie an die dort ansässigen Juden verkauften und ein geringes
Entgelt dafür bekamen. Tolek bestand darauf, daß dies ihnen
gehörte. Trotz all dieser Schwierigkeiten und Entbehrungen,*

war Rena dankbar, daß sie zusammen waren. Sie kam sich nützlich vor und wußte, daß ihre Eltern nur mit Dankas und ihrer Hilfe zurechtkamen.

Rasch verbreitete sich in der näheren Umgebung die Nachricht, daß mehrere jüdische Mädchen in einer Nachbarstadt von deutschen Soldaten vergewaltigt worden waren. Die Erinnerung an den Soldaten, der auf der Suche nach Rena ihren Dachboden gestürmt hatte, holte sie ein.

Spät in der Nacht hörten Danka und Rena ihre Eltern heimlich über ihr Schicksal beratschlagen. Als sie am Morgen erwachten, sahen sie Mamas verweintes Gesicht.

»Onkel Jakob kann euch nicht nehmen, deshalb müßt ihr beide zu Zosia nach Bratislava. In der Slowakei ist die Lage noch gut, und sie kennt dort viele reiche jüdische Familien, denen die Situation hier bekannt ist. Sie werden euch aufnehmen und euch Arbeit geben, so daß ihr in Sicherheit seid.«

»Ich werde euch nicht noch einmal verlassen.« Ich hoffte, sie von ihrem Entschluß abbringen zu können.

»Doch, das wirst du, Rena, denn wenn du das nicht tust, will ich lieber selbst gleich sterben. Ich möchte nicht zusehen müssen, daß meine Mädchen vergewaltigt werden.« Mein Widerspruch blieb mir im Mund stecken. Noch nie hatte ich in Mamas Augen soviel Hoffnungslosigkeit, soviel Entsetzen gesehen. »Und ich brauche dich, damit du auf Danka aufpaßt, Rena.«

»Wir werden gehen, Mama.«

Am Morgen kommt Tolek mit einem Schlitten. »Wir werden diese Nacht vor der Grenze kampieren müssen, denn wir haben Vollmond, doch wir sollten so nah dran sein, daß der Weg morgen abend nicht zu beschwerlich wird.«

Sein freundliches Gesicht ist ein Trost unter soviel Fremdheit. Mir wird bewußt, daß er uns nicht als Juden, sondern als Freunde betrachtet. Ich frage mich, warum der Rest der Welt das nicht auch so sehen kann wie er, wie ich.

Danka und ich drücken Mama fest an uns. Sie wirkt so klein, als schrumpfe sie unter dem Gewicht der Welt zusammen. Meine Eltern waren mir immer alterslos erschienen, aber über Nacht waren sie sichtlich gealtert. Mamas Zerbrechlichkeit und Papas weißes Haar bewegten mich zutiefst.

»Vielleicht wirst du Schani ja doch noch heiraten.« Mama versucht uns aufzuheitern, und einen kurzen Moment lang blitzen ihre Augen auf. »Ihr seid gute Mädchen. Wir sind so stolz auf euch.«

Während sie die Decken feststeckt, als wären wir noch immer kleine Mädchen, die sie zudecken muß, spricht sie sanft von Vertrauen und Hoffnung und davon, daß wir füreinander da sind. Ihre Augen sind traurig und weich. Papa küßt Danka und mich auf die Stirn. Er spricht ein hebräisches Gebet, segnet die Töchter, die er nicht beschützen kann.

Tolek redet den Ponies gut zu, sich für den Marsch zur Grenze in Bewegung zu setzen, und wieder einmal brechen wir auf in die Slowakei und lassen unsere Eltern zurück. Sie stolpern durch den tiefen Dezemberschnee und winken uns zum Abschied. Mama rutscht die Babuschka vom Kopf. Mit einer Hand hält sie die Perücke fest, während die andere wie verrückt durch die Luft jagt, als versuchte sie eine letzte schwache Spur von uns festzuhalten.

»Auf Wiedersehen, Papa!«

»Auf Wiedersehen, Mama!«

Immer wieder schreien unsere Stimmen im Einklang, bis uns nur noch ein heiseres Flüstern bleibt.

Als wir schon längst winzige Punkte am Horizont geworden sind, winken wir noch immer und hoffen, daß sie uns sehen können. Ich weiß, daß auch sie winken und die gleiche Hoffnung haben. Mamas und Papas in den Schnee geätzte schwarze Umrisse sind in meinem Gedächtnis eingegraben, als warteten sie dort noch immer auf unsere Rückkehr, als würden sie immer dort sein und warten.

Tränen schmecken normalerweise salzig, aber meine sind bitter, festgefroren auf meinen Wangen, festgefroren in der Zeit.

Ich schreibe langsam, verweile über jedem Wort, als würde allein schon der Federhalter auf dem Papier mir meine jüngste Schwester näherbringen.

Hummene in der Slowakei,
18.März 1942

Liebe Danka,

ich vermisse dich sehr. Ich würde dich gerne selbst sprechen, aber das geht ja nicht. Ich weiß, wie aufregend du es fandest, daß Schani und ich heiraten, aber es wird keine Hochzeit geben. Jetzt, wo über die Slowakei das Kriegsrecht verhängt wurde, sehe ich keinen anderen Ausweg für mich, als mich an die Behörden zu wenden und in ein Arbeitslager zu gehen. Die Silbers finden, ich würde übertreiben, wenn ich ihnen sage, daß man sie erschießen wird, weil sie mich beherbergen, aber du und ich wissen es besser. Und sie sind in diesen letzten paar Monaten so freundlich zu mir gewesen, daß ich es nicht ertrage, sie in Gefahr zu bringen.

Ich fürchte, es wird fast wieder so sein wie beim Verlassen Polens, und diesmal wird es mir das Herz brechen. Werden die Deutschen denn nie aufhören, unser Leben zu zerstören? Ich will dich nicht allein lassen, aber ich kann niemandes Leben aufs Spiel setzen, und ich glaube nicht, daß die slowakischen Juden verstehen, wie ernst es den Deutschen ist. Bitte sei vorsichtig. Ich werde dafür beten, daß du in Bratislava in Sicherheit bist. Grüße Zosia von mir ganz lieb und sage Herschel und Ester, daß ihre Tante Rena ihnen einen dicken Kuß und eine Umarmung schickt. Du fehlst mir.

Deine dich liebende
Schwester Rena

Ich stecke den Brief in einen Umschlag und wünsche mir, es gäbe noch etwas anderes, das ich zu Dankas Schutz mitschicken könnte, aber sie ist am anderen Ende der Slowakei und unerreichbar für mich. Die Kräfte, die unser aller Leben kontrollieren, sind wie eine Lawine, die sich über den Bergpaß schiebt, immer schneller geworden, und alles, was wir kennen und lieben, wurde in ihrer Spur mitgerissen. Mehr kann ich nicht mehr tun, ich muß Gott vertrauen, daß er sich derer annimmt, die ich zurücklasse.

Noch ein Brief muß geschrieben werden. Gerne würde ich mich davor drücken, aber es führt kein Weg daran vorbei:

Lieber Schani,

es tut mir leid, dir das gerade einmal zwei Wochen vor der Hochzeit zu sagen, aber ich weiß wirklich nicht mehr ein noch aus. Ich beuge mich dem herrschenden Gesetz und stelle mich den Behörden, um in ein deutsches Arbeitslager zu gehen. Bitte verstehe, warum ich dies tun muß, und versuche, mir zu verzeihen. Ich habe dir erzählt, wie es in Polen war, ehe ich in die Slowakei floh, und du mußt mir glauben, wenn ich dir schreibe, daß *du den Deutschen keinen Glauben schenken darfst.* Vielleicht muß ich ja nur ein paar Monate arbeiten. Doch ich weiß noch nicht, wohin ich komme und für wie lange. Ich bete darum, daß du meine Entscheidung respektierst. Ich werde dir und Danka schreiben, sobald ich im Lager ankomme und mehr weiß.

Wir sind noch jung genug für einen Neuanfang, wenn ich aus diesem Arbeitslager entlassen werde; schließlich bin ich erst einundzwanzig Jahre alt – das ist doch nicht zu alt für dich, oder? (Das soll dich aufheitern, Schani. Ich möchte nicht, daß du darüber weinst.) Eines Tages werden wir ein schönes Leben haben, und du wirst mir ein guter Ehemann sein, aber noch nicht jetzt. Ich hoffe, du kannst noch ein letztesmal auf mich warten. Ich weiß nicht, was auf mich zukommt, aber ich weiß, daß das Arbeitslager hart sein wird. Bete, daß ich nicht zu lange dortbleiben muß. Dank dir, daß du mir in all meinen Prüfungen und Schwierigkeiten mit deiner Liebe beistehst. Grüß mir Tante Regina, Onkel Jakob, Cili und Gizzy.

Gott segne dich.
In Liebe, Rena.

Während ich mein Hochzeitsnachthemd zusammenlege und ohne jede Zuversicht in einer Kommode verstaue, frage ich mich, wie mein Verlobter diese Nachricht aufnehmen wird. Die neuen Schuhe, die der Schuster mir für die Hochzeit gemacht hat, das Kleid, das der Schneider genäht hat, alles, was mir gehört, ist gepackt und wird zusammen mit meinen Träumen weggeräumt.

Die Briefe lasse ich auf dem Tisch liegen, und ich weiß genau, was ich anziehen werde, als ich mich dem Schrank zuwende. Mein grün-weiß-kariertes Kostüm ist warm und sieht gut aus. Selbst wenn ich ins Arbeitslager gehe, möchte ich den besten Eindruck machen, und das hier ist das Schönste, was ich zum Anziehen habe. Danka hat das gleiche Kostüm wie ich, gekauft von einem freundlichen Schneider, als wir letztes Jahr in die Slowakei kamen. Ich muß ein wenig lächeln, wenn ich daran denke, wie er uns in ein echtes Kaufhaus mitnahm und jeder von uns beiden ein brandneues Kostüm und tolle weiße Filzschuhe mit roter Verzierung kaufte. Ich ziehe sie mir über meine dicken Socken an. Sie sind schön warm und bequem; genau richtig für die Reise.

Ich frage mich, wie es wohl Mama und Papa gehen mag. Wo sind sie? Was tun sie? Sie wissen noch nicht einmal, daß Schani und ich heiraten. Warum konnte ich sie an Rosch-ha-Schana nicht erreichen?

Zum Passah-Fest hatten Danka und ich ihnen Rosinen, Matzen und ein bißchen Geld geschickt, aber die Grenze nach Polen ist jetzt vollkommen dicht. Der Schneider, der mir das

Kostüm gekauft hat, das ich jetzt anhabe, wußte von meiner Sorge. Er bat deshalb einen seiner Kunden, einen deutschen Offizier, im Tausch gegen einen Ledermantel für mich in Polen anzurufen.

Auf der Post stellte der Offizier die Verbindung für mich her und überreichte mir dann den Hörer.

»Ich möchte Sara und Chaim Kornreich sprechen«, sagte ich dem Postbeamten in Florynka.

»Es gibt niemand dieses Namens in der Stadt.«

»Sind Sie sicher?« bettelte ich. »Ist da Florynka?«

»Ich bin mir sicher. Es gibt niemand in der Stadt, der Kornreich heißt.« Benommen legte ich den Hörer auf.

»Vielleicht sind sie umgezogen«, meinte der Offizier.

»Wohin?«

Er zuckte die Achseln.

Wo sind Mama und Papa? Wie gerne möchte ich ihnen alles erzählen, was passiert ist.

Als ich ganz beiläufig mein Aussehen im Spiegel überprüfe, nicke ich mir aufmunternd zu, ehe ich die Briefe und den Mantel nehme, den Schani mir zur Verlobung geschenkt hat.

Frau Silber ist zum Markt gegangen. Ich werde unbemerkt aufbrechen. Sie soll nicht wissen, daß ich zu den Kasernen gehe, obwohl sie und ihr Ehemann gesagt haben, sie würden mich trotz der Konsequenzen verstecken. Ich kann nicht ihr Leben aufs Spiel setzen und auch nicht das ihrer kleinen Tochter, meinem Schützling. Ich tue, was ich tun muß. Ohne Frage ist das die richtige Entscheidung; ich habe nur den einen Wunsch, diese freundlichen Leute zu schützen, die mich in ihr Heim aufgenommen und wie ein Familienmitglied behandelt haben. Ein Arbeitslager kann gar nicht so schlimm sein, vor allem nicht, wenn dadurch ihr Leben gerettet wird. Arbeit macht mir keine angst. Ich weiß, was die Deutschen erwarten: Sauberkeit, Promptheit, Ordnung, alles muß fleckenlos sein. Es wird nicht anders sein als die Arbeit in den Kasernen von Tylicz.

Ich gehe aus dem Haus der Silbers, blicke ein letztesmal zurück, um es meinem Gedächtnis einzuprägen. Ich werde wiederkommen, sage ich mir; das wird nicht für immer sein.

»Guten Morgen«, grüße ich unsere freundliche christliche Nachbarin.

»Guten Morgen, Rena. Wie geht es Ihnen, meine Liebe?«

»Ich muß weg und möchte Sie um einen Gefallen bitten.«

Sofort werden ihre Augen schmal. »Um was geht es?« Jeder scheint auf der Hut zu sein. Ich ziehe mir den Diamantring vom Finger, den Mama mir gab, lege ihn in ihren Handteller und schließe ihre Finger darüber. »Ich möchte, daß Sie auf diesen Ring achtgeben. Er hat meiner Mama gehört ... Würden Sie auch diesen Mantel bitte für mich nehmen?«

Ihr Blick schwankt zwischen Nicht-glauben-können und dem Verlangen nach diesen wunderschönen Dingen. »Das sind wertvolle Dinge. Werden Sie die nicht brauchen?«

Plötzlich wird mir bewußt, daß ich diese Dinge nie mehr wiedersehen werde. Ich kann nicht sprechen. Ehe ich meine Meinung ändern kann, lege ich ihr rasch den Mantel in den Arm und versuche mich abzuwenden, ehe sie mich weinen sieht.

»Wer den für Sie gemacht hat, muß sie sehr geliebt haben.« Bewundernd streicht sie über den Biberbesatz.

»Das ist leider wahr. Ich muß gehen.« Nie mehr will ich mich von unseren Nachbarn, meinen Freundinnen, meiner Schwester oder sonst jemandem verabschieden. Es ist schon schmerzlich genug, mich vom Diamantring meiner Mutter zu trennen. Wenn ich in diesem Leben nie mehr einem Menschen zum Abschied zuwinken muß, wird das eine Gnade sein. Ich blicke zu Boden, weigere mich, zurückzuschauen, eile der Stadt zu.

Als ich für einen Augenblick im Stadtkern von Hummene stehenbleibe, fällt mir ein, was für ein schöner Ort dies ist und wie freundlich die Menschen zu mir gewesen sind. Die Slowakei war gar nicht so übel zum Leben; und obwohl das vergangene Jahr mit Prüfungen und Heimweh gespickt gewesen war, hatte ich mich auch manchmal glücklich gefühlt. Ich werde annehmen, was die Nazis mir vorsetzen, aber ich habe Angst vor der Zukunft. Ich hole tief Luft, stecke meine Briefe ein und gehe entschlossen auf die Kasernen zu. Es bildet sich bereits eine Warteschlange.

»Name?«

»Rena Kornreich.«

»Nationalität?«

»Polnisch.«

Er grinst, als wüßten er und der Offizier neben ihm einen heimlichen Scherz.

»Gibt es noch andere Familienmitglieder, die sich hier in der Slowakei versteckt halten?«

»Ich bin mit einem Bürger der Slowakei verlobt, ändert das meinen Status?«

»Nicht, solange Sie nicht wollen, daß er mit Ihnen kommt.« Seine Augen werden gefährlich schmal.

Ich schüttle eine plötzliche Kälte ab. »Ich möchte nicht, daß er mit mir kommt.«

»Warten Sie die Nacht über draußen.« Ich bin entlassen.

»Was ist mit meinen Sachen?«

»Morgen wird sie jemand wegen Ihres Gepäcks begleiten.«

Einen Augenblick lang wünschte ich, ich hätte meinen Mantel. Sein warmer Pelz würde meinem Nacken die Kälte fernhalten. Ich frage mich, ob mein Ring und mein Mantel in Sicherheit sind. Ich frage mich, ob ich selbst es bin. Was ist das für ein Gefühl, sicher zu sein? Ich kann mich nicht mehr daran erinnern.

Andere Juden sind neben mir. Nur mit meiner Wolljacke bekleidet, zittere ich vor der Kasernenmauer und halte die Arme fest an den Körper gepreßt. Die Lichter vor der Kaserne sind brutal hell und strahlen keine Wärme auf uns ab. Es wird eine unwirtliche Nacht werden.

Die Ereignisse, die mich diesem Ort hier preisgegeben haben, quälen meine Gedanken. Alles bewegt sich schneller als üblich, als machte ich eine Bestandsaufnahme dessen, was in der Erinnerung bewahrt oder verworfen sein soll. Der größeren Wärme wegen schiebe ich meine Knie hoch unter den Rock. Mein Magen grummelt – wie gern hätte ich jetzt ein Stück Challah. Der volle Duft von Ei drängt sich in meine Wahrnehmung. Der Geruch frisch gebackenen Brotes hat so etwas Tröstliches. Ich schnüffle die Luft, kann aber nicht sagen, ob mein Eindruck real oder eingebildet ist, es ist auch egal. Ich drehe einen eingebildeten Bissen auf meiner Zunge hin und her, rieche ihn aus dem Innern meines Mundes und lasse zu, daß sein Nährgehalt mich langsam von innen heraus wärmt. Ich stelle mir Mama vor, die den Teig knetet und am Freitag unser Sabbat-Gericht vorbereitet. Morgen ist Freitag; ich frage mich, ob Mama irgendwo in Polen Teig knetet.

Auf der Suche nach einem Platz, wo ich meine ermüdenden Gedanken ausruhen kann, schließe ich fest meine Augen und zwinge mich, Mamas Gesicht in unserer Küche zu sehen. Wie gütige Geister beschwöre ich die Gerüche, die Geräusche von zu Hause. Mama, die mich bittet, Holz fürs Feuer zu holen; Papas Pfeifenrauch aus dem Wohnzimmer, wo er die Texte studiert. Wie Finger ziehen mich die Tylicz umgebenden Bergspitzen in ihre Umarmung. Ich treibe im Reich zwischen Schlafen und Wachen, bis ich barfuß über das Feld laufe, angelockt von den Stimmen der Vergangenheit. Wenn sich alles verändert hat, liegt der einzige Trost in dem, was war, im Vertrauten.

Rena!

Auf meiner Flucht in die Welt der Träume bilde ich mir ein, Mama zu sehen, die mit leuchtender Laterne vor der Tür unseres Bauernhauses steht, nach mir Ausschau hält und meinen Namen ruft.

Rena!

Das Gras ist naß und kühl, sprießt zwischen meinen Zehen. Ich laufe den Abhang hinab auf unser Haus zu.

Ich komme, Mama rufe ich ihrem auf und ab tanzenden Licht zu. Aber die sanfte, flackernde Flamme ihrer Laterne verwandelt sich in einen grellen Strahl, der mir in den Augen brennt.

Verwirrt und ausgekühlt schüttle ich mich aus meiner Erstarrung. Scheinwerfer wandern über unsere ruhelosen Körper. Es war ein Traum, nichts als ein Wachtraum. Ich bin müde, niedergeschlagen und überwältigt von dieser fremden Umgebung. Mein Gehirn nimmt die geistigen Bilder meiner Vergangenheit und bindet sie in mein Unterbewußtes ein.

Ich nestle an meinem Schottenrock herum. Wie eine Brandungswelle, die sich zurückzieht, läßt die Vergangenheit mich einsam und verloren zurück.

Rena!

Ich schwöre, Mamas Stimme rufen zu hören. Vorsichtig lasse ich mich noch einmal davontreiben, werde nur immer wieder aufgeschreckt von den aufdringlichen Scheinwerferstrahlen, die über das Lager schwenken. Es ist eine schlaflose Nacht. Wenn meine Augen auch zufallen, mein Atem auch langsamer wird, meine Gedanken verwackeln wie ein Kinobild, mag ich zwar dösen, doch die Flucht in den süßen Schlaf gelingt nicht. Ich sitze in der Falle wie ein wildes Tier.

Die morgendliche Kälte ist schneidend, geht einem bis auf die Knochen. Es ist fast, als würde die Erdwärme von einem Vakuum eingesaugt und dem Boden entzogen. Beim Gähnen schmerzt mein Kiefer. Ich frage mich, wann Danka meine Nachricht bekommen wird.

Die Soldaten treiben diejenigen hoch, die noch nicht von selbst auf sind. Ich bin hellwach, zittere aber aus Protest gegen dieses böse Erwachen. Dann streiche ich meinen Rock glatt.

Heute möchte ich wirklich gut aussehen. Der erste Eindruck ist der wichtigste.

»Aufstellen! Diejenigen, die noch einmal in ihre Wohnungen müssen, wird man begleiten, um ihre Sachen abzuholen. Aufstellen!« Hastig stelle ich mich in die Reihe, um mir das Wenige zu holen, das ich noch bei den Silbers habe. Wie Gefangene marschieren wir durch die Stadt, und unser armseliger Haufen wird auf jeder Seite von einem Offizier begleitet. Ich halte den Kopf gesenkt, um nicht erkannt zu werden. Ich weiß nicht, warum ich mich so schäme, aber ich tu's.

Frau Silber ist in der Küche und bäckt Challah für das Sabbat-Mahl, als die Wachen an ihre Tür klopfen. »Diese Jüdin hat sich selbst angezeigt und kommt, um ihre Sachen abzuholen.« Ungebeten betreten sie die Küche; ich renne nach oben, unfähig meiner Gastgeberin in die Augen zu sehen. Der Duft aus der Küche ist so durchdringend, daß ich unter einem plötzlichen Hungeranfall zu taumeln beginne. Blitzschnell nehme ich meinen Koffer und bin wieder unten.

Frau Silber steckt mir einen Laib Challah und ein paar Orangen in die Tasche. »Für den Sabbat«, flüstert sie. »Du wirst es brauchen.« Für liebenswürdige Abschiedsworte ist keine Zeit. Wir können uns kaum einen Abschiedskuß geben.

Am Bahnhof stehen Hunderte von Männern, Frauen und Kinder in Reih und Glied. Viele Mädchen in meinem Alter sind dabei. Was geht hier vor? Warum schickt man Kinder zur Arbeit? Was mache ich hier? Ich soll doch heiraten, nicht in ein Arbeitslager gehen. Ich muß mich wieder daran erinnern, daß ich das Richtige tue, aber die Wirklichkeit tröstet nicht.

In Hummene hat es sich schnell herumgesprochen, daß heute die Juden in Arbeitslager verfrachtet werden. Mit aufmunternden Worten begleiten unsere Leute, die am Bahnhofstor stehen, unser Einsteigen, und werfen uns Orangen zu. Ich fange ein paar auf und stopfe sie in meine Handtasche. Auf der Suche nach einem vertrauten Gesicht, lasse ich meinen Blick kurz über die Menge schweifen; ich weiß nicht, ob ich traurig oder glücklich sein soll, daß es keinen gibt, der mir winkt.

Wenn man sich eine Zugfahrt vorstellt, denkt man an Bänke oder wenigstens Sitze, oder, wenn man wenig Geld hat, vielleicht an eine Pritsche. Doch es ist ganz offensichtlich, daß die Waggons, in die sie uns laden, für Tiere gedacht sind – es sind Viehwaggons, um genau zu sein.

»Wo sollen wir sitzen?« Die Leute um mich herum machen ihrer Empörung Luft. »Das ist doch kein Zug für Menschen!« Keiner hört zu, als achtzig von uns in den Wagen gestopft werden. Es bleibt nur Platz zum Stehen. Wir treten einander auf die Zehen, entschuldigen uns, treten dem nächsten drauf.

Unsere schreckliche Lage hält ein ständiges Angstgemurmel in Gang. Die Dame neben mir stillt ihr Baby. Sie ist keine Jüdin, sie ist Kommunistin.

»Möchten Sie eine Orange?« frage ich sie.

»Ich wußte nicht, daß ich Nahrung und Kleidung mitbringen muß«, sagt sie auf slowakisch. Ich breche ein Stück Challah ab und drücke ihr ein kostbares Stück Schokolade in die Hand.

»Dankeschön, dankeschön.« Ihr versagt die Stimme, weil sie völlig ausgetrocknet ist. Ich wünschte, ich hätte Wasser, um unseren Durst zu löschen. Der Zug fährt mit einem Ruck an. Zum Anlehnen bleibt nur der, der neben einem steht.

»Wo ist die Toilette?« will jemand wissen. Es gibt einen Kübel, der vermutlich als Toilette dienen soll. Stunden vergehen, ehe eine peinlich berührte ältere Frau die »sanitäre Einrichtung« benutzen muß. Ihre Tochter hält ihren Mantel wie einen Wandschirm, während die Dame auf zittrigen Beinen eine Hockstellung einzunehmen versucht.

»Verzeihen Sie bitte,« entschuldigt sie sich, »ich konnte es nicht mehr länger aushalten.« Manche Leute sind schockiert und verbergen schamvoll ihr Gesicht, aber früher oder später ist jeder dran, oder er beschmutzt sich selbst. Es ist nun ganz offensichtlich geworden, daß dies keine kurze Reise sein wird, und noch ehe der Tag vorbei ist, schwappen die Exkremente ungehindert über den Rand.

Wir rechnen damit, daß jemand kommt und unsere Fäkalien ausleert. Jedesmal, wenn der Zug hält, hämmert einer, der der Tür am nächsten ist, auf sie ein und schreit: »Macht die Tür auf! Der Gestank bringt uns um!«

Doch keiner antwortet auf unsere Schreie. Der Zug setzt sich wieder in Bewegung. Es kommt keine Hilfe.

Jemand stirbt. Wir versuchen uns von der Leiche fernzuhalten, doch es ist nicht genügend Platz. Noch nie war ich dem Tod so nahe. Ich bete, die Augen des Toten mögen noch einmal blinzeln und zucken. Ein schwacher Klagelaut entringt sich dem Bauch der Frau, deren Ehemann gestorben ist. Wehklagen. Ihre Stimme geht mir durch Mark und Bein. Ich starre ihren Mund an und bin erstaunt, wie diese Töne des Schmerzes und des Leids einem solch kleinen Ort entstammen können. Panik überfällt sie. »Was wird aus mir werden?« fragt sie uns auf Jiddisch. »Warum ist mein Mann gestorben?« Keiner kann ihr eine Antwort geben. Sie drückt ihren Kopf gegen ihre Brust und spricht mit ihm, als könne er sie hören.

Noch einer stirbt. Ein Schluchzen, dann entsetztes Schweigen. Ich starre auf die Körper. Sie können nicht tot sein. Sie schlafen und werden aufwachen. Ich warte darauf, daß dieser Alptraum ein Ende findet. Wenn sie schon nicht mehr wach werden, werde sicher ich erwachen. Ein Singsang geht mir durch den Kopf: sie können nicht tot sein. Es ist unmöglich. Dies hier ist nur eine Zugfahrt in ein Arbeitslager, kein Martyrium. Die Körper regen sich nie mehr.

Jemand hämmert gegen die Tür. »Bitte helft uns!« Andere stimmen mit ein. »Es ist jemand gestorben! Bitte laßt uns die Toten wegbringen!« Keiner sitzt Schiwa, keiner sagt das Kaddisch. Es wird gebetet, aber unter uns ist kein Rabbi. Wir haben unser Schicksal vor Augen. Wir können diese Körper nicht angemessen vorbereiten. Wir können sie nicht mit der ihnen gebührenden Ehre verabschieden. Wir sind zu sehr in Sorge um unser eigenes Leben. Der Zug hält wieder und wieder an. Wir hämmern und bitten um Erbarmen, aber die Stimmen draußen wollen uns nicht hören.

Sind es Tage, sind es Stunden?

Die Tür geht auf. Wie ein Dolch blendet uns das Licht für den Bruchteil einer Sekunde. Wilden Tieren gleich, gebannt von der Laterne des Bauern, erstarren wir zur Reglosigkeit. Die Luft durchdringt unsere Lungen. Wir haben vergessen, wie Frische riecht – zart und süß, nicht beißend, wie im Wagen.

»Werft eure Toten raus!« Die Befehle sind stumpf gegen unseren Schmerz.

Die Körper werden so nachlässig hinausgestoßen wie der Eimer ausgekippt wird. Zu schnell schlägt die Tür wieder zu und trennt die äußere Welt von unseren Sinnen. Jetzt, wo wir eine Vergleichsmöglichkeit haben, ist die Enge noch erstickender als zuvor. Der Zug nimmt seine endlose Fahrt wieder auf.

In meinem Gedächtnis ist diese Reise nur ein verschwommenes Bild. Ich habe keine Ahnung, ob es drei Tage oder fünf Tage her ist, seit ich meine Briefe an Danka und Schani schrieb. Langsam fange ich an mir zu wünschen, ich könnte meine Meinung ändern und mich verstecken. Ich wünschte, ich könnte Danka einen Brief schreiben, um sie zu warnen. Ich habe einen entsetzlichen Fehler gemacht. Ich darf darüber nicht nachdenken – es gibt kein Zurück.

Ich habe keinen Happen mehr zu essen. Wasser hat es die ganze Zeit nicht gegeben. Es ist nichts mehr übrig, was den wachsenden Geschwüren in unseren Mägen Linderung bringen könnte.

Denn noch sind sie keine Experten im Transport menschlicher Fracht. Es gibt so viele Zwischenhalte, daß ich es aufgebe, sie zu zählen, und mir meine Energie für wichtigere Dinge aufhebe. Mein Kopf ist schwer wie nasser Sand, der durch ein Netz ohnmächtigen Dämmerns gesiebt wird. Ich denke an nichts.

Die Frau stillt ihr Baby. Die Stimmen um mich herum erzählen Geschichten. Ich habe nichts, das ich mit jemandem teilen könnte. Irgendwann einmal höre ich jemand fragen: »Ist hier jemand aus Polen?«

Ich antworte nicht gleich. Es braucht Zeit, einzuordnen, was meine Ohren gehört haben. Als ich einen Blick durch das trübe Abteil voll fremder Menschen werfe, erinnere ich mich. »Ich bin Polin!«

»Können Sie die Schilder lesen, an denen wir vorbeifahren?« Die Männer in unserem Waggon heben mich hoch, so daß ich durch die verbarrikadierten Fenster hoch oben über unseren Köpfen die Schilder entlang der Gleise sehen kann.

Der Wind peitscht mir in die Augen. Als ich meine Muttersprache, mein Heimatland wiedererkenne, muß ich gegen den Schmerz ankämpfen. »Wir sind in Polen«, sage ich von hoch über den Köpfen.

»Wohin werden sie uns bringen?« Spekulationen und Theorien werden durchgesprochen, doch es bleiben vor allem offene Fragen.

»Was machen sie?« Unsere Stimmen lassen die Luft erstarren.

Dann ist nur noch das Geräusch der Räder auf den Gleisen, Metall auf Metall; selbst das Baby hat zu weinen aufgehört.

Es ist, als wäre ich in einem Tunnel, an dessen Ende es kein Licht gibt und nichts, was den Angriff der Dunkelheit aufhalten könnte. Die Gesichter um mich herum haben sich im Lauf der Tage verändert, und alle stehen kurz davor, den Verstand zu verlieren. Es ist, als wäre die Welt all ihrer Farben verlustig gegangen und als wären Schwarz, Grau und das Weiß meiner Stiefel die einzigen Schattierungen im Spektrum. In diesem naßkalten, stinkenden Waggon beschließe ich, was ich tun muß, um zu überleben. Alles, was mich daran erinnert, was einmal war – meine Kindheit, meine Vergangenheit, mein Leben –, muß in den geheimen Winkeln meines Unterbewußten weggesperrt werden, wo es sicher und unbehelligt überdauern kann. Die einzige Wirklichkeit ist jetzt. Nichts anderes zählt.

AUSCHWITZ

Die Bremsen quietschen mit derartiger Endgültigkeit, daß wir instinktiv wissen, unsere Reise ist zu Ende. Die Türen werden aufgestoßen und lassen einen trübgrauen Dunst herein. Wir blinzeln gegen das Licht, das uns in den Augen brennt. Auf dem Schild steht AUSCHWITZ.

»Raus aus den Waggons«, lautet der deutsche Befehl. Erst verdutzte Gesichter, dann machen wir uns daran, unsere Sachen einzusammeln.

»Macht schnell!« Männer in gestreiften Kappen und Uniformen stoßen uns mit Stöcken und flüstern uns leise zu: »Geht schnell weiter. Wir wollen euch nicht wehtun.« Die SS hat ihre Gewehre im Anschlag und zwingt diese armen Gefangenen, auf uns einzuschlagen, damit wir aus den Waggons springen. Und halbtot springen wir mitsamt unserem Gepäck, sofern wir welches haben.

Bis zum Boden sind es fast anderthalb Meter. Meine Knie, die so lange keine Bewegung hatten, brechen fast entzwei, als ich unten lande. Ich drehe mich um, weil ich der Frau mit dem Baby helfen will. Ein Stock berührt meine Schulter: »Mach schnell.« Ich suche nach den Augen, die zu dieser Stimme gehören, aber nur tiefe schwarze Höhlen starren mir ins Gesicht.

»Aufstellen!« Die Befehle sind schneidend, Peitschenhiebe, die auf glänzende Lederstiefel treffen, unterstreichen sie.

»Werft eure Koffer hier herüber«, schreit die SS.

Ich stelle meinen aufrecht hin, ordentlich neben den wachsenden Haufen, und wende mich dann an einen der SS-Wachleute: »Wie sollen wir unsere Koffer denn später wiederfinden?« Ich halte mich für ein menschliches Wesen, ich habe ein Recht zu fragen.

»Aufstellen und Mund halten!« brüllt er mir ins Gesicht

und zeigt dabei mit seiner Waffe auf mich. Ich bekomme eine Gänsehaut. Er sieht nicht, daß ich ein Mensch bin.

Hier hängt ein Geruch in der Luft, den ich nicht deuten kann. Es riecht nicht nur nach menschlichen Abfällen oder Menschen, die sich tagelang nicht gewaschen haben, wenn diese Gerüche auch vorherrschen. Es ist der Geruch der Angst, der die Luft um mich herum durchdringt. Und diese Angst sitzt überall, in den Augen der Männer und Frauen um mich herum, in unseren Kleidern, in unserem Schweiß.

Das Baby lebt nicht mehr, aber seine Mutter bemerkt nicht, wie schlapp die Gestalt in ihrem Arm ist. Ihr verzweifeltes Festhalten an seiner Leiche ist gespenstisch. Zuviel passiert hier. Alles ist so übereilt, so dem Zufall überlassen, daß es unmöglich ist, einen Sinn hinter dem Ganzen zu sehen. Ich suche in der Menge nach einer Richtung, nach jemandem, der mir sagt, warum wir hier sind und was uns erwartet. Ich sehe ihn. Er steht vor uns, überlegen und engelhaft hat er alles unter seiner Kontrolle, sagt uns, ob wir diesen oder jenen Weg gehen sollen. Er ist so ordentlich und kultiviert in seiner grauen Uniform; er ist hinreißend. Ich lächle in seine blauen Augen in der Hoffnung, daß er mich als die sieht, die ich bin.

»Möchtest du das Kind weggeben?« fragt er die Frau mit dem toten Baby.

»Nein.« Sie schüttelt wild den Kopf.

»Geh da hinüber«, sagt er.

Wie freundlich von ihm, daß er sie nicht auf das tote Kind aufmerksam macht, denke ich im Stillen. Wie freundlich von ihm, sie zu der Gruppe der offensichtlich Schwächeren zu schicken. Die Älteren und die sehr Jungen bilden eine eigene Gruppe, abgesondert von uns anderen, die wir kräftiger sind und lange, harte Stunden Arbeit zu leisten vermögen. Ich habe keine Ahnung, wie viele Männer, Frauen und Kinder auf dem Bahnsteig stehen, aber jedem von uns wird gesagt, daß wir uns entweder auf die rechte oder auf die linke Seite zu stellen haben. Für uns ist die Richtung ohne Bedeutung. Ich frage mich, wohin der Mann in Grau mich wohl schicken wird.[1]

Eltern versuchen ihre Kinder in den Arm zu nehmen, ehe sie weggenommen werden. »Wir müssen arbeiten.« Sie versuchen einander zu trösten. »Du bist noch so klein, daß du nicht mit uns arbeiten mußt. Großmama wird sich um dich kümmern, ...« versichern sie ihrem Fleisch und Blut. »Alles wird gut werden, du wirst schon sehen. Es wird dir besser gehen, wenn du nicht bei Mama und Papa bleibst.« Dann werden Mama und Papa getrennt.

Ich kann es nicht ertragen, Kinder weinen zu hören. Das ist Wahnsinn. In meinem Kopf dreht sich alles. Weil ich mich unbedingt auf etwas konzentrieren will, auf irgend etwas, das mich von diesem Weinen ablenkt, starre ich den Mann in Grau an. Er ist so überwältigend, daß er meiner Ansicht nach auch rücksichtsvoll sein muß. Jedem seiner Befehle wird gehorcht. Die SS unterwirft sich ihm sofort und antwortet: »Heil, Hitler!«

Sein Finger deutet auf mich. Ich reagiere darauf, indem ich mich auf die Seite der anderen jungen arbeitsfähigen Frauen stelle. Wir am anderen Ende des Lagers beneiden die Gruppe, die nicht zu arbeiten braucht. Sie werden irgendwo hingehen, wo es warm ist, irgendwohin, wo man sich ihrer annehmen wird. Es ist natürlich, so zu denken – wir sind Menschen, wir gehen davon aus, das man uns alle wie Menschen behandeln

---

[1] Man hatte angenommen, daß es vor Juli 1942 keine Selektionen am Bahnsteig gegeben hatte (Quelle: Czech, 148), aber eine Überlebende – Lenka Grünwald, Nr. 1735 – aus Proprad, der Ausgangsstadt des ersten Transports, berichtet, daß sie von zu Hause weggeholt wurde, weil sie über fünfzehn war, während ihre jüngere Schwester zurückblieb. Aus irgendeinem Grund fand dieses System, nur junge Frauen auszuwählen, in Hummene keine Anwendung, wo man Männer, Frauen und Kinder alle zusammen abtransportierte. Doch folgt daraus, daß es aufgrund dieses Versehens beim ersten Transport von Juden tatsächlich eine Selektion auf dem Bahnsteig von Auschwitz gegeben hat, und Rena Augenzeugin dieser ersten Selektion war.

wird. Halb fasziniert beobachte ich, was vor sich geht, ehe ich in den Nebel abgleite, wo kein Sinn mehr gefragt ist. Das ist keine Tagträumerei mehr, das ist ein Elektroschock.

Lastwagen kommen an und laden die Alten, die Kranken und die Babies auf. Nichts Liebenswürdiges, nichts Besorgtes ist mehr in der Art wie sie hineingestoßen werden. Diese zerbrechlichen Wesen werden auf die Ladeflächen getrieben als wären sie Kartoffelsäcke, die man einen auf den anderen lädt. Mein Magen dreht sich um. Einen schwachen Moment lang geht mir durch den Kopf, daß man sie vielleicht doch nicht so gut behandeln wird, wie ich das gedacht hatte, doch ich verjage diesen Gedanken. Sie haben es eilig, tadle ich mich. Wir sind so viele; sie haben nur vorübergehend nicht daran gedacht, sie sanft zu behandeln.

Viele der Mädchen neben mir winken denen, die weggebracht werden, zum Abschied. Ich sehe mir ihre bedrückten Gesichter an, und mir wird bewußt, daß mein Gebet zum Teil erhört worden ist. Ich habe keinen, dem ich zuwinken kann, und einen kurzen Augenblick lang empfinde ich ein klein wenig Dankbarkeit. Wenigstens war es nicht dieser Ort, wo ich mich von meiner Familie verabschieden mußte. Es sind zu viele Tränen, und der Schmerz ist so frisch, wenn die Mütter und Töchter um mich herum auseinandergerissen werden. Ich schließe meine Augen, aber meine Ohren kann ich nicht verschließen.

»Auf Wiedersehen, Papa!«

»Auf Wiedersehen, Mama!«

Auf meinem linken Stiefel ist ein Schmutzfleck. Ich spucke mir in die Hand und bücke mich, um ihn wegzureiben. Der Stiefel ist wieder weiß.

»Aufstellen! Stellt euch in Fünferreihen auf! Raus! Raus!« Die Gefangenen treiben uns mit Stöcken an. Die SS hält ihre Gewehre auf uns gerichtet. Wir sind Zivilisten und nicht vertraut mit militärischem Drill. Unbeholfen stellen wir uns auf.

»Marsch! In der Reihe bleiben! Wer nicht in der Reihe bleibt, wird erschossen! Marsch!« Eintausend Mädchen-Frauen marschieren in unzulänglichem Gleichschritt, in unzulänglichen Fünferreihen durch die Eisentore von Auschwitz. Über unseren Köpfen stehen in Schmiedeeisen die Worte ARBEIT MACHT FREI, und wir glauben, was das Schild uns sagt.

»Wir· sind jung«, reden wir uns ein. »Wir werden hart arbeiten und dafür die Freiheit erhalten. Wir werden schon sehen, was passiert.« Doch nach außen hin marschieren wir wie Verdammte. Es regnet, eisig, wie Märzregen eben ist. Wir sind in Gedanken versunken, aber es ist zu kalt, um viel zu überlegen. Alles ist grau. Mein Herz wird grau.

Männer in gestreiften Jacken, Kappen, Hosen stehen entlang der Stacheldrahtzäune und beobachten uns.[2]

Ihre Augen sind stumpf. Ich denke mir, das muß eine Irrenanstalt sein, aber warum müssen Geisteskranke arbeiten? Das ist nicht fair.

Ich verstehe die Welt nicht mehr. Ständig sage ich mir vor, ich komme aus gutem Haus, bin gut erzogen, gut gekleidet. Ich habe sehr hübsch ausgesehen, als ich in der Slowakei in meinem schönen Kostüm zur Kaserne ging, wenn es auch jetzt nicht mehr so gut aussieht. Doch meine weißen Stiefel sind hübsch und makellos, denn ich habe sehr darauf geachtet, nicht in irgendwelchen Schmutz zu treten. Als ich durch dieses Tor gehe, vergesse ich meinen Entschluß und denke einen Augenblick lang an das, was ich zu Hause gewesen bin. Ich bin ein ordentlicher Mensch. Ich sollte nicht hier sein. Ich bin anders. Ich komme aus einer guten Familie. Das Verlangen, mich in die warme Decke vergangener Erinnerungen zu kuscheln, mischt sich mit meinem Bemühen, Schritt zu halten.

[2] Bis zum 26. März 1942 waren die Gefangenen in Auschwitz alles Männer, meistens polnische Nichtjuden, die wegen ihrer politischen oder religiösen Einstellung Zwangsarbeit leisten mußten, sowie russische Kriegsgefangene.

Vergiß das *jetzt*, Rena, gehe ich gegen meine Schwäche an, das gehört der Vergangenheit an. Ich starre auf die stacheldrahtumzäunten Ländereien um uns. Das ist die Wirklichkeit.

»Halt!« Wir erstarren selbstzufrieden und gehorsam unter den Gewehren und Wachtürmen um uns herum. Von der Lagerstraße gehen reihenweise Ziegelbauten ab, dahinter eine hohe Mauer mit Stacheldraht. Wir werden gezwungen, uns vor der Türe des ersten Blocks aufzustellen. Zeit verstreicht. Sind es Stunden oder Tage? Ich bin irgendwo am Ende der Reihe, als auf der anderen Seite Leute ohne Haare auf dem Kopf herauskommen.

Ich beuge mich zu dem Mädchen, das neben mir steht, und flüstere: »Da sind noch mehr Verrückte. Wir müssen in einer Irrenanstalt sein.« Sie nickt zustimmend.

»Sophie! Ich bin es!« schreit eine der irren, kahlen Gestalten einem Mädchen in der Nähe zu.

»Freida? Bist du es? Was haben sie mit deinem Haar gemacht?« ruft Sophie zurück.

»Frag nicht.« Ihr kahler Kopf dreht sich um und prüft, ob ihr jemand zuhört. »Wenn du Schmuck hast, tritt ihn in den Schmutz.«

Ich betrachte die Uhr, die ich trage. *Ich kann das Gelächter der Kinder von Tylicz hören, als ich durch die Straßen zum Postamt laufe, wo gerade der erste Anruf für mich angekommen ist, den weiten Weg von Krynica. »Rena ist verliebt!« singen sie. »Rena ist verliebt!« »Gefällt dir die Uhr, die ich dir geschenkt habe?« will mein derzeitiger Verehrer am anderen Ende der knackenden Leitung wissen. »Ich liebe sie«, flirtete ich, »ich werde sie nie abnehmen.« »Nun, das solltest du aber, wenn du badest oder zum Schwimmen gehst«, gab er kokett zurück.*

Ich breche mein dummes Gelübde und reiße mir das Band vom Handgelenk. Ihr bekommt keine meiner Erinnerungen! Ihr bekommt nichts von mir! Als ich die Uhr mit meinem Absatz in den Schmutz bohre und dabei meine kostbaren weißen Filzschuhe schmutzig mache, zerbreche ich sie in tausend Stücke.

Die Tür zu Block Eins rückt bedrohlich näher. Drinnen geschieht das Unbekannte. Wir können Schreie hören. Wir sehen die jungen Frauen herauskommen, aber wir reden uns ein, daß wir uns nicht verändert haben werden, wenn wir diesen Ort verlassen. Ich grabe mir meine Fingernägel in die Handfläche und bete, daß ich das eine Mädchen bin, die ihre Haare behält. Dann bin ich im Gebäude.

Benommen gehe ich auf den ersten Tisch zu, wie ich es gerade eben das Mädchen vor mir habe tun sehen. »Was bist du?« fragt mich eine Deutsche.

»Polin,« antworte ich. Sie brummt und schreibt meine Information auf. Sie fragt mich nicht, welcher Rasse ich angehöre, und ich dränge ihr nicht auf, daß ich auch Jüdin bin. Ihre Kleidung ist mir ein Rätsel. Sie gehört nicht zur SS, sie ist zweifelsohne eine Reichsdeutsche, doch sie trägt ein Dreieck mit einer Nummer darauf. Ich denke mir, daß sie womöglich eine Gefangene ist.[3]

»Zwei Goldkronen«, verkündet sie.

Meine Gedanken jagen. Warum machen sie eine Notiz über meine Zähne? O mein Gott, sie werden mir meine Kronen nehmen, und dann werde ich häßlich aussehen. Ich gehe zum zweiten Tisch, ziehe dabei meine Oberlippe über die Zähne und halte meinen Kopf leicht schräg, so daß keiner das Gold in meinem Mund bemerkt.

»Nimm die Ohrringe ab«, herrscht die nächste Deutsche

---

[3] »26. März [1942] ...999 weibliche deutsche Gefangene, die als asozial, kriminell und einige, die als politische Gefangene eingestuft wurden ... erhalten die Nummern 1 – 999 und werden in einem Teil des Hauptlagers untergebracht, abgetrennt von der Mauer entlang der Blöcke 1 bis 10. ... 999 jüdische Frauen aus Proprad [in der Nähe von Hummene] in der Slowakei werden [ebenfalls] in das Frauenlager von Auschwitz gebracht. Dies ist der erste registrierte Transport ins Lager« (Czech, 148).

mich an. Ich sehe mich um und frage mich, zu wem man in einem solchen Ton spricht. »Du da! Nimm diese Ohrringe raus, oder ich reiße sie dir ab!«

»Ich?« Ich bin fassunglos. Doch als ich vorsichtig meine Ohrläppchen anfasse, wird mir mein Fehler bewußt. Die Ohrringe, die Großpapa Zayde mir schenkte, als ich sechs Jahre alt war, glänzen unter meinen Locken durch. Ich habe sie schon so lange an, daß sie kein Schmuck mehr sind, sondern ein Teil von mir.

»Ich habe sie vergessen«, sage ich rasch und lege das letzte Überbleibsel meines Lebens auf einen kalten Tisch, damit man sie in eine Schachtel mit der Vergangenheit von allen anderen wirft.

»Zieh deine Kleider aus und laß sie hier.« Sie nehmen mir die Kleider weg, ehe ich eine Chance habe, sie ordentlich zu falten oder sicher zu verstauen, damit man sie später wieder hervorholen kann.

»Raus! Raus!« Wir hasten vorwärts. Noch nie haben wir uns vor Fremden nackt ausgezogen. Wir versuchen, uns mit unseren Händen zu bedecken, und schauen zu Boden, in der Hoffnung, damit unser Schamgefühl zu bewahren. Fühllos gegenüber unserer Nacktheit treiben sie uns in eine Wanne voller Desinfektionsmittel.

»Sie sind verdreckt. Faßt sie nicht an.« Ihre Stimmen sind so stechend wie die Lösung auf unserer nackten Haut. Wir verbringen einige Minuten darin, und weil es uns peinlich ist, einander anzusehen, starren wir in die grüne Flüssigkeit, die sich anfühlt, als wolle sie uns das Fleisch vom Körper fressen.

»Kommt raus! Kommt raus!« Befehle, noch mehr Befehle. Die Worte der Wärterinnen springen uns ins Gehirn, verdrängen den freien Gedankenfluß und lassen ihn in den niederen Regionen des gesunden Menschenverstands Exil nehmen. Es gibt keine Handtücher, um unsere zitternden Körper zu trocknen. Unsere Kleider warten nicht auf uns, aber die Reihe wartet. Unsere Leben sind zu einer langen Reihe geworden, die sich langsam von einem Entsetzen zum nächsten vorwärtsbewegt.

Ich werde am Kopf festgehalten und schroff auf einen Stuhl gestoßen. Als eine kräftige Hand meinen Kopf nach vorne drückt, nähert sich die verfluchte Elektroschere meinem Ohr. »Nicht bewegen!« befiehlt man mir barsch, und man geht mit mir um, als wäre meine Haut Sandpapier. Auf ihrem Weg vom Nacken zu meiner Stirn schneiden und kratzen die Schermesser in meine Haut und reißen mir das Haar vom Kopf. Ich grabe die Fingernägel tiefer in meinen Arm und kämpfe dagegen an, daß Tränen über meine desinfizierten Wangen rinnen. Nur verheiratete Frauen rasieren sich den Kopf. Unsere Traditionen, unser Glaube werden durch ihre Handlungen verächtlich und lächerlich gemacht. Sie rasieren unsere Köpfe und Arme; selbst unsere Schamhaare werden genauso schnell und brutal entfernt wie der Rest unserer Körperbehaarung. Wir werden geschoren wie Schafe und dann wieder in den Bottich mit der Infektionslösung getrieben. Meine Haut brennt wie Feuer. Ich frage mich, ob ich jetzt, da die Feuerprobe bestanden ist, meine Jacke und meinen Rock wiederbekomme. Sie können sich doch unmöglich noch mehr einfallen lassen – was kommt jetzt noch?

Ein Mädchen schreit.

Da steht ein langer Tisch mit einem Offizier dahinter. Er hat Gummihandschuhe an, und da sind noch andere Männer, die das Mädchen festhalten. Wieder höre ich sie schreien. Ich habe keine Ahnung, was er tut, aber ich weiß, daß ich nicht möchte, daß er das auch mir tut. Es gibt zwei Reihen, die eine, in der ich bin, die sich auf den Tisch mit dem Mann und seinen Handschuhen zubewegt, und die Reihe, die in die Gegenrichtung schaut. Blut tropft der Mädchenfrau über die Schenkel, als sie von dem Mann mit seinen Handschuhen weggeht. Sekundenschnell wäge ich die Konsequenzen des Handelns gegen die Konsequenzen des Nichthandelns ab – ich drehe mich rasch um und stelle mich in die andere Reihe. Dies ist meine erste Leistung in Auschwitz: keiner nimmt an mir eine gynäkologische Untersuchung vor.

Die weiblichen deutschen Häftlinge, die uns offensichtlich übergeordnet sind, werfen uns wollene Uniformen zu. Die Uniformhemden tragen vorne russische Abzeichen. Wir tasten sie ab, versuchen dann, sie anzuziehen, stellen aber schnell fest, daß sie den meisten Frauen zu groß sind. Neben mir steht eine große Frau, der die Hose zu kurz ist. »Hier, zieh meine an«, biete ich ihr an. Wir tauschen. Um uns herum machen es die anderen Frauen genauso und versuchen etwas zu finden, was nicht an ihnen herunterrutscht. Als ich mir die Hose ohne Unterwäsche über meinen Körper streife, zucke ich zusammen. Ich schnüffle an meinem dunkelgrünen Wollhemd und mir wird übel von dem feuchten Stoff. Es gibt keine Knöpfe, um das Hemd zuzumachen, aber Löcher und rotbraune Streifen und Flecken. »Sie haben diese Kleider nicht einmal gewaschen!« bemerke ich. Ich überlege, ob ich den Schmutzfleck, den ich ertaste, wohl später auswaschen kann. Aber das ist kein Schmutz. Es ist klebrig. Es riecht süßlich. Mein Magen dreht sich. Ich starre auf die Frauen um mich herum, die bereits angezogen sind. Noch feucht von der Desinfektionslösung, sind sie einfach dankbar, etwas auf dem Leib zu haben. Wie ich auch, bemerken sie es nicht sofort, geben sich lieber dem Glauben hin, daß der Stoff von Motten und nicht von Kugeln zerfressen worden ist. Sie sehen nicht, daß die Flecken nicht Schmutz oder Schlamm sind, sondern Blut. Wir sind wie Lämmer, die zum Schlachten geführt werden und eins dem anderen hinterherlaufen, weil wir es nicht besser wissen. Trotz des süßsauren Geruchs verkrusteten Bluts und der an meinen Brustwarzen scheuernden Wolle, ziehe ich schamhaft das Hemd über meiner Brust zu. Was wird jetzt kommen?

Im letzten Raum liegt ein Haufen voller Holzscheiben mit

Lederriemen daran. Das sollen Schuhe sein. Wieder versuchen wir einander zu helfen, ein passendes Paar zu finden, aber sie sind gar nicht paarweise angefertigt. Sie sind nicht einmal dafür gedacht, daß Menschen sie tragen. Ich tripple aus dem Gebäude hinaus auf die Lagerstraße und nehme meinen Platz ein. Wir stehen in ordentlichen Fünferreihen, kahl, praktisch barfuß und tragen die Uniformen toter Männer. Es fängt zu nieseln an.

»Aufstellen!« Der Drill wiederholt sich, ist schlicht und einfach. Wir sind zu nichts anderem fähig als Befehle auszuführen. »Marsch!« Noch immer besessen von einem falschen Schamgefühl, drückt meine eine Hand das stinkende Hemd an den Körper, zieht die andere die Hose hoch, die mir über die Hüften rutscht: so marschiere ich.

Unbeholfen stapfen wir mit unseren Füßen, versuchen, nicht zu stolpern oder unsere Sandalen zu verlieren. Wir gehen an den ersten vier Blocks vorbei, ehe wir bei Block Fünf einbiegen. Wir sind so sehr damit beschäftigt, unsere Kleidungsstücke nicht zu verlieren, daß wir den Raum gar nicht wahrnehmen, in den wir geführt werden. Die Tür fällt zu und ein Riegel rastet von außen ein. Wir sind gefangen, stehen fast eine über der anderen auf blutigem Stroh. Bettwanzen springen uns an, unsere Körper werden schwarz. Wir halten uns die Kleider übers Gesicht; sie springen auf unsere kahlen Köpfe, unsere Hände, auf jedes freie Stückchen Haut. Im Stroh kriechen Läuse hungrig zwischen unsere Zehen.

Zu lange sind wir ruhig gewesen. Plötzlich befällt uns der Drang, uns Luft zu machen. Wir rennen an die Tür und hämmern unentwegt darauf ein. »Laßt uns raus! Laßt uns raus!« Mit beiden Händen schlagen wir auf die Wände unseres Gefängnisses ein. »Das kann doch nicht sein!« kreischen die Stimmen um mich herum. »Bitte, laßt uns raus. Wir haben nichts angestellt. Das muß ein Irrtum sein. Helft uns!«

Ich beobachte die Qual, die mich umgibt. Wir haben zu

spät revoltiert. Es ist kein Irrtum. Ich schließe mich der Masse der betrogenen Mädchen an und klopfe gegen die Eichentür der Ungerechtigkeit. Es vertreibt die Gedanken. Alles ist besser, als sich den Tatsachen auf dem Boden und unter unseren Füßen zu stellen.

Ich will nicht mehr wachsam sein. Ich bin es leid, in dieser Verzweiflung die Sonne aufgehen zu sehen. Die jungen Frauen um mich herum spiegeln meine Gedanken; mein Gesicht muß so dem Untergang geweiht aussehen wie die ihren. Der Dreck, der Gestank, das Gebell der Wachhunde aus der Ferne – es ist zu viel. Die ganze Nacht kauere ich auf dem Fußboden, erschöpft und doch auf der Hut. Über vier Tage waren wir ohne Wasser, ohne Nahrung, ohne irgend etwas. Ich kann nicht einschlafen, doch es gibt einige, denen es gelingt. Sie fallen in die Bewußtlosigkeit und brechen dabei auf dem Fußboden zusammen, bekommen die stechenden Bisse dieser entsetzlichen Wanzen nicht mehr mit.

Die Tür zu Block Fünf öffnet sich um vier Uhr morgens. Ich verharre noch immer da, wo sie mich zurückgelassen haben, mit weit offenen Augen, hellwach. Wir drängeln uns in Reih und Glied und marschieren zum Anwesenheitsappell. Während wir gezählt werden, stehen wir schweigend da, können nicht ausscheren aus unseren ordentlichen und disziplinierten Fünferreihen. Ich wende den Kopf nicht. Ich rühre meine Füße nicht vom Fleck. Ich möchte mich kratzen, wo ich gebissen wurde und wo die Wolle meine nackte Haut reizt. Mein Daumen zuckt an mein Bein; das ist die einzige Bewegung, die ich mir erlaube.

Man teilt uns in zwei gleich große Gruppen auf. Man gibt uns einen Becher für unseren Tee, aber es gibt nicht genug Becher; manche Frauen teilen sich einen, aber sofort gibt es Streitereien, und einige Becher verschwinden. Wir marschieren in Block Zehn. Es ist schon später Vormittag, als wir endlich einen kleinen Becher voll eines teeähnlichen Getränks, ein Stück

Brot und ein Klümpchen Margarine bekommen, das sie uns in die Handfläche schmieren. Ich sehe, daß alle ihr Essen rasch in sich hineinschlingen, zu schnell für ihre zusammengeschrumpften Mägen. Manche stellen sich wieder an, weil sie sich mehr erhoffen, doch es gibt keinen Nachschlag. Für ihre Unverschämtheit werden sie geschlagen. Ich kaue mein Brot und streiche langsam meine Margarine darauf, als wäre es ein richtiges Essen. Der Tee schmeckt seltsam, aber das ist mir egal. Ich schlürfe ihn langsam, zwinge mich dazu, den Vorgang in die Länge zu ziehen, rede meinem Körper ein, daß er satt ist und genug zu essen da ist.

Am ersten Tag reinigen wir Block Zehn von innen. Ich bewege mich ganz benommen, halte mein Hemd zu und meine Hose fest, während ich Staub wische, fege und wasche. Wir erledigen unsere Aufgaben. Ich bin einfach nur dankbar, nicht mehr in dem Gebäude mit all seinen Wanzen und Läusen sein zu müssen. Man kann nur beobachten und lernen. Die Deutschen sind schlecht organisiert. Dies fällt mir sofort auf, aber das hat nichts zu bedeuten – organisiert oder nicht, ich bin ihnen auf Gedeih und Verderb ausgeliefert.

Noch mehr junge Frauen kommen ins Lager marschiert, und ich verbringe den ganzen Nachmittag damit, zuzusehen, wie sie aus den Baracken kommen, kahl und in Uniformen wie ich. Bei den vielen, die ankommen, kann ich mir nicht vorstellen, daß Danka den Transporten lange entgeht. Als ich am Zaun stehe und die Reihe der Neuankömmlinge beobachte, weiß ich nicht, ob ich beten soll, sie hier nicht zu sehen, oder ob ich beten soll, daß wir einander begegnen, wenn sie ebenfalls hierherkommt. Ich frage mich, ob sie mich erkennen wird. Ich frage mich, ob ich sie erkennen werde. Jedes neue Gesicht wird sorgfältig gemustert, ehe ich davon ablasse, weil es nicht das meiner Schwester ist. Verloren in einem immer größer werdenden See der Verzweiflung hat mein Herz die eine letzte Hoffnung, daß Danka sich in der Slowakei verstecken kann. Doch mein Gefühl sagt mir, daß sie schon allzu bald hier sein wird.

Ich sehe meine schönen weißen Stiefel mit der roten Verzierung an einer SS-Frau. Ich möchte etwas sagen, sie ihr wegnehmen und selbst anziehen. Doch ich versuche, den Impuls, mir wiederzuholen, was mir gehört, zu bekämpfen und kehre in das Gebäude zurück. »Aufstellen! Aufstellen!« Wir bewegen uns in ordentlichen Fünferreihen. Die Sonne geht im Westen unter, als man eintausend von uns gezählt hat.

Eine Betonmauer teilt das Lager. Die Unterkünfte der Männer sind auf der anderen Seite dieser Mauer, aber vom zweiten Stock der Gebäude können wir einander durch Stacheldraht sehen. In der heraufziehenden Dunkelheit stehe ich vor dem oberen Fenster und sehe dieselben Männer, die ich tags zuvor auch gesehen habe. Jedenfalls sehen sie genauso aus. Jedes der Häuser in Auschwitz hat an der Vorderseite Fenster, und im zweiten Stock können wir sie öffnen und mit den Männern auf der anderen Mauerseite sprechen. Sie sind halb verhungert, darauf erpicht, Nachrichten von Draußen zu hören und unsere Bekanntschaft zu machen.

Ich gehe ans Fenster und spucke mir in die Hand. Ich sehe mein Spiegelbild nur dunkel und trübe, doch ich rubble mir den Schmutz aus dem Gesicht und reibe die Tränenspuren in meine Haut, damit keiner erfährt, daß sie mich zum Weinen gebracht haben. Ich fahre mir über den Schädel, als hätte ich Haare zu kämmen. Es ist eine nutzlose, aber tröstliche Geste, die mich daran erinnert, wie Mama mir mein Haar nach hinten streicht. Rasch schließe ich diese Gedanken weg; nur eins gilt es zu beachten – sich nicht in Erinnerungen zu verlieren. Mein Spiegelbild im Fenster kämpft gegen die Tränen an. Ich möchte schreien und toben, doch ich kann nur das Bild anstarren, das ich sehe. Was haben sie aus uns gemacht? Die stillen Schreie in meinem Kopf reißen mir die Seele entzwei. Wer ist diese Person, die mich da anstarrt? Die Männer im Lager sehen nicht mehr wie Verrückte aus. Sie sehen aus wie ich.

»Ist da drüben irgendwer aus Polen?« erkundigt sich ein Mann von der anderen Mauerseite.

»Ich«, sage ich.

»Kann ich dir helfen?« will er wissen.

»Ich könnte einen Strick brauchen, um meine Hose festzubinden, und einen Nagel.« Das nennt man Organisieren. Eigentlich ist es Schnorren, aber in Anbetracht unserer Umstände und der Gefahr, der wir uns aussetzen, wenn wir etwas Zusätzliches zu ergattern versuchen, rechtfertigt sich der Begriff Organisieren.

»Lauf nach unten. Ich werde etwas rüberwerfen.« Das ist mein erstes Hilfspäckchen, und mit dankbarer Bewunderung nehme ich einen Strick und einen Nagel in Empfang, beides an einem Stein festgebunden.

Den Rest des Abends bringe ich damit zu, den Strick durchzuscheuern und vier Stücke daraus zu machen. Ich komme schnell dahinter, daß Einfallsreichtum hier genauso wertvoll ist wie Nahrung, und alles, was ich in die Hände bekomme, wird auf seine Verwendungsmöglichkeit geprüft. Mit dem Stein gelingt es mir, den Nagel durch den Blechrand meines Bechers zu treiben, dann ziehe ich ein Stück Strick – mein neuer Gürtel – durch das Loch. Damit mir mein Hemd nicht aufgeht, stecke ich es mir in die Hose und binde den Strick fest um meine Taille. Es ist so, wie es ist. Mein Leben hängt von diesem kostbaren Becher ab, aus dem ich trinken kann und mit dem ich mich waschen kann. Ich werde mit ihm arbeiten. Ich schlafe mit ihm. Ich habe ihn immer bei mir. Er ist rot.

Es gibt keine Duschen, aber in Block Zehn gibt es drei Toiletten und eine Gelegenheit zum Händewaschen. Als Toilettenpapier haben wir Zeitungspapier, aber das ist immer schnell weg. Es gibt dort immer eine Warteschlange, und deshalb haben wir nicht oft Gelegenheit, die Toilette zu benutzen oder uns die Hände zu waschen, aber es ist wenigstens möglich. Es gibt Schlafkojen mit Strohmatratzen und dünnen Decken darauf. In der ersten Nacht liegen wir zu zweit in einer Koje, doch es gibt noch leere Kojen, die auf weitere Mädchen warten. Sie werden heute in Block Fünf sein.

Mein Bett steht gleich an der Wand mit einem zugenagelten Fenster, doch durch die Latten kann ich in den Hof von Block Elf schauen. Nach so vielen schlaflosen Nächten fällt das Einschlafen nicht schwer, aber irgendwann mitten in der traumlosen Nacht höre ich Schüsse. Wachsam liege ich auf meiner Strohpritsche und ziehe die Decke fester um mich. Doch es gelingt mir nicht, die Kälte in meinem Rückgrat zu vertreiben, und der an meiner Taille festgebundene Becher ist auch kein Trost. Ich weiß, daß irgendwo jemand stirbt.

Der Anwesenheitsappell am zweiten Morgen kommt genauso früh, genauso grob. Es ist vier Uhr morgens. Sie schreien uns zu, uns in alphabetischer Reihenfolge aufzustellen. Verzweifelt rempeln wir einander an, als wir versuchen herauszubekommen, wo wir hingehören; jeder, der nicht an seinem Platz ist, wird in die Reihe zurückgeprügelt. Anscheinend marschieren wir immer nur von einem Ort zum anderen und stehen lange Zeit tatenlos herum. Diesmal werden wir in eine Baracke mit Bänken und langen Tischen geschleust. Unsere Reihe wird von zwei Schwestern angeführt, ich glaube sie bekommen die Nummern 1001 und 1002. Das Tätowieren ist sehr schmerzhaft. Die männlichen Gefangenen, die immer und immer wieder die Nadel wie einen Schuß in unseren linken Unterarm jagen, machen dies nur ungern. Sie wissen, wie weh es tut. Doch die Deutschen treiben sie zur Eile an, und es bleibt keine Zeit, sanft und behutsam vorzugehen. Es ist, als würde jeder Einstich das letzte bißchen Ich zum Bersten bringen. Meine Nummer ist 1716. Gebrandmarkt und numeriert wie Vieh, reiben wir uns die Arme wie wir uns die nackten Köpfe gerieben haben, versuchen den Schmerz zu vertreiben.

Jetzt fangen die Nazis an, Ordnung zu schaffen. Die weiblichen Kapos, deutsche Gefangene, sind für uns verantwortlich, wenn wir uns außerhalb der Unterkunft aufhalten. Wir lernen die Kapos an der Farbe der Dreiecke zu unterscheiden, die sie tragen: Grün bedeutet, daß die Frau wegen Mordes hier ist, rot meint, daß sie eine politische Gefangene ist, und schwarz steht für eine Prostituierte oder eine Asoziale.

Eine junge slowakische Jüdin namens Elza wird zu unserer Blockowa bestimmt, unserer Blockältesten, und sie trägt für uns die Verantwortung, wenn wir uns im Gebäude aufhalten. Zu ihren Aufgaben gehört es, uns zum Anwesenheitsappell zu bringen und das Brot zu verteilen, das jedem Raum zugeteilt wird. Es gibt auch Sztubowas, Raumälteste, die die Brotlaibe für alle im Raum aufteilen und jeder ihren Teil geben. Untereinander, zwischen Blockältesten und Raumältesten, verschwindet Brot in die eigene Tasche. Es fällt nicht schwer, das mitzubekommen, und mir wird sofort klar, daß ich mit dem, was ich bekomme, gut haushalten muß. Manchmal bekomme ich nur eine halbe Portion zugeteilt, manchmal ist es die ganze Ration; alles ist eine Frage des Glücks und hängt davon ab, ob Raumälteste und Blockälteste ehrliche Menschen sind.

Vom Fenster her höre ich einen Mann von draußen, von jenseits der Mauer fragen: »Woher kommst du?«

»Aus Tylicz, in der Nähe von Krynica«, erwidere ich.

»Geh nach unten«, weist er mich an und dreht dabei seinen Kopf zur Seite, um zu sehen, in welche Richtung der Wachposten schaut, ehe er mir ein Stück Brot über den Stacheldraht wirft. Ich renne aus der Tür und packe dieses Stückchen, gerade als ein mit Papier umwickelter Stein neben meinen Füßen landet. Ich hebe die Nachricht auf und laufe zur Tür zurück, ehe der Posten auf dem Wachturm seinen Scheinwerfer auf die Lagerstraße richtet. Keuchend stecke ich hinter der Tür das Brot in meine Tasche und zerknülle die Nachricht in meiner

Hand, ehe ich lässig an Elzas Zimmer vorbeigehe. Im ersten Stock in einer Ecke falte ich die Notiz auseinander und lese: *Zerreiße diese Nachricht, sobald du sie gelesen hast, in winzige Stückchen. Als wir kamen, waren hier 12000 russische Soldaten. 5000 sind noch übrig, 7000 wurden erschossen. Eure Kleider waren ihre Uniformen. Ich komme aus Warschau.* Ich zerreiße das Papier in lauter kleine Fetzelchen und kehre nach unten zurück, wo ich mich zur Toilette anstelle, um dort die Konfetti loszuwerden.

Block Zehn ist jetzt voll. Ich schlafe neben Fremden, die im Schlaf weinen. Wir mit unserer zweitägigen Erfahrung als Gefangene essen unser Brot langsam und trinken den Tee als die kostbare Rarität, die er ist. Unsere Becher haben wir am Bund festgemacht, und die Löffel stecken in den Taschen, während die neuen Frauen sich um diese Utensilien streiten. Wir erfahrenen Gefangenen haben gesehen, wie die Neuankömmlinge zu Elza gingen, um nach einem Becher oder mehr zu essen zu fragen und dafür geschlagen wurden. Wir wissen, daß wir rechtzeitig zum Anwesenheitsappell aufstehen müssen; wir haben schon gesehen, wie Schläfer geschlagen wurden. Wir lernen schnell.

Am dritten Tag sehe ich den Mann, der mir am Abend davor sein Brot gegeben hat. Er nickt mir zu. Ich habe ein Stück Papier organisiert und darauf gekritzelt: *Danke für die Nachricht. Warum töten sie die Russen?* Ich versuche den Stein über die Mauer zu werfen, treffe aber daneben. Es braucht drei Anläufe, ehe es mir schließlich gelingt, ihn in hohem Bogen über den Elektrozaun zu werfen, wo er vor seinen Füßen landet. Ich wende den Kopf ab und tue so, als wäre nichts. Dabei stoße ich einen tiefen Seufzer der Erleichterung aus, daß keiner meinen armseligen Versuch einer Kommunikation mitbekommen hat.

Vor Block Eins steht eine neue Schlange gutgekleideter Frauen, die gerade aus den Zügen gestiegen sind. Auf der anderen Seite der Baracke kommt eine Reihe gerade erst entmenschlichter junger Frauen in russischen Uniformen heraus. Mein Herz schlägt schneller. Mit zusammengekniffenen Augen blinzle ich gegen die Sonne, suche nach einem Gesicht in der Menge, das mein Herz schon lange vor meinen Augen erkannt hat.[4]

»Danka!« Ihr wunderbares rotbraunes Haar ist verschwunden, aber ihre braunen Rehaugen können sie ihr nicht nehmen und auch nicht ihr hübsches Gesicht. Es juckt mich in den Armen, sie festzuhalten. Wenn ich sie nur berühren könnte, wüßte ich, daß ich sie nie wieder loslassen werde, doch ich kann nichts machen, denn ein Mann mit einem Maschinengewehr und ein Hund bewachen die neuen Gefangenen. Meine Füße bleiben stehen, zwingen mich zu warten, doch ich sehe sie, und in diesem Moment des Erkennens, finde ich meinen Grund und meinen Willen zu leben.

Es gibt einen Augenblick allgemeiner Verwirrung, als die neuen Frauen durcheinanderlaufen. Ich nutze diese Chance und schließe mich ihrer Reihe an.

»Danka!« Ich packe ihre zarten Schultern. Sie sieht mir einen Augenblick lang in die Augen, entsetzt und verängstigt angesichts dieser Fremden. Der Klumpen in meinem Magen wird fest – sie erkennt mein Gesicht nicht. Dann wirft sie schluchzend ihre Arme um meinen Hals. »Rena!« stammelt sie.

»In die Reihe! Bewegt euch!« schreit die SS.

Ich schiebe meinen Arm unter ihre Schultern, damit sie nicht in Ohnmacht fällt.

»Wann hast du zuletzt etwas gegessen?«

»Ich weiß es nicht mehr. Ach, Rena, es war so furchtbar. Es waren so viele Menschen im Zug. Wir saßen aufeinander, und jemand, der neben mir saß, ist gestorben. Es war unglaub-

---

[4] »28. März [1942] ... 798 jüdische Frauen aus Brunn [Slowakei] ... erhalten die Nummern 1999–2796« (Czech, 150). Danka ist die Nummer 2779.

lich.« Ihr Gesicht macht mir Angst. Ihre Augen schauen ins Leere.

»Warum bist du hierhergekommen?«

»Weil du hier bist.« Ihre Stimme ist so naiv, so jung.

»Was willst du damit sagen?«

»Unsere Freunde wollten mich auf einem Bauernhof verstecken, aber ich hatte deinen Brief, und ich habe ihnen gesagt, daß ich mit meiner Schwester arbeiten gehen möchte. Du bist alles, was ich habe, Rena.«

»Du hättest nicht kommen sollen, Danka. Wir hätten in der Slowakei bleiben und uns verstecken sollen. Dies hier ist schlimm ... wirklich schlimm.«

»Marsch! Aufstellen!« Die Blockältesten treiben uns in die Reihe, damit sie die neuen Gefangenen in Block Fünf bringen können.

»Komm mit.« Ich schubse sie hinter den anderen her und gehe hinüber zu Elza. »Meine Schwester ist gerade angekommen, und sie ist so hungrig und müde.« Ich bettle. »Sie hat seit Bratislava nichts mehr gegessen. Bitte, Elza, laß sie in unseren Block! Ich habe Angst um sie.«

»In Ordnung, deine Schwester kann in deiner Koje schlafen.« Wir haben Glück, Elza hat heute ein Herz. »Du kannst mir helfen, das Brot auszuteilen, und für deine Schwester bekommst du eine Extraration.«

Ich frage nicht, was aus dem Mädchen werden wird, die neben mir schläft; ich weiß bereits, daß man nicht fragt. Mag sein, daß ich eigennützig bin, aber ich habe eine Schwester, die ich am Leben halten möchte, und sie ist alles, was zählt.

Ich weiß, daß es für Danka hart werden wird. In ihrem Gesicht sehe ich einen Ausdruck von Verwirrung und Lähmung. Ich werde versuchen müssen, ständig bei ihr zu sein. Als hätte ich die Macht, sie vor der SS zu bewahren. Doch glaube ich tatsächlich, dies zu können; ich muß glauben, daß ich es kann.

Die Nacht verbringen wir in Block Zehn. Mit starrer Miene

sieht sie sich um und fragt mich, wo wir sind. Der Mann, mit dem ich korrespondiert habe, ruft meinen Namen am Fenster und wirft mir ein Stück Brot und eine weitere Mitteilung herüber. Ich gehe nach unten und nehme sie diesmal mit mehr Geschick und ohne viel zu zögern an mich.

»Hier, Danka, ein Stück Brot von einem polnischen Landsmann.« Ich bin dankbar für diese Sonderration. Sie bemerkt die Notiz nicht, die ich lese und schnell zerreiße. *Sie werden in Block Elf, gleich neben euch, erschossen. Zerreiß dies sofort.*

Ich setzte mich auf unsere Pritsche, nehme Dankas Hand in meine und schaue ihr einen ungestörten Augenblick lang ins Gesicht. Sie ist so müde, daß sie kaum ihre Augen offenhalten kann, aber sie erzählt mir alles, was ihr widerfahren ist.

»Was ist mit Zosia und den Kindern?«

»Ich habe nichts von ihnen gehört.«

»Vielleicht geht es ihnen gut.«

»Vielleicht.« Es ist eine schwache Hoffnung, aber wir klammern uns an jeden Hoffnungsschimmer, der sich uns zeigt. Tränen strömen uns übers Gesicht, als wir die Tragweite dessen, was um uns geschieht, nach und nach erfassen. Ich habe Angst. Wir sind im Gefängnis. Unser einziges Verbrechen ist, geboren zu sein.

»Wir dürfen hier nicht viel weinen«, sage ich und tupfe ihre Tränen mit meinem Ärmel ab. »Wir dürfen sie nicht wissen lassen, daß sie uns getroffen haben. Siehst du – hier, das ist der Feind, und wir müssen sehr klug sein, um sie zu überlisten. Hörst du mir zu, Danka?« Sie nickt, als sie sich die Tränen von den Wangen wischt.

»Dann paß gut auf, was ich dir jetzt sage. Wir sind Bauerstöchter. Wir werden arbeiten, aber das haben wir schon immer getan. Die Arbeit hier wird uns nichts ausmachen. Und das ist mein Traum, Danka – ich werde dich nach Hause bringen. Wir werden durch die Tür unseres Bauernhauses gehen, und Mama und Papa werden dort auf uns warten. Mama wird uns in den Arm nehmen und küssen, und ich werde sagen: ›Mama, ich habe dir die Kleine zurückgebracht‹.«

»Ja, Rena.« Sie legt ihren Kopf auf meine Brust und schläft in meinen Armen ein.

Ich starre in die Dunkelheit und wiege meine Schwester, bis ihr Atem langsamer und tiefer wird, und ich sicher sein kann, daß sie nicht wach wird. Schüsse zerreißen die Nacht. Durch die Schlitze des zugenagelten Fensters sehe ich zu, wie russische Soldaten auf dem Boden zusammenbrechen. Es gibt soviel, was ich von Gott erbitten möchte, aber meine Lippen sind taub, und mir bleibt der Mund offenstehen, weil ich nicht glauben kann, was ich sehe.

Ich trage die Uniform von Kameraden dieser toten Soldaten. Morgen werden weitere Mädchen durch das Tor marschieren; man wird ihnen die Uniformen der Männer aushändigen, bei deren Tod ich gerade Zeugin war. Meine Kehle schwillt mir zu. Ich kann niemandem sagen, was ich gesehen habe. Nur mein Flüstern kann gehört werden, doch ich glaube nicht, daß irgendwer zuhört. »Gott helfe uns.«

Vier Uhr morgens.

»Raus! Raus!«

Die Raumältesten hämmern gegen die Kojen, scheuchen die Mädchen auf, die nicht zu den Frühaufstehern gehören. Es ist Dankas erster Morgen, und sie schreckt aus dem Schlaf hoch. Ich wünschte, es wäre mehr Zeit gewesen, sie auf die Prozedur des Aufstehens und des Anwesenheitsappells vorzubereiten, aber ich hatte sie auf gar nichts vorbereiten können. Ich habe auf meine Schwester gewartet, und das hat mich davon abgehalten, an anderes zu denken.

»Rena?« Benommen sieht sie mich an. Wie wünschte ich mir, alles wäre ein Traum, ein Alptraum.

Heute werden wir arbeiten. Ich hatte schon darauf gewartet, etwas tun zu können und dieses Gefangenendasein zu beenden, und frage mich, ob sie uns wohl eher freilassen werden, wenn wir sehr hart arbeiten. Weil ich mir unbedingt das Gesicht waschen möchte, stehe ich sofort in der Schlange vor der Toilette. Danka bewegt sich langsamer, und als die Reihe der Frauen, die dringend auf die Toilette wollen, länger wird, drängt man sie nach hinten.

Der Kessel steht vor der Tür zu unserem Block. Wir strecken der Blockältesten unsere Becher hin und bekommen von ihr eine Kelle Tee. Wir treten in die Dunkelheit. Unser Atem, der dem Tee entsteigende Dampf sehen aus wie mitten unter uns schwebende Gespenster und Phantome. In der Hoffnung, daß er uns von innen wärmt, schütten wir hastig den Tee hinunter, aber die Kälte zehrt an unseren Muskeln.

Die vom Nebel gebildeten Lichthöfe der Scheinwerfer leuchten über unseren Köpfen. Es ist schaurig, wie in einem Gruselfilm. Schaudernd frage ich mich, wo das Monster sich versteckt hält. Ich weiß nicht, ob ich wegen der Morgenkälte, des Mangels an Schlaf und Nahrung oder aus erbärmlicher Angst die Kontrolle über meine schlotternden Knie und klappernden Zähne verloren habe.

Die SS geht eine Reihe nach der anderen ab und zählt unsere Köpfe. Anscheinend brauchen sie so lange dafür, weil sie Notizen aus Listen vergleichen. Sie sind sich über ihr Tun nicht im Klaren.

»Ich muß auf die Toilette, Rena«, flüstert Danka.

»Das ist nicht erlaubt. Du hättest vor dem Appell noch gehen sollen.«

»Ich kann's nicht ändern.«

»Du mußt warten, bis der Appell vorbei ist.« Die Wirklichkeit ist grausam. Sie preßt ihre Beine zusammen.

»Stellt eure Trupps zusammen!« befiehlt ein SS-Mann. Die Aufseherinnen kommen zu uns und mustern uns eingehend. Ich nehme Dankas Hand und führe sie zurück zu unserem Block, wo Elza auf der Treppe steht.

»Läßt du bitte meine Schwester hinein, Elza? Sie muß auf die Toilette, sie hat Durchfall.«

»Das darf ich nicht. Du weißt, daß nach dem Appell keiner mehr in den Block kommt. Das sind die Bestimmungen! Außerdem haben die Raumältesten schon die Toiletten saubergemacht.«

»Bitte, Elza. Du weißt, daß man sie schlagen wird, wenn sie sich vollmacht.«

»Das ist mir egal.« Ihre Augen starren mich an, verbieten mir, mich mit ihr zu streiten.

»Sie muß aber jetzt!« Ich packe Elzas Schultern und schüttle sie. »Wie kannst du nur so sein?« Ich nicke Danka zu, hineinzulaufen, während ich unsere Blockälteste ablenke. »Hast du denn keine Mutter?« kreische ich. »Keine Schwester? Bist du aus Stein? Wie kannst du – chh!« Die Worte verfangen sich in meiner Kehle, als mir der Atem abgeschnürt und mein Hals nach hinten gezerrt wird und ich keine Luft mehr bekomme. Ich werde herumgeschleudert, falle hart zu Boden und sehe nur noch das rot anlaufende Gesicht einer SS-Frau, ehe ihre Stiefel meine Rippen finden.

»Du Scheißjude!« Ich reiße meine Arme hoch ans Gesicht, meinen kostbarsten Besitz. Sie trommelt auf meine Schenkel und meinen Rücken ein, aber ich schreie und weine nicht. Ich habe in den letzen paar Tagen genügend Mißhandlungen gesehen, um sie nicht noch anzustacheln, indem ich sie bitte aufzuhören. Stoisch ertrage ich ihren Angriff, einen Fußtritt nach dem anderen. Als sie endlich aufhört, krieche ich auf die Knie und warte, daß mir jemand aufhilft. Danka ist von der Toilette zurückgekehrt und weint ohne einen Laut. Meine Beine sind von blauen Flecken übersät, meine Rippen schmerzen, ich kann kaum atmen, aber ich habe mein Gesicht bewahrt, und nach ein paar Minuten kann ich wieder laufen.

Wir stellen uns dort in die Reihe, wo noch keine Mädchen ausgewählt wurden. Eine Aufseherin zeigt auf uns. »Ihr da!

Stellt euch hier auf!« Ich packe Dankas Hand und ziehe sie mit mir. Wir treten hinter der Aufseherin an. Sie muß gesehen haben, wie ich geschlagen wurde, und ich wundere mich, warum sie uns ausgewählt hat. Noch nie zuvor bin ich geschlagen worden, und ich verberge meine Augen vor Scham, der Aufseherin ins Gesicht zu sehen. Ich komme mir so klein und unbedeutend vor. Ich fühle mich völlig wertlos.

»Marschiert raus!« Der Nebel hebt sich. Wir folgen den anderen Gruppen durch das Tor, auf die Felder zu, zur Arbeit. Wir versuchen zu marschieren, müssen dabei aber schlurfen, um unsere sogenannten Schuhe an den Füßen zu behalten. Manche Mädchen halten noch immer ihre Hosen hoch; manche, wie ich selbst auch, müssen ihre Hemden zuhalten. Der Wind bohrt sich durch die Schußlöcher unserer Uniformen.

Es zieht am Knie und am Herzen. Ich wünschte, mir würde nicht alles so weh tun. Nach drei Tagen bloßen Saubermachens und Sorgens hatte ich gedacht, Arbeit wäre ein willkommene Abwechslung. Ich möchte ihnen zeigen, was ich für eine harte Arbeiterin bin und wie stolz eine Bauerstochter auf ihre Kraft sein kann. Mir tut alles weh.

»Wie geht's dir?« schaffe ich es schließlich, Danka zu fragen. Ich weiß, daß die Sorge um sie meine Gedanken vom klopfenden Schmerz meiner Blutergüsse ablenken wird. Sie nickt, hat Angst zu antworten. Ein SS-Mann geht an uns vorbei. Das sind die im Nebel versteckten Ungeheuer, unsere in Grau gewandete Nemesis. Sie sind überall.

»Halt!« Vor uns liegt ein Haufen aus Sand, Schmutz und Steinen. Unsere Aufseherin erteilt den Befehl: »Ihr siebt diesen Sand durch diese Netze und ladet ihn auf diese Lore. Schnell!«

Wir holen uns Schaufeln aus dem Unterstand und fangen dann an, in der steinigen Erde zu graben und sie durch das Netz zu werfen. Es dauert nicht lange, und unsere Hände beginnen zu schmerzen und unsere Schultern tun uns weh. Unverzüglich bilden sich Blasen, und fast genauso schnell platzen sie auf und machen die Schaufelgriffe glitschig. Ein junges Mädchen stützt sich einen Moment lang auf ihre Schaufel, um Luft zu holen. Die Peitsche knallt durch die Luft und trifft sie an der Wange. Ihr Schrei kommt ungewollt. Entsetzt widmet sie sich mit neuer Kraft ihrer Aufgabe, und auf ihrer Wange zeichnet sich ein blutiger Striemen ab. Für den Bruchteil einer Sekunde tausche ich mit Danka einen Blick; wir werden keine Pause machen.

Wenn die Lore voll ist, müssen wir sie den Hügel hochschieben, wo wir den Sand dann zu einem Haufen aufschichten. Wir stellen uns auf, vier an jeder Seite des Förderwagens. Die Räder sind aus Stahl und für Eisenbahnschienen gedacht. Wir stemmen uns gegen das kalte Metall und drücken den Waggon mit aller Kraft nach vorne. Wir kommen nur langsam voran, aber als wir einmal in Schwung gekommen sind, können wir die uns gestellte Aufgabe bewältigen. Nachdem wir die Karren abgeladen haben, schieben wir die Waggons relativ mühelos wieder den Berg hinunter und fangen wieder von vorne an. Bis Mittag haben wir schon viele Fahrten hinter uns.

Männliche Gefangene bringen einen riesigen Gußeisenkessel aufs Feld. Die anderen Trupps kommen zum Kessel, und wir stellen uns für das Mittagessen auf. Hungrig und darauf erpicht, Zeit zum Essen zu haben, drängeln Danka und ich vorwärts. Die Aufseherinnen teilen aus. Die Portionen sind mager. In der trüben Tiefe des Wassers lassen sich ein paar versteckte Gemüsebröckchen erahnen, aber die Schöpfkelle berührt diese nicht einmal. Das Suppe zu nennen, ist vermessen; es ist nicht einmal Steckrübenbrühe.

»Morgen werden wir uns hinten anstellen«, sage ich zu Danka.

»Warum?«

»Weil die Wahrscheinlichkeit, ein Stück Fleisch oder Steckrübe zu bekommen größer ist, wenn weniger Wasser im Kessel ist.«

Wir schlürfen unser Mittagessen langsam, um das wenige auszukosten, und weil wir hoffen, daß es uns die Energie gibt, die wir zum Weitermachen benötigen. Mein Gehirn setzt sich mit diesen fremden Umständen auseinander. Einen Augenblick lang erlaube ich mir, meinen Gedanken nachzuhängen. Was wir hier machen, ist Sklavenarbeit. Doch diese Vorstellung will ich nicht hinnehmen. Vielleicht wird es besser werden. Ich bin einfach nur hungrig. Vielleicht geben sie uns heute abend, nach einem harten Arbeitstag, mehr zu essen. Wir arbeiten auf ein Ziel hin – auf die Freiheit. Wir helfen den Deutschen beim Bau von etwas. Diese Rechtfertigungen, wie winzig und unbedeutend sie auch sein mögen, helfen mir aufzustehen, mich in die Reihe zu stellen, mit meiner Arbeit fortzufahren.

Der Nachmittag schleppt sich dahin, und das Wetter wird immer schlechter, bis das stetige Nieseln in Schneeregen übergeht. Der Boden wird wie Zement und klebt an den Rädern unserer Waggons, und als es kälter wird, friert das Metall, an dem wir uns festhalten, an unsere Haut. Peitschen knallen über unseren Köpfen und landen manchmal wie stechende Wespen auf unseren Rücken. Wenigstens haben wir Wollhemden, die uns vor der Witterung und den Peitschenhieben schützen. Wie ein Pfluggespann treibt man uns an. Beim Waggonschieben verliert ein Mädchen ihren Schuh. Unsere Aufseherin zieht sie rasch aus der Reihe, ehe der Wagen seinen Schwung verlieren kann. Das Mädchen sucht im Schmutz nach ihrem Schuh, und danach bekomme ich nicht mehr mit, was mit ihr geschieht. Wir haben selbst Schuhe, auf die wir aufpassen müssen.

Irgendwann am Nachmittag, als der graue Himmel über uns dunkel wird, hören wir den gesegneten Befehl: »Halt! Aufstellen!« Schmutzig und ausgelaugt stehen wir in der Reihe. Wir sind nicht mehr dieselben Mädchen, die heute morgen zur Arbeit losmarschiert sind, wir lassen unsere Köpfe tiefer hängen, unsere Augen schießen nicht so schnell und wachsam umher. Dankas Wangen sind eingefallen, ihre Augen fast leer. Besiegt kehren wir in unsere Blocks zurück.

Der abendliche Anwesenheitsappell dauert endlos. Wir stehen in Reih und Glied und sehen zu, wie die anderen Einheiten ins Lager zurückkehren. Manche Mädchen tragen Leichen. Ich möchte meiner Schwester diesen Anblick ersparen, aber ich kann mich nicht rühren. Eine SS-Wache befiehlt, daß die Leichen neben uns auf einen Haufen geworfen werden. Sie werden gezählt. Ich werde gezählt. Danka wird gezählt. Die Lebenden werden auf einer anderen Liste zusammengezählt als die Toten. Ich glaube, es ist dunkel, bin mir aber nicht sicher; die Lichter von den Wachtürmen sind eine ständige brutale Sonne, die nicht wärmt.

In schweigendem Entsetzen eilen wir zurück in Block Zehn, unser neues Zuhause. Die Raumältesten teilen unsere Brotkanten aus. Es gibt keine Zusatzration für diesen harten Arbeitstag, kein Stück Fleisch oder Käse, nur einen Margarineklumpen auf unsere schmutzigen Hände. Wir sitzen auf unseren Betten und starren diese Mahlzeit an. Wie kann man so etwas Abendbrot nennen? Langsam und bedächtig lecken wir unsere Handteller ab.

»Ich halte das nicht aus.« »Sieh dir meine Hände an.« »Ich habe Blasen.« »Ich sterbe vor Hunger. Warum geben sie uns nicht mehr zu essen?« Furchtsam steigen die Stimmen aus den Kojen auf. Andere haben sich schon auf den Matratzen zusammengerollt und weinen im Schlaf. Einige führen Gespräche mit der Luft, und ich frage mich, ob ich die Männer, die ich an meinem ersten Tag hier gesehen habe, richtig eingeschätzt habe. Vielleicht ist dies ja ein Ort für Verrückte, vielleicht dauert es nicht mehr lange, und wir unterhalten uns alle mit der Luft. Es kommt mir wie eine Ewigkeit vor, daß ich die Männer im Lager für Geisteskranke gehalten habe. Es ist noch keine Woche her.

Nach dem Essen gehe ich nach unten und wasche mich.

Meine Brustwarzen sind wund und rot von dem kratzigen Wollhemd und der Kälte, die meiner Haut so böse zusetzt wie die Wanzen, die mich heimsuchen. Warum haben sie mir meinen Büstenhalter und meine Unterwäsche genommen? Ich habe das Gefühl, als hätte jemand meine Brüste mit Sandpapier bearbeitet, bis keine Haut mehr übrigblieb. Ich mache das Hemd zu und kehre zu unserer Koje im Obergeschoß zurück. Danka schläft bereits fest. Ich versuche, mich neben sie zu legen, aber meine Seite ist zu empfindlich. Hingekauert wie ein Fötus ziehe ich die Knie unter den Körper und gestatte meinen Schultern nach vorne zu fallen. Mein Kopf ruht auf der Matratze. Ich frage mich, wie ich jemals einschlafen soll, aber ich kann der Müdigkeit nicht widerstehen. Ich döse wie ein Felsbrocken.

Vier Uhr morgens.

»Raus! Raus!«

Wir wälzen uns aus den Betten und rasen zur Toilette, ehe die Schlange zu lang wird. Wir bekommen unseren Tee und trinken ihn schnell, während wir darauf warten, daß die SS unsere Häupter zählt. Der Tee ist nicht warm genug, um unsere Hände oder unsere Mägen zu wärmen. Wir stellen uns hinter Emma, unserer Aufseherin, auf. Irgendwie haben wir in den letzten zwei Tagen ihren Namen mitbekommen. Sie trägt ein schwarzes Dreieck. Sie ist eine Prostituierte. In Fünferreihen marschieren wir in der Dunkelheit hinter ihr her aufs Feld, wo wir den ganzen Tag Steine und Sand sieben werden. Der Morast ist jetzt so tief, daß es fast unmöglich ist, die Waggons zu schieben. Doch wir ziehen unsere Last durch den Dreck. Wie der Mann im griechischen Mythos sind wir gezwungen, zur Strafe jenen ewigen Felsen einen Berg hochzuschieben.

Um die Mittagszeit sind uns wieder ein paar Augenblicke der Ruhe und etwas Steckrübenbrühe gegönnt. Selbst als wir uns hinten in der Schlange anstellen, sichert uns das keine

Gemüse- oder Fleischstücke, doch die Brühe ist ein bißchen dicker – vielleicht meinen wir das aber auch nur.

Am Samstag, unserem Sabbat, arbeiten wir. Dies ist wieder ein Weg, unseren Glauben zu unterminieren und unsere Kraft zu brechen. Wir graben im Schmutz und vergessen dabei, daß es ein Verstoß gegen das hebräische Gesetz ist, an diesem heiligen Tag eine Hand zu rühren. Wir schaufeln und schieben, sieben und ziehen, von Sonnenaufgang bis Sonnenuntergang.

Am Sonntag gibt es keinen Anwesenheitsappell. Dies ist der christliche Sabbat, und sie halten diesen Ruhetag ein, wenn auch nicht aus christlicher Nächstenliebe. Es ist ein freier Tag, sofern in Auschwitz irgend etwas frei genannt werden kann. Wir sitzen auf unseren Betten und unterhalten uns zum erstenmal miteinander. »Woher kommst du? Wie alt bist du?« Bedeutungsloses Geschwätz, das im Gedächtnis keinen Platz hat. Wir reden nicht über unsere Lebensumstände. Verlegen versuchen wir uns von den Läusen zu befreien, die sich in unseren Uniformen, in jeder Körperfalte, eingenistet haben, kratzen uns die Köpfe, streifen sie uns von den Unterarmen. Ich ziehe meine Hose aus und fahre mit dem Finger über die Säume und Taschen, ziehe die Blutsauger heraus und zerquetsche sie zwischen meinen Nägeln, bis sie platzen oder zermatscht mein Blut verspritzen.

Binnen einer Stunde sind meine Fingernägel schwarz und blau vom Töten der Parasiten, ich stoße sie jetzt auf den Fußboden, wo ich sie mit meinen Schuhen zermatsche oder ihre sich windenden weißen Körper einfach ignoriere. Wenn ich über mein Tun nachdenke, wenn ich sie zu lange anschaue, müßte ich mich übergeben. Dieses Reinigungsritual dauert den ganzen Tag. Ich wasche drei oder viermal Gesicht und Hände, in der Hoffnung wieder ein Gefühl von Sauberkeit zu bekommen. Es ist nutzlos. Schließlich muß ich mich hinlegen und ausruhen. Doch der Schlaf will nicht kommen, denn da zwicken die Läuse, die ich übersehen habe, da höre ich die

Stimmen der slowakischen Mädchen um mich herum, den schweren Atem meiner Schwester. Sie schläft. Ich muß wachsam sein. Ich liege auf meiner Pritsche, starre an die Decke und warte, daß mich der Schlaf davonträgt. In manchen Nächten kommt er schnell. In manchen Nächten schwebt er unerreichbar über mir. Manchmal höre ich die Gewehrsalven an der Wand von Block Elf. In anderen Nächten höre ich nichts, doch das heißt nicht, daß keine russischen Soldaten erschossen werden. Es heißt nur, daß ich nicht die Kraft habe, das Töten nebenan zu hören und mir darüber Gedanken zu machen.

Noch ehe sonst jemand die Augen auf hat, wache ich am Morgen auf und weiß, daß mein Körper sich verändert hat. Ich starre ein paar Minuten hoch zur Koje über mir und frage mich, was ich gespürt habe, dann fällt es mir ein. Die kriechende Feuchte in der Wolle an meinen Beinen. Die Leibkrämpfe. Erschrocken fahre ich hoch und ziehe meine Hose herunter, um nachzusehen. Die Flecken an meinen Schenkeln sind unverkennbar. Ich habe meine Periode.

Ich schleiche mich zur Toilette hinunter und halte Ausschau nach etwas Brauchbarem, aber es gibt keine Lappen oder Binden, nur kleine Streifen Zeitungspapier. Seit ich aufgestanden bin, blute ich heftiger. Als ich zu den Scheinwerfern hochschaue, ehe ich vor die Tür trete, rinnt das Blut mir am Bein entlang. Ich erinnere mich, wie *Mama mir ein weiches Stück Stoff gab und sagte: »Da, nimm das und gib mir das andere. Schau gar nicht hin!« »Ja, Mama.« Ich hörte auf ihre Worte. Sie wollte nicht, daß mein eigenes Blut mich erschreckte.*

Ich suche den Boden nach etwas ab, was den Blutfluß auffangen kann. Es gibt nichts. Die Kessel werden an unsere Tür gebracht; ich weiß, daß Danka inzwischen auf ist und sich wundert, wo ich bin.

Ich kehre zu unserer Toilette zurück und nehme ein paar Blättchen Zeitungspapier. Mich schaudert, als ich sie an meiner Hose abwische, um sicherzugehen, daß sie sauber sind. Ohne weiteres Nachdenken knülle ich sie dann zusammen und stecke mir die Zeitung zwischen die Beine. Den ganzen Tag über bin ich befangen und mache mir Sorgen, was es bedeutet, hier an diesem Ort meine Periode zu haben. Mit Danka kann ich nicht darüber sprechen. Ich kann nur beten, daß meine Tage nicht lange dauern und nie wiederkommen.

Heute sind mehr Mädchen in unseren Reihen; da muß ein Transport angekommen sein. Emma versammelt uns zur Arbeit, und wir marschieren hinaus zu einem großen, offenen Feld. Ich bin dankbar, daß dort heute keine Waggons und kein Sand auf uns warten, der weggekarrt werden muß. Mein Rücken tut mir noch weh, doch die Blutergüsse an meinem Bein sind fast verschwunden.

Ziegel liegen dort zu einem Haufen aufgetürmt. »Ihr werdet sie auf die andere Seite des Felds tragen. Ihr müßt zehn Stück auf einmal nehmen!« erklärt Emma uns. Wir heben einen nach dem anderen auf und balancieren sie auf unseren Armen, bis wir die volle Ladung haben.

Mit pochenden Armen, die uns durch das Gewicht fast aus den Gelenken gerissen werden, gehen wir vorsichtig, um nicht zu stolpern. Die Schuhe behindern uns, rutschen unter unseren Füßen von einer Seite zur anderen. Es ist schon schwer genug, die Schuhe bei diesem Morast anzubehalten, mit so vielen Ziegelsteinen im Arm können wir nicht einmal sehen, wohin wir gehen. Steine und dornige Zweige graben sich in unsere Füße ein. Wenn wir einen Ziegel verlieren und aufheben wollen, fällt die ganze Ladung hinunter. Emma geht hinter uns her und treibt uns mit der Peitsche an.

»Halt!« Emma steht am Kessel und teilt unseren mittäglichen Imbiß aus. Hungrig schlürfen wir unsere Brühe. Es fällt schwer, langsam zu schlucken, denn der Magen sehnt sich nach mehr. Wir marschieren zurück aufs Feld. Dort schleppen wir für den Rest des Tages Ziegelsteine, bis wir »Halt!« hören.

Wir nehmen an der Tür unser Brot in Empfang. Bilde ich es mir ein, oder sind die Portionen für Danka und mich kleiner geworden? Die Schwester der Blockältesten ist ins Lager gekommen, und Elza hat dafür gesorgt, daß sie in unserem Block ist. Ich glaube, sie ißt unser Brot.

»Ich werde mal ans Fenster gehen, und sehen, was ich organisieren kann«, sage ich Danka und gehe vor das Gebäude. Es ist ein neu erfundener Tauschhandel, und was ich mit den Männern von der anderen Seite des Zauns tausche, ist die schlichte Tatsache, daß ich Polin bin. Sie haben Sehnsucht danach, sich mit Frauen ihres Landes zu unterhalten, und Danka und ich gehören zu den wenigen Polinnen im Lager; dies ist unser Vorteil gegenüber den slowakischen Mädchen, die kein Polnisch sprechen.

»Wie heißt du?« Ich höre die Stimme eines Mannes aus dem anderen Fenster. Er klingt sympathisch.

»Rena. Ich bin mit meiner Schwester hier, und wir sind beide sehr hungrig.«

»Geh nach unten. Ich werde dir etwas runterwerfen.«

Ich warte und warte an der Tür, aber es fällt nichts neben die Treppe. Elzas Tür ist einen Spalt weit offen. Ich habe Angst, von ihr fürs Draußensein bestraft zu werden, weil ich sie vor ein paar Tagen angeschrien habe. Etwas fällt in den Schmutz. Ich werfe einen Blick auf den Wachturm. Die Wache schaut in die andere Richtung. Ich schieße durch die Tür und packe mein Paket. Drinnen lehne ich mich atemlos gegen die Wand. Kaum zu begreifen, daß ich für so eine Kleinigkeit mein Leben riskiere – man könnte mich für so etwas Unbedeutendes wie ein Stück Brot, so groß wie meine Hand, töten.

Vier Uhr morgens.

»Raus! Raus!«

Wir wälzen uns aus dem Bett und ziehen unsere Sandalen an. Wir teilen uns die Extraration Brot und essen sie schnell.

»Marsch!« Obwohl wir müde sind, versuchen wir aufrecht zu marschieren, wie man es uns beigebracht hat. »Marschieren!« Den Kopf geradeaus marschieren wir im Gleichschritt, spielen unsere Rolle als pflichtbewußte Diener des Dritten Reiches, doch da gibt es nichts, worauf wir stolz sein könnten. Wir haben ein zusätzliches Stück Brot organisiert; das bedeutet viel für uns, ihnen bedeutet es nichts.

»Bildet eine Reihe quer übers Feld!« Der Ziegelhaufen ist über Nacht nicht kleiner geworden. Wir stellen uns auf und fragen uns, was das nun wieder soll.

»Du stellst dich rechts neben mich«, sage ich zu Danka.

»Zu mir herdrehen!« Schlurfend nehmen wir Haltung ein. Wir stehen etwa zehn Schritte voneinander entfernt und warten. Die Befehle werden auf deutsch gebrüllt. Das Mädchen am Anfang der Reihe hebt einen Ziegelstein auf und wirft ihn dem Mädchen neben ihr zu, die ihn dann an die nächste weitergibt. Die Peitsche knallt, als das Mädchen vorne sich die Spinnfäden aus der Stirn wischt und einen weiteren Ziegelstein aufhebt. Das Mädchen zu meiner Linken wirft mir den ersten Ziegelstein in die Hand. Sanft werfe ich ihn Danka zu und drehe mich gerade rechtzeitig um, um den nächsten Stein aufzufangen. Vorne in der Reihe hören wir die SS schreien: »Schnell! Schnell!« Das Tempo nimmt zu, und es gibt kaum noch eine Pause zwischen dem Werfen zu unserer Nachbarin und dem Auffangen des nächsten Ziegelsteins. Nach zwanzig Durchgängen quillt Blut aus den Schnitten in meiner Hand. Die rauhen Kanten des gebrannten Tons schneiden in unsere Handflächen, übersäen sie mit Verletzungen. Danka ist für diese Aufgabe zu langsam und sie dreht sich nicht immer rechtzeitig zu mir her, damit ich ihr den Ziegelstein zuwerfen kann, doch meine Nachbarin wartet nicht auf mich. Sie wirft trotzdem.

Ich möchte schreien vor Schmerz, wenn die Ziegel auf dem Rist meines Fußes oder auf den Zehen landen, aber ich tue es nicht. Ich tue nichts, was die Aufmerksamkeit auf mich lenken könnte. Ich werfe die Ziegel, wie man es mir befohlen hat, aber ich werfe sie meiner Schwester nicht vor die Füße, ich gebe die Qual nicht weiter, die man mir auferlegt. Ich nehme diese Ziegel von meinen Füßen und halte sie, bis Danka sie auffangen kann; manchmal halte ich zwei oder drei Ziegelsteine gleichzeitig, manchmal habe ich vier. Danka merkt, daß ich in Schwierigkeiten bin, und holt auf, doch sie ist wie ich, sie will ihrer Nachbarin keine Ziegelsteine vor die Füße werfen. In einem haben wir Glück: die SS sieht die Ziegel nicht, die vor unsere Füße fallen; andere werden für dieses Vergehen geschlagen. In der vergangenen Woche hatten wir Rückenschmerzen vom anstrengenden Schieben und Schaufeln, heute tun uns die Seiten weh, weil wir uns mit dem Gewicht der Ziegel hin und her bewegen und drehen. In jedem Muskel pocht es.

Stunden nach Sonnenaufgang kommt das Mittagessen, Stunden nachdem der erste Striemen auf unseren Händen sich wütend bemerkbar gemacht hat. Unsere Hände sind voll offener Schnittwunden und rissiger Haut, sie schmerzen allein schon beim Halten unserer roten, mit grauweißer Suppe gefüllten Becher. Wir können uns etwa zwanzig Minuten ausruhen, bevor wir wieder zurück in die Reihe, zurück zu den Ziegeln marschieren. Unsere Mägen und der Schmerz in unseren Händen nagen wie hartnäckige Ratten am letzten Rest unseres Menschseins.

Der Nachmittag schleppt sich dahin.

Bei Sonnenuntergang marschieren wir zurück ins Lager. Wir bleiben zum Anwesenheitsappell stehen. Wir werden gezählt. Neben uns liegen einige Leichen auf einem Haufen. Sie sehen so lebendig aus, als könnte man sie anfassen und aufwecken. Wenn sie nicht tot aussehen, überlege ich, könnten wir da nicht alle tot sein? Vielleicht ist das hier alles, was es gibt, vielleicht gibt es keine Welt mehr außerhalb von uns. So etwas kann man nicht denken, ohne verrückt zu werden. Ich höre auf, über Dinge nachzudenken, die mich in den Wahnsinn treiben könnten. Wieder konzentriere ich mich auf die Gegenwart. Die jungen Frauen, die am Ende des Tages Leichen ins Lager schleppen, sind in Arbeitsgruppen, deren Aufseherinnen grüne Dreiecke tragen, dem Zeichen für überführte Mörderinnen. Wenigstens gehört unsere Aufseherin nicht dazu.

Vier Uhr morgens.

»Raus! Raus!«

Wir stellen uns zur Kontrolle auf. Nur die knappen Befehle der Deutschen, die durch die Nacht – unseren Tag – knallen, lassen uns die schwerlidrigen Augen offenhalten. Wir stellen uns hinter Emma auf. Ein paar fehlen in unserer Einheit, ein paar kommen dazu.

Mir sinkt das Herz, als wir uns dem Feld nähern, auf dem wir tags zuvor gearbeitet haben. Die Befehle der SS sind hämisch, könnten sie über uns lachen, würden sie es tun. »Bringt diesen Ziegelhaufen wieder auf die andere Seite des Felds.« Wir sind unfähig uns zu bewegen, unfähig diese Anordnungen zu begreifen. »Schnell!« Die Peitsche knallt, ihre Sklaven laufen auseinander.

Danka steht neben mir, dem Haufen, den wir abtragen müssen, abgekehrt. Ich bete, daß das Mädchen neben mir keine Ziegel vor meine Füße wirft. Als die Sonne durch die Wolken bricht, schneidet mir der erste Ziegelstein in die Hand. Schmerz und Licht. Ich werfe ihn Danka zu, möchte, daß er sanft in ihrer Hand landet, bitte den Ziegel, meiner Schwester nicht wehzutun. Das ist sinnlos! Es tut noch weitaus mehr weh, weil man weiß, wie sinnlos diese Arbeit ist, weil man weiß, daß sie unsere Arbeit als wertlos ansehen. Wie lange soll das noch so weitergehen? Unsere Hände werden Stumpen sein, wenn das nicht aufhört. Das ist keine Arbeit. Das ist etwas, was uns vernichten soll. Ich lösche diesen Gedanken aus wie eine Gewitterwolke die Sonne verdunkelt.

Nach dem Abendappell treibe ich mich draußen herum, denn ich habe keine Lust, in den Block zu gehen. Vielleicht ist es der zarte Duft des Frühlings in der Luft, vielleicht bin ich auch zu müde, um hinter den anderen herzulaufen und mich anzustellen. Danka ist schon vorausgegangen.

»Rena? Rena!« Ich erblicke durch den Maschendraht zum Männerlager ein Skelett, das mich zu kennen scheint. Ich kann mich nicht rühren. Ich kneife die Augen zusammen, starre und starre.

»Ich bin's. Tolek.« Die Knochen seines Schädels scheinen aus seiner Haut herauszuragen. Seine Augen quellen über seinen Wangenknochen hervor. Er wirft einen prüfenden Blick auf den Wachturm, um sicherzugehen, daß keiner ihn sieht.

»Tolek! Was tust du denn hier? Wie lange bist du denn schon hier?«

»Ich bin vor ein paar Tagen verhaftet worden, weil ich Leute über die Grenze geschmuggelt habe.«

»Haben sie dir weh getan?« Sein Mund redet nicht, aber seine Augen beantworten meine Frage. »Du siehst hungrig aus«, sage ich. »Warte hier. Ich hole dir mein Brot. Ein Glück für dich, daß ich es noch nicht gegessen habe!«

»Ich kann dein Brot nicht essen, Rena!« Er wendet sich leicht ab, so daß keiner mitbekommt, daß wir uns unterhalten.

Ich wende mich von ihm ab. »Du und Andrzej, ihr habt unser Leben gerettet, Tolek. Danka und ich wären tot oder Schlimmeres, wenn du uns nicht in die Slowakei gebracht hättest. Du bist verhaftet worden, weil du Menschen wie uns gerettet hast!«

»Und jetzt sieh, wohin dich das geführt hat.«

»Wir leben, und das ist genug. Du hast für diesen Weg nie Geld genommen, jetzt mußt du wenigstens mein erbärmliches Stück Brot annehmen.« Ich entferne mich gegen seinen Protest. »Ich werde es nicht annehmen.«

In meinen Füßen ist wieder Hoffnung, als ich loslaufe, um

Danka zu finden. Ich habe jemanden aus unserer Vergangenheit gesehen; wir sind nicht tot. Ich kann jemandem helfen. Ich fühle mich nicht mehr hilflos oder der Laune eines von der deutschen SS gelenkten Schicksals ausgeliefert. Atemlos und müde renne ich zu der Koje hoch, die Danka und ich uns teilen. »Danka! Tolek ist im Männerlager!«

»Tolek?« Leben flackert in ihren Augen auf. »Wo?«

»Draußen. Komm. Er ist sehr hungrig. Wir werden uns heute abend dein Brot teilen müssen.« Ich mache eine Pause und sehe ihr direkt in die Augen. »Er sieht fürchterlich aus, als würde er vor Hunger umfallen. Wir müssen ihm helfen.«

»Ja, natürlich.« In ihren Augen stehen Tränen. Wir laufen die Treppe hinunter und hinaus auf die Lagerstraße, wo wir unser dürftiges Mahl hoch über den Stacheldrahtzaun werfen. Heute braucht es keinen zweiten Anlauf; es landet ihm zu Füßen.

»Bóg zapłać.« Ihm bleiben die Tränen in der Kehle stecken.

»Möge Gott es *dir* vergelten, Tolek«, erwidern wir und entfernen uns vom Zaun, weil wir keine weiteren Worte mehr riskieren dürfen.

Danka drückt meine Hand. »Er wird wieder, nicht wahr?«

»Das hoffe ich.«

Die nächsten paar Tage horten wir sorgsam unser Brot, so daß wir Tolek, wann immer wir ihn sehen, eine Extraportion zuwerfen können. Dann kommt er nicht mehr an den Zaun.

An unserem vierten Sonntag im Lager werden wir wieder rasiert. Insgeheim hatten wir gehofft, sie würden unser Haar wieder wachsen lassen, aber nach wochenlangem Juckreiz wegen der Stoppeln wird es wieder abrasiert. Abgesehen von den Läusen, den Wanzen und dem Haar verspüren wir irgendwo am Leib immer ein quälendes Prickeln. Ich sehne mich nach Ordnung und Sauberkeit, um mich irgendwie besser und nicht so schmutzig zu fühlen.

Es sind noch mehr Polen angekommen. Manche sind Gois und werden in anderen Blocks als wir Juden untergebracht. Sie sind besser als wir. Manche Juden kommen aus den Gettos von Krakau. Da ist ein junges Mädchen namens Janka, der wir alle zugetan sind. Sie ist gerade erst vierzehn, hatte aber den Mut, am Bahnsteig die Unwahrheit über ihr Alter zu sagen. Es fällt schwer zu glauben, daß jemand, der so jung und hübsch ist, auch so gewieft sein kann. Ihr junges Leben hat aus Krieg und Getto bestanden, und ich glaube, sie kann sehr hart sein, aber Auschwitz ist ja auch ein sehr guter Ort, um Hartsein zu lernen. Janka ist ein seltener Vogel. Sie flirtet gerne mit den Männern, und sie geben ihre Brotration für ihr Lächeln und weil sie Nachrichten von zu Hause mitbringt, und vielleicht auch, weil sie sie an ihre eigenen Töchter erinnert.

Emma, unsere Aufseherin, ist brünett. Ihr Haar ist streng nach hinten gekämmt, und sie trägt eine Babuschka. Sie ist größer als die meisten von uns. Ihre Freundin Erika hat blonde Locken und ein hübsches rundes Gesicht. Sie ist schlank und mittelgroß. Unsere Blocks sind die von Fünf bis Zehn. Emma, Erika, sämtliche Aufseherinnen wohnen in anderen Gebäuden, aber sie sind im Lager wie wir. Nur die SS lebt außerhalb der elektrischen Zäune.

Ich habe Tolek einige Zeit nicht gesehen und mache mir Sorgen um ihn. Es dämmert, Zeit, in die Blocks zu gehen, Zeit, bald schlafen zu gehen, so daß wir Kraft für morgen haben. Doch ich lasse meinen Blick auf der Suche nach dem Gesicht unseres Freundes über das Männerlager schweifen.

Erika geht vorbei und kommt dann zurück. »Möchtest du unser Haus sehen?« fragt sie mich. Ich bin verblüfft, zeige es aber nicht. Dies scheint ein sehr merkwürdiges Angebot zu sein.

»Das darf ich nicht. Ich bin Jüdin«, erkläre ich ihr.

»Ja, natürlich bist du Jüdin, sonst würdest du ja bei mir im Block wohnen, aber du kannst ihn dir doch trotzdem anschauen. Ich übernehme die Verantwortung.«

Sicher, denke ich, du übernimmst die Verantwortung, aber ich werde die Schläge bekommen, wenn wir erwischt werden. Als ich ihrem langen Schatten folge, glüht uns die Sonne rot ins Gesicht.

Sie macht mir die Tür auf, und ich trete in eine Welt ordentlich gemachter Betten und Zimmer, in denen es Laken und Kissen gibt. Da liegt eine Decke, die dick und warm aussieht. Wie gerne hätte ich so eine Decke wie Erika.

»Hast du jemals eine Frau geliebt?« fragt sie mich.

Ich tauche aus meinen Träumen auf. »Natürlich. Ich liebe meine Mama und meine Schwester, die hier bei mir ist.«

Erika lächelt mild. »Würdest du gerne heute nacht hier schlafen?«

»Ach, nein. Ich hätte Angst. Meine Schwester würde sich auch ängstigen. Es wäre nicht fair, daß ich mich in Baumwollaken schlafen lege, während sie auf Stroh schläft.« Weil ich fürchte, zu schroff gewesen zu sein, entschuldige ich mich rasch: »Doch dankeschön für das Angebot. Ich kann meine Schwester nicht verlassen, selbst wenn das Hierbleiben einen guten Schlaf und Wärme verspricht.«

Erika lacht. »Du gehst jetzt zurück in deinen Block. Du bist noch nicht bereit für so etwas.« Sie führt mich zur Tür. »Hier.« Sie steckt mir noch ein Stück Brot zu. Rasch nehme ich es und verstehe weder, warum sie mir diese Freundlichkeit entgegenbringt, noch etwas von dem, was gerade passiert ist. Das Licht aus dem Gebäude der Aufseherinnen erleuchtet den Boden, wird aber abgeschnitten, als Erika die Tür schließt. Ich verschwinde in der dichter werdenden Nacht.

Bei uns im Block teile ich das zusätzliche Stück Brot mit Danka. Das frische, saubere Weiß der Laken im Block der Aufseherinnen verfolgt mich. Ich kann den Gedanken an den Schmutz, den ich an mir habe, an die Umstände, denen wir ausgesetzt sind, nicht ertragen. Wo unsere Hände einmal von Blasen überzogen waren, haben wir jetzt riesige Schwielen.

Meine Brust und meine Beine sind immer rot von den Bissen und der Wolle, die mir die Haut aufreibt. Meinen schmutzigen Körper möchte ich kratzen und kratzen, bis die Wanzen nichts mehr zu nagen haben. Plötzlich fällt mir etwas ein, und ich ziehe meine Hose aus.

»Was machst du, Rena?« Danka klingt besorgt.

»Ich werde diese entsetzliche Hose zusammenlegen und nachts unter unsere Matratze legen, damit ich Falten in die Hosenbeine bekomme.«

»Mach das nicht, Rena. Es ist kalt.«

»Ich möchte ordentlich aussehen, und wir können diese Kleider nirgends waschen und bügeln.« Ich spucke auf die Falte und fahre mit zusammengedrückten Fingern am Stoff entlang. »Wenn ich schon nicht sauber sein kann, will ich wenigstens ordentlich aussehen.« Mein Blick fällt auf den Boden. Meine Schuhe sind schmutzig.

Unsere armen Füße sehen zu elend aus, um lange hinschauen zu können. Sie haben ihr gesundes rosiges Aussehen verloren, sind blaß und tragen rotbraune Farbstreifen von den Lederriemen. Bald kommt der Sommer, und da werden unsere Füße wenigstens nicht mehr kalt sein, aber jetzt ist Frühling, und das Wetter ist schlecht wie schon lange nicht mehr. Ich spucke auf den Lederriemen und poliere ihn mit dem Saum meiner Hose. »Ich kann meine Schuhe säubern, ohne meine Hose zu sehr zu verschmutzen!« Ich halte Danka den ersten Riemen hin, damit sie ihn bewundern kann.

»Du bist verrückt.«

Ich beschäftige mich wieder mit der Bügelfalte meiner Uniform und lasse Danka dann aufstehen. Nachdem ich die Matratze hochgehoben habe, lege ich meine Hose der Länge nach darunter und ziehe sie glatt, bis kein Knitter mehr zu sehen ist. Ich lege die Matratze auf ihren Platz zurück und laß Danka wieder ins Bett steigen. Sie schüttelt den Kopf, sagt aber nichts mehr.

Morgens rollen wir unsere Strohsäcke auf. Ich hebe die Matratze an und ziehe meine ordentlich gepreßte Hose hervor. Mich friert ein wenig, als ich sie anziehe, mein Hemd hineinstecke und sie mit meinem Strick zubinde. Beim Glattstreichen meiner Hose muß ich lächeln; der Lederriemen glänzt selbst im Dunkeln. Was würde ich nicht für Socken und einen Büstenhalter geben.

»Du siehst hübsch aus, Rena«, stellt Danka fest. Wir treten aus der Tür. Wegen ständigen Flüssigkeitsentzugs benützen wir die Toilette kaum öfter als einmal am Tag, aber ich versuche mich morgens und abends zu waschen. Doch ich benutze die sanitären Einrichtungen lieber am Abend als mich in die Morgenschlange einzureihen und zu riskieren, beim Anwesenheitsappell Prügel zu bekommen.

Wir graben ein Feld um. Schaufel um Schaufel heben wir die feuchte Erde und die Steine in die Luft und lassen sie wieder zurück auf den Boden fallen. Frühlingsgras sprießt durch den Boden. Wenn keiner zusieht, stecken wir uns heimlich die kleinen Blätter in den Mund. Die weißen Teile des Grases sind süß und fleischig. So winzig sie auch sind, sie beruhigen unsere trockenen Kehlen.

Die SS-Frau, die heute unserer Einheit vorsteht, ist hinreißend. Ihr rabenschwarzes Haar glänzt in der Sonne. Sie muß eine Dauerwelle haben. Mir fällt die letzte Dauerwelle ein, die ich bekommen habe, ehe ich nach Auschwitz kam. Sie ist in Grau gekleidet. Sie trägt einen Rock, der ihre Taille betont, und ihre Stiefel glänzen wie Obsidian. Ihre Haut hat die Farbe von Alabaster und hebt sich von den rosigen Wangen ab, und trotz des Windes glänzen ihre Lippen vor Gesundheit.

Es ist ein grausamer Tag. Der Wind ist feucht und beißt uns durch die Löcher unserer Kleider. Ihr schwarzes Cape knattert im Wind als wolle es uns neckisch zurufen: Seht mich an! Seht mich an! Bin ich nicht hinreißend? Seht nur, wie überlegen ich

115

euch bin. Sie hält einen großen Abstand zu uns. Wir haben Läuse. Wir sind Gift für ihre verfeinerten Sinne. Ich kann nicht umhin, ihr ein paar kostbare Blicke zuzuwerfen. Ihre Schönheit bannt mich. Ich habe Ehrfurcht vor ihr. Wie erbärmlich sind wir doch im Vergleich zu ihr.

Sie ist eine Reichsdeutsche. Auch ihr deutscher Schäferhund ist guter Abstammung; sein Kopf ist nicht zu spitz, und seine Ohren stehen aufrecht, achten auf ihre Stimme, ihre Befehle. Er ist grau und schwarz. Er paßt zu ihrem Äußeren. Gemeinsam stolzieren sie die Postenkette ab, die Arbeitsgrenze, die sie von ihren Sklaven trennt. Ihre Peitsche knallt gegen den Stiefel. Der Wind läßt ihr Cape knattern. Wir schaufeln.

Aus dem Augenwinkel heraus sehe ich, wie sie ihr Militärkäppi abnimmt. Ihr Haar tanzt im Wind, umspielt ihre Wangen. Herausfordernd blickt sie Emma an, die ihr nicht ebenbürtig ist, nie sein wird. Sie wirft ihr Käppi über die Grenzlinie, die wir nicht überschreiten dürfen. Rasch senke ich meinen Blick wieder auf die Arbeit. Es windet nicht mehr.

»Du da!« schreit die SS-Frau. »Hol mir meine Kappe.«

Ein Mädchen sieht von ihrer Arbeit auf, wirft uns einen Blick zu, aber wir sind beschäftigt. Wir sind unsichtbar. Sie ist es nicht. Sie legt ihre Schaufel nieder und läuft rasch über das Feld, um dem Befehl zu gehorchen. Sie denkt nicht darüber nach. Sie stellt ihn nicht in Frage. Sie ist eine Sklavin, wie wir alle Sklavinnen sind. Ehe sie die Grenze überschreitet, um die Kappe der Aufseherin zu holen, zögert sie und wirft einen Blick zurück auf die SS-Frau.

»Schnell!« Die Aufseherin läßt die Peitsche knallen. Gebückt bewegt sich das Mädchen vorsichtig auf die Arierin zu, um ihr die Kappe zurückzugeben. Ihr zarter, dünner Arm hält ihr furchtsam die Kappe hin.

»Faß!« Der Wind nimmt den Befehl mit einem Zischen auf. Das Mädchen erstarrt, ist gelähmt zwischen Angst und Verwirrung.

Der Hund rast knurrend an uns vorbei. Die Hände des Mädchens fliegen an ihr Gesicht. Ich stelle mich vor Danka. »Sieh nicht hin.«

Er landet auf der Brust des Mädchens, stößt sie zu Boden. Ihre Schreie zerschneiden die Luft, nehmen uns den Atem, reißen unsere Herzen entzwei. Wir können uns nicht die Ohren zuhalten. Wir können nicht atmen.

Diese Schreie, mein Gott, diese Schreie. Kein Geräusch auf Erden ist so entsetzlich.

Ich sehe hin, nur einmal. Ihre blutigen Arme schlagen wild um sich. Der Hund geht ihr an die Kehle. Vor meinen Augen sehe ich noch immer ihren Geist, der sich von ihr löst, abgetrennt von ihrem Körper durch ein Hundemaul an ihrem Hals. Dieses Bild wird nie zur Ruhe kommen.

Es gibt kein Schweigen wie dieses Schweigen ... leer ... still.

Der Widerhall des Todes. Ich grabe die Erde um. Danka ebenso. Die Mädchen neben uns nehmen ihre Schaufel wieder auf. Keine atmet.

Wir arbeiten härter als zuvor. Wir schaufeln so schnell wir können, fast hysterisch, schneller und immer schneller. Unsere Muskeln schmerzen. Unsere Ohren weinen mit dem Echo ihrer Schreie. Nur die Töne der Sterbenden sind unsterblich in Auschwitz.

Der Hund keucht. Der Wind knattert in ihrem Cape. Die Wärterin tätschelt ihm den Kopf. Er leckt sein Pfote. »Guter Junge.« Es fängt zu regnen an. Wir schaufeln schneller und schneller.

»Halt!« Nervös weist Emma zwei von uns an, die Leiche ins Lager zu tragen. Das Mädchen sieht aus wie eine kleine Spinne, die jemand unter seinen Füßen zertreten hat – so dünn, so zerbrechlich. Ich nehme ihre Arme. Sie sind noch nicht kalt. Sie sind klebrig. Wir marschieren. Bei jedem Schritt, den ich gehe, schlägt mir ihr Kopf in den Rücken. Mit jedem Schlag ihres Kopfes, jedem Schritt, den ich gehe, zerreißen ihre Schreie meine Seele. Ich packe sie fester aus Angst, sie fallenzulassen, aus Angst, sie noch mehr zu verletzen, aus Angst ...

In meinen Kopf kehrt keine Stille ein. Er ist ein einziges Schreien.

Vier Uhr morgens.

»Raus! Raus!«

Wir wälzen uns aus der Koje. Wieder habe ich meine Periode bekommen, obwohl sie bei allen anderen weggeblieben ist. Ich eile auf die Toilette. Heute habe ich Glück; es gibt Zeitungspapier. Ich stecke mir noch zusätzliches Papier in die Tasche, ehe ich nach draußen renne, um meinen Tee in Empfang zu nehmen. Wir werden gezählt.

Vier Uhr morgens.

»Raus! Raus!«

Es ist Sonntag. Wie viele Sonntage haben wir schon mitgemacht? Wir sprechen nicht darüber. Danka und ich kratzen die Läuse ab. Es ist abscheulich, aber es ist noch schlimmer Läuse zu haben, als sie abzukratzen. Wir gehen nach draußen, um uns umzusehen. Es ist noch nicht warm, aber der Sommer steht vor der Tür. Manche Tage sind sehr warm, aber ich frage mich, ob die Kälte jemals verschwinden wird, oder ob es hier Dauerfrost wie in Finnland gibt, der einem immer gleich unter der Hautoberfläche sitzt.

»Danka! Rena!« Wir können unseren Ohren kaum glauben. Als wir durch den Zaun spähen, sehen wir Tolek. Er sieht viel besser aus, dem Jungen ähnlicher, den wir kannten.

»Wo bist du gewesen, Tolek? Wir haben uns solche Sorgen gemacht.«

»Hast du Hunger?« will Danka wissen.

»Nein, kein Brot. Ich bin bei einer guten Arbeitstruppe und

118

reinige die Latrinen. Wir bringen die Gülle auf die Felder, wo die hiesigen Bauern sie als Dünger verwenden. Es gibt da einen freundlichen Bauern, der mir, wann immer er kann, aus seiner Küche was zu essen zusteckt.«

»Das ist ja wunderbar.«

»Wenn ihr nicht euer Brot mit mir geteilt hättet, wäre ich nie zu so einem guten Job gekommen. Ihr habt mir die Kraft gegeben, weiterzumachen.«

»Du gibst uns auch Hoffnung, Tolek.«

»Ich werde euch was rüberwerfen.« Das ist das Stichwort, wachsam zu sein und uns bereitzuhalten, das, was über den Zaun kommt, gleich wegzustecken. Die Wache auf dem Wachturm sieht in die andere Richtung. Die Luft ist rein. Ein großes Stück echtes Brot fällt uns vor die Füße. Manna vom Himmel.

»Dank dir, Tolek.« Danka zeigt ihr wunderschönes Lächeln.

»Es riecht nach Heimat.« Ich stecke den Laib unter mein Hemd.

»Ich danke euch beiden. Ich muß gehen.« Wir sehen unseren Freund im Männerlager verschwinden.

Der Duft des hefegegorenen Brots steigt uns verwirrend in die Nase. »Komm mit, Danka, laß uns in den Block zurückgehen und ein Fest feiern.«

Aneinandergekauert teilen wir uns das Brot. Das ist nicht dieser Sägemehl-und-Wasserteig-Mist, den die Deutschen uns geben, das ist gehaltvolles polnisches Brot, das aus der Erde kommt und von den Händen einer Bäuerin geknetet wurde. Uns läuft die Spucke im Mund zusammen. Ich denke, der ganze Block kann es riechen. Unsere Zähne reißen am Teig, und unser Kiefer schmerzt, weil wir so lange nichts Festes mehr gekaut haben. Gleich hinter meinen Augen taucht eine Erinnerung auf, es hat was mit Brot und mit Mama zu tun. Ich schiebe sie weg von mir. Ich kann jetzt nicht an etwas Liebes oder Freundliches denken. Ich setze das Mahl fort, das Tolek mit uns geteilt hat. Ein Schmerz zieht mir die Brust zusammen, und ich spüre etwas Feuchtes auf meinen Wangen. Ich kaue sachte und frage mich, warum ich Schniefen muß und ob ich mir eine Erkältung geholt habe. Dabei wische ich mir mit der Rückseite meines Wollärmels über die Nase.

Vier Uhr morgens.

»Raus! Raus!«

Aus dem Bett wälzen. Zum Pinkeln anstellen. Einen Spritzer Tee bekommen. In die Dunkelheit hinausgehen. Auf der Lagerstraße warten. Stillstehen zum Appell. Gezählt werden. Die Sonne geht auf. Gezählt werden. Hinter Emma aufstellen. Auf die Felder marschieren. Arbeiten, bis sie »Halt!« sagen. Suppe bekommen. Einen Augenblick hinsetzen. Aufstehen. Hinter Emma aufstellen. Zurück auf die Felder marschieren. Arbeiten, bis sie »Halt!« sagen. In ordentlichen Fünferreihen zurück durchs Tor marschieren, unter den Worten *Arbeit macht frei* hindurch – das Schild hat keine Bedeutung mehr. In ordentlichen Reihen stehenbleiben. Gezählt werden. Die Sonne geht unter. Im Dunkeln stehenbleiben. Gezählt werden. In den Block gehen. Ein Stück Brot bekommen. Uns zum Waschen anstellen. An unserem Abendessen knabbern. Es in die Länge ziehen. Dir die Hand ablecken. Hinlegen. Aufwachen.

Vier Uhr morgens.

»Raus! Raus!«

Zum Anwesenheitsappell taucht ein Mann namens Himmler im Lager auf. Er muß eine wichtige Person sein.[5] Er beobachtet die Reihenfolge, in der wir uns aufstellen. Die Kapos

[5] »17.–18.Juli [1942] ... Himmler inspiziert das Lager von Auschwitz, nimmt Teil an der Tötung eines Judentransports, ist beim Anwesenheitsappell im Frauenlager dabei und befürwortet es, daß die weiblichen Gefangenen ausgepeitscht werden. Er erteilt außerdem an Rudolf Höss, den Lagerleiter von Auschwitz, den Befehl, sich beim Bau von Lager Birkenau zu beeilen.« (Rittner und Roth, 29).

werden gezählt. Auch sie sind Gefangene. Er sieht in seine Liste. »Für eine hier in den Reihen ist heute die Gefängnisstrafe zu Ende!« verkündet er. Schweigen. Er liest ihren Namen vor. Unter den Kapos kommt es zu ein paar Ausrufen und beglückwünschenden Umarmungen. Betroffen sehen wir zu. Keiner wird unsere Namen beim Appell vorlesen und uns Freiheit versprechen. Das wissen wir inzwischen. Sie sind Gefangene. Wir sind Sklaven. Sie sind Menschen. Wir nicht.

Sommer. Es ist heiß. Wir sehnen uns nach Wasser. Wir arbeiten in der sengenden Sonne bis wir von ihren Strahlen verbrannt und voller Blasen sind. Wir schwitzen unter der Wolle und kratzen uns mehr denn je. Es gibt keine Erleichterung.

Es geht das Gerücht um, daß Auschwitz wieder nur noch für Männer benutzt werden soll. Man wird uns nach Birkenau bringen.[6] Andere Gerüchte sprechen von einer Gaskammer und einem Krematorium.

»Was ist Birkenau?« Den anderen Gerüchten schenken wir keinen Glauben, sie wurden von den Deutschen in die Welt gesetzt, um uns zu entmutigen.

Vier Uhr morgens.

»Raus! Raus!«

Aus dem Bett wälzen. Zum Pinkeln anstellen. Einen Spritzer Tee bekommen. In die Dunkelheit hinausgehen. Auf der Lagerstraße warten. Stillstehen zum Appell. Gezählt werden. Die Sonne geht auf. Gezählt werden. Hinter Emma aufstellen. Auf die Felder marschieren. Arbeiten, bis sie »Halt!« sagen. Suppe bekommen. Einen Augenblick hinsetzen. Aufstehen. Hinter Emma aufstellen. Auf die Felder marschieren. Arbeiten, bis sie »Halt!« sagen. In Fünferreihen zurückmarschieren ...

[6] Auschwitz ist ungefähr zwei Kilometer von Auschwitz II entfernt, häufig auch Birkenau genannt; beides sind Teile desselben Lagerkomplexes, den man als Auschwitz-Birkenau kennt.

Wartet! Wir sind abgebogen. Wir bewegen uns weg von Auschwitz.[7]

Gemurmel geht durch unsere Reihen. Wir marschieren. Das ist eine Veränderung unserer Gewohnheiten. Das Unbekannte ist gefährlich. Die Augen wachsam, die Sinne angespannt, marschieren wir von Auschwitz weg, weg von den Wänden und Wachtürmen. Die Sonne geht unter. Vor uns türmen sich weitere Zäune und Stacheldrähte auf. Wir marschieren unter einem anderen Tor mit dem gleichen ARBEIT MACHT FREI-Schild hindurch. Wir fallen nicht darauf herein. Wir stehen in ordentlichen Fünferreihen. Werden gezählt. Emma und Erika und die anderen Kapos gehen zu ihren neuen Blöcken. Sie sind mit uns ins neue Lager gezogen. Wir stehen im Dunkeln und werden gezählt. Uns wird Block Zwanzig zugewiesen, oder ist es Zweiundzwanzig? Es ist dunkel, als wir eintreten.

Der Fußboden ist schmutzig. Hier gibt es keine Kojen; hier gibt es Regale, Holzbretter, dreireihig übereinander. Sollen wir hier schlafen? Wo sind die Matratzen? Unsere Betten sehen aus wie Pferdeboxen. Es riecht sauer nach menschlichen Ausdünstungen. Es gibt Fetzen anstelle von Decken. Wir bleiben stehen, drücken das Brot in unseren Händen, unfähig, damit klarzukommen, unfähig, einen Schritt zu tun. Ein Mädchen fängt zu weinen an. Wie Feuer in einem Stall greift ihre Furcht auf uns über, und wie trockenes Stroh brennt sie in uns. Tränen können diese Katastrophenflammen nicht löschen. Wir sind verloren. Das ist Birkenau.

---

[7] »5.–10.August [1942] ... Die Frauenabteilung von Auschwitz I wird zur Sektion B-Ia in Birkenau übersiedelt« (Rittner und Roth, 29). »Birkenau war ein von elektrischen Zäunen umgebener Sumpf. Keine Straße, keine Wege zwischen den Blöcken. ... Von März bis Mitte August 1942 ... kamen über 17000 weibliche Gefangene, die meisten davon Jüdinnen, in Auschwitz an. Eine große Anzahl von ihnen (wahrscheinlich um die 5000) kamen vor der Übersiedlung zum Lager Birkenau um« (Strzelecka, 401,394).

BIRKENAU
Auschwitz II

Wie werden wir diesen Ort überleben? Was müssen wir tun, um zu leben? Was bedeutet dieses Leben? Dies sind keine Fragen, denen unsere Gedanken im Wachzustand täglich ausgesetzt sind, es sind nur Untertöne, Sorgen, die nicht gelöst werden können. Was weiß man schon? Als wir Auschwitz-Birkenau betraten, bekamen wir keine Karte auf der stand: Sie werden am soundsovielten entlassen, Sie werden lebend herauskommen. Es gibt keine Garantie.

Birkenau ist ein grausames Erwachen. In Auschwitz war der Tod keine Seltenheit, aber er gehörte nicht zum alltäglichen Leben. Jetzt sehen wir den Tod jeden Tag. Er ist so beständig wie unsere Mahlzeiten. Und es sterben nicht nur ein oder zwei Mädchen am Tag, wie früher, sondern zehn und zwanzig, zahllose.[1]

Ich weiß, daß ich bei meiner Schwester bleiben muß. Ich weiß, daß ich dafür sorgen muß, daß sie lebt; ohne sie kann ich nicht überleben. Das gestehe ich mir selbst nicht ein, aber ich weiß, daß sie Teil meiner Wahrheit, meines Seins ist. Wir dürfen nicht getrennt werden; in der Trennung liegt Gefahr.

Es ist kälter als gestern, aber es ist jetzt immer kalt. Selbst in der Sommerhitze war mir nicht warm. Wenn es regnet, sind wir tagelang naß; die Nässe durchdringt alles. Wie soll man eine Temperatur messen, wenn es überhaupt nur eine Temperatur gibt? Es ist eine dumpfe Kälte, wie die Benommenheit in

---

[1] »An die 15000 bis 20000, zumeist Juden, starben während dieser zwei Monate [Juli und September 1942]. Das Mädchenlager hatte am meisten zu leiden, denn es war nicht mit sanitären Einrichtungen ausgestattet, und die armen Teufel waren von Läusen übersät. ... Selbstmorde waren an der Tagesordnung und wurden meist begangen, indem man sich gegen die Hochspannungsdrähte des inneren Zauns warf. Dies ging so weiter, bis sie auf fünf Prozent ihrer ursprünglichen Anzahl zusammengeschrumpft waren« (Wyman, 32).

meinem Kopf – immer vorhanden, selbstverständlich, schließlich nicht mehr zu spüren.

Ich liebte diese warmen, gleißenden Sommertage immer, aber dieses Jahr scheint es sie nicht zu geben. Kann es schon Herbst sein? Wie lange sind wir schon hier? Welchen Monat haben wir? Irgendwo auf der Welt muß es Bäume geben, die ihre Farbe wechseln, sich darauf vorbereiten, mit ihren glühenden Rot-, Orange- und Goldtönen den Winter willkommen zu heißen. Aber hier sehe ich keine Veränderungen. Es ist immer grau. Ich selbst bin auch grau.

Wir haben einen Kalender in Birkenau. Es ist der Hunger.

Das Leeregefühl in unseren Mägen verläßt uns nie, wie auch die Kälte uns nie verläßt. Es ist unsere einzige Uhr, unsere einzige Möglichkeit zu unterscheiden, welche Tageszeit wir haben. Hunger ist Morgen. Hunger ist Nachmittag. Hunger ist Abend. Wir hungern langsam, bis wir außer dem Nagen unserer aneinanderreibenden Gedärme, nichts mehr wahrnehmen können.

Eine Blockälteste fragt mich, ob ich Raumälteste sein möchte. »Nein, dankeschön«, lehne ich ab und denke für mich, daß ich doch kein Brot von anderen nehmen kann, die so hungrig sind wie ich, ich doch nicht andere zum Leiden verdammen kann, wo ich selbst leide. Ich wiederhole meine persönliche Leitlinie: Sei unsichtbar. Dies ist eine der Regeln, nach denen ich lebe. Diejenigen, die zu sehr herausragen, werden womöglich zu Fall gebracht, deshalb bleibe ich lieber im Hintergrund und versuche einfach durchzurutschen.

Nur eins existiert hinter den Toren von Auschwitz-Birkenau. Es wartet auf mich wie ein Leuchtfeuer, das den Nebel durchdringt. Ich halte es ständig vor mir her, jeden Augenblick. Es ist das einzige, das mich trägt – Mama und Papa. Sie rufen Danka und mich aus den hintersten Winkeln meines Gedächtnisses. Ihre Hände winken vor dem Hintergrund eines schneienden Winterhimmels. *Wir sind hier!* rufen sie. *Wir warten auf eure Heimkehr.*

Wir kommen, Mama, erinnere ich sie. *Laß uns hier nicht allein.* Und sie lassen uns nicht allein. Ich höre Mamas Stimme, die mir in meiner Verwirrung Trost spendet und unsere Daseinsängste besänftigt. Nur was den Hunger angeht, kann sie uns nicht helfen, doch das Wissen, daß Mama und Papa auf unsere Rückkehr nach Tylicz warten, mildert selbst diesen. Das Bild rahme ich in meinem Kopf und hänge es an eine gedachte Wand, wo ich es immer betrachten kann. Ich weiß, daß sie da sind. Ich arbeite, weil sie mich brauchen. Ich esse, weil sie warten. Ich lebe, weil sie leben.

Mama, ich habe dir deine Kleine zurückgebracht. Das wiederhole ich im Geiste immer und immer wieder. Es ist der Refrain des Liedes, das mich stark und gesund und mutig macht: Mama, ich hab dir deine Kleine zurückgebracht. Meine einzige große Heldentat, mein Schicksal ist, dies hier zu überleben und mit meiner Schwester im Triumph ins Elternhaus zurückzukehren. Meinem Traum können deutsche Peitschen, Ketten oder Vorschriften nichts anhaben. Der Gedanke an ein Mißlingen kommt mir gar nicht. Mag sein, daß wir sterben – der Tod läßt sich hier nicht umgehen –, doch selbst das wird mich vom einzigen Zweck meines Lebens nicht abbringen. Es zählt nichts anderes als diese vier Dinge: bleib bei Danka, sei unsichtbar, sei wachsam, sei fühllos.

Ich frage mich, ob ich jemals wieder aufwachen werde, um mich in einem richtigen Bett umzudrehen. Werde ich meine Augen je ohne den deutschen Befehl dazu öffnen und beschließen, weiterzuschlafen, weil es draußen regnet oder noch nicht Zeit ist zum Aufstehen? Werde ich jemals wieder träumen? Die Tage sind lang und hart, aber die Nächte sind bar aller erleichternden Träume, aller schmerzenden Alpträume. Ich krieche auf mein Brett und ziehe mir einen Wollfetzen fest um die Schultern. Ich rede mir ein, daß er mich wärmt. Ich versinke in der Bewußtlosigkeit, werde geweckt von Gebell, von Schüssen, von gar nichts ... um vier Uhr morgens ...

...»Raus! Raus!«

Die Raumältesten schlagen die Mädchen, die noch schlafen, und auch die, die nicht schnell genug von den Brettern klettern, auf denen wir liegen. Ist es hier so anders als in Auschwitz? Die Raumältesten, die Blockältesten haben alle eine Schärfe in der Stimme, die ich vorher nicht kannte. Trotz all ihrer Privilegien, dem zusätzlichen Essen, das sie uns weniger glücklichen Sklaven klauen, haben auch sie einen schmutzigen Boden unter den Füßen. Sie schlafen nicht auf Holz, sondern auf Feldbetten, aber sie sind genauso in einem umgewandelten Stall wie wir.

»Mach schon, Danka.« Ich rüttle sie sanft. »Wir müssen aufstehen und zur Toilette.« Im Block gibt es keine Toilette, wie wir sie in Auschwitz hatten; es gibt einen Kübel. Der Kanonenofen steht am Ende einer Regalreihe und am Ende des Blocks, gleich neben dem Raum der Blockältesten. Ein Vorhang trennt den Bereich der Block- und Raumältesten vom Rest.

»Wo ist die Toilette?« frage ich und ducke mich, als der Stock sich meinem Kopf nähert. Dies hier ist kein Ort für Fragen. Wir rennen hinaus. Der Teekessel steht an seinem gewohnten Platz neben der Tür. Wir strecken unsere Becher hin; die Schöpfkelle spritzt lauwarmen Tee über unsere Hände.

Wir stehen in ordentlichen Fünferreihen in der Dunkelheit und essen unseren Rest Brot und warten auf die SS. Wir sind dahintergekommen, daß der Tag besser herumgeht, wenn wir etwas essen, bevor wir arbeiten, deshalb verzehren Danka und ich auch immer nur die Hälfte unserer Abendration und bewahren den Rest bis zum Morgen auf.

Die SS-Männer Stibitz und Taube laufen unsere Reihen ab und zählen unsere Köpfe. Die Wärterin Drexler, Leiterin des

Frauenlagers, sieht zu. Ihr Schneidezahn ist selbst bei geschlossenem Mund zu sehen. Am ersten Tag in Birkenau dauert der Anwesenheitsappell mindestens zwei Stunden. Wir sind es nicht gewohnt, so lange stillzustehen. Weil wir gegen den Drang ankämpfen, unsere Füße zu bewegen, müssen wir nicht einmal gähnen. Alle paar Minuten schlägt Taube eine von uns, weil sie nicht aufmerksam genug ist, sich von der Stelle bewegt hat oder auch grundlos.

»Wegtreten!« Der Befehl peitscht durch das Dämmerlicht. Ich nehme Dankas Hand und stelle mich schnell zu Emma. Ich habe sie nicht aus den Augen gelassen, seit sie zum Anwesenheitsappell erschienen ist. Nach all den Veränderungen in den letzen vierundzwanzig Stunden bin ich entschlossen, wenigstens etwas beizubehalten, und das einzige, was halbwegs in meiner Macht liegt, ist, mich in Emmas Arbeitsgruppe einzuteilen. Sie schenkt uns ein kurzes Lächeln, als wir uns hinter ihr aufstellen. Es ist ein kleiner Trost, in einer derart schrecklichen Umgebung ein vertrautes Gesicht zu sehen. Dieses Gesicht ist Emma.

Wir arbeiten den ganzen Tag und gehen zurück zu den Ställen. »Wir sollten versuchen, hier zu schlafen.« Ich zeige auf einen Bereich, der weit genug vom Raum der Blockältesten entfernt ist, um uns am Morgen mehr Zeit zum Aufstehen zu geben, ohne von ihrem Stock geschlagen zu werden. Unser Brot an uns gedrückt, kriechen wir auf das Regalbrett und halten dabei unsere Decke fest umklammert. Schweigend kauen wir die Hälfte unserer Brotration und verstecken den Rest in den Taschen. Im Laufe des Nachmittags habe ich erfahren, daß man in Birkenau die russischen Kriegsgefangenen untergebracht hatte. Erschaudernd sehe ich die Leichen wieder vor mir, die zwischen Block Zehn und Block Elf in den Schmutz fallen. Jetzt müssen alle tot sein.

Diese ersten paar Wochen überleben wir nur mit größter Mühe. Wir bekommen weniger zu essen als zuvor, das bedeutet, statt einem Stück hartem Brot nur noch die Hälfte. Die Suppe ist so dünn, daß es sinnlos ist, uns am Ende der Schlange ein Stück Steckrübe oder Fleisch zu erhoffen, und der Tee ist so gut wie klar. Jeden Morgen beim Aufwachen ist mindestens ein Mädchen unseres Blocks gestorben. Es gibt keine Ausnahmen. Wir sterben wie die Fliegen.[2]

Man braucht Verstand, um alles mitzubekommen, sämtliche Tricks, im Lager klarzukommen: wo ist es am wärmsten, wo ist es am gefährlichsten, wer gibt ein bißchen mehr Suppe aus. Die Neuankömmlinge haben kaum Zeit, sich Überlebensregeln anzueignen, ehe sie sterben.

Nach dem Anwesenheitsappell bekommt man nichts mehr bewußt mit. Man darf über das, was einem selbst und allen anderen widerfährt, nicht nachdenken, denn dann verlöre man die Kraft zum Weitermachen, und man muß weitermachen. Die Arbeit, die man verrichtet, kann einen umbringen, aber tut man sie nicht, stirbt man.

Egal in welcher Einheit wir sind, wir arbeiten, wir graben, wir schleppen, wir sieben, wir schieben, wir sterben. Aber Emma tötet keine Gefangenen, das eine weiß ich. Jeden Morgen laufen Danka und ich zu Emmas Einheit. Birkenau ist schlimm, aber Emma macht es nicht noch schlimmer.

Es ist Sonntag. Wir stellen uns zum Anwesenheitsappell auf, aber anstatt entlassen zu werden, schickt man uns in einen Block, in dem man Tische aufgestellt hat. Beim Eintreten händigt man uns eine Postkarte und einen Bleistift aus.

---

[2] »Wie die Geschichte Nazi-Deutschlands so nachdrücklich aufzeigt, ist in der ›Logik‹ des Rassismus der Genozid bereits angelegt ... Jeder bestehende Nazi-Plan hatte es auf die jüdischen Frauen speziell deshalb abgesehen, weil sie Frauen waren, denn sie sind die einzigen, die letztendlich in der Lage waren, die Kontinuität jüdischen Lebens zu sichern. Wenn die statistischen Daten zum Holocaust auch nie exakt sein werden, ist doch in der Tat hinreichend bewiesen, daß die Chancen, den Holocaust zu überleben, für jüdische Frauen schlechter standen als für jüdische Männer« (Rittner und Roth,2).

»Ihr werdet jetzt an eure Familie schreiben und ihnen sagen, daß es euch gut geht und ihr gerne hier arbeitet«, ordnet man uns an.

Ungläubig starre ich sie an, unfähig zu begreifen, daß ich Lügen an meine Lieben schreiben muß.

»Liebe Zosia«, kritzle ich auf die Karte.

»Ihr werdet genau das schreiben, was man euch sagt: ›Wir werden gut behandelt‹«, diktieren sie uns. ›Wir bekommen viel zu essen, und die Arbeit ist nicht schwer. Ich hoffe, euch bald zu sehen. Alles Liebe, ...‹ Unterschreibt mit eurem Namen.«

Ich erinnere mich, wie Zosia weinte, als sie sagte, Nathans Karte bedeute, er sei in Sibirien, und ganz unten auf meine Karte füge ich schnell auf Polnisch hinzu: *Es ist kalt hier, ganz genauso wie Nathan es dir gesagt hat.* Ich bete, daß sie die Wahrheit hinter meinen Worten liest. Ich bete, sie und ihre Kinder folgen uns nicht nach Auschwitz. Wir geben unsere Karten ab und können gehen. Ich fühle mich schlapp und zittrig nach dieser Tortur. So hart wir auch jeden Tag schuften, diese paar Wörter an Zosia zu schreiben, hat mir mehr abverlangt. Danka und ich sprechen nicht über die Karten, die wir schreiben mußten. Wir sprechen überhaupt nicht über die Familie.

Meine Menstruationsblutung weckt mich. Im Durcheinander des Umzugs vom einen Lager ins andere habe ich nicht einmal daran gedacht, Zeitungspapier herauszuschmuggeln. Ich hatte nicht gedacht, daß die Latrine in Birkenau anders sein würde als die Toilette in Auschwitz. Wie naiv bin ich doch; Zeitungspapier ist ein Luxus, den wir nicht mehr verdient haben.

Ohne Vorwarnung bekomme ich immer noch einmal im Monat meine Periode. Es ist etwas, das ich zugleich fürchte und erwarte, und ich weiß nie, wann sie kommt. Werde ich gerade arbeiten? Stehe ich am Sonntag in der Schlange zum Rasieren, bloßgestellt vor den Männern? Ist es heute soweit, daß ich nichts mehr finde, um den Blutfluß aufzufangen, und entschließt sich deshalb die SS, mich wegen Unreinheit zu Tode zu prügeln? Ist es heute soweit, daß der Fetzen, den ich finde, in mir eine Infektion hervorruft?

Ich hasse den Geruch. Ich hasse es, kein Bad nehmen zu können. Der Spülstein in Auschwitz war ein Lichtblick, aber in Birkenau gibt es keine Spülsteine, nur Hähne. Es ist unmöglich, meinen Körper ohne Seife von Schmutz und Grind zu befreien. Am Sonntag, wenn Zeit genug ist, setze ich meinen roten Becher für eine gründliche Waschung ein, auch wenn das Wasser nur kalt ist. Egal wie fest, egal wie oft ich schrubbe, ich habe immer das Gefühl, es sitzt noch etwas auf meiner Haut. Ich habe Angst, daß der Blutgeruch die Hunde anzieht. Von allen Schrecken des Lagers, jagen die Hunde mir die größte Furcht ein. Ich bete, daß ich, wenn ich sterben muß, nicht schreiend sterbe.

In Birkenau ist der Tagesablauf ein wenig anders. Es ist leichter, die Latrine am Morgen aufzusuchen, denn am Abend, wenn die Tür geschlossen ist, darf keiner mehr hinaus. Deshalb versuche ich, vor den Raumältesten aufzustehen, und schleiche mich dann hinaus, bevor die Schlange zu lang wird. Wenn das nicht funktioniert, benutze ich unter dem Mantel der Dunkelheit den Kübel und schlüpfe dann für ein paar kostbare Momente der Ruhe zurück zu Danka auf das Schlafbrett.

So schlimm Auschwitz gewesen ist, ich vermisse es. Ich vermisse es, mir mein Gesicht und meine Hände waschen zu können, ich vermisse die Strohmatratzen und die kleinen Decken, die Danka und ich hatten. Hier müssen wir schon um eine Decke kämpfen, und die deckt uns kaum zu. Die Schlafkojen in Auschwitz waren im Vergleich geräumig; jetzt teilen sich sechs Frauen ein Regalbrett. Wir liegen so dicht aneinander, daß wir uns fast berühren müssen.

Und als wäre das alles noch nicht schlimm genug, kommt jeden Tag ein weiterer Transport, und mehr und mehr junge Frauen füllen das Lager. Die Mädchen, die aus Holland kommen, haben noch Lack auf ihren Fingernägeln.[3]

In diesem neuen Lager gibt es so viele von uns wie nie zuvor in Auschwitz; der Anwesenheitsappell dauert doppelt so lang wie früher. Am Ende des Tages, wenn wir endlich in unsere Blocks entlassen werden, rennen wir so schnell es unsere müden Füße erlauben, um uns eine Decke und einen guten Schlafplatz zu sichern. Ich habe beschlossen, immer zu versuchen in der mittleren Regalreihe zu schlafen. Die oberste Reihe ist zu hoch, um nach einem harten Arbeitstag hinaufzuklettern, und am Boden ist es zu kalt.

Wir nehmen unser Brot und betreten den feuchten Block. Zusammen kriechen wir auf das Regalbrett und knabbern die Hälfte unseres Brotes, ehe wir in die verzweifelte Traumlosigkeit stürzen, wobei wir das andere Stück Brot bis zum Frühstück in unseren Händen zusammendrücken. In unseren Taschen ist es nicht mehr sicher. Es gibt welche, die, während wir schlafen, an unseren Händen schnüffeln und versuchen, unser Essen zu stehlen. Es gibt welche, die uns unsere Decke wegreißen, während wir schlafen, wenn wir sie nicht festhalten. An manchen Abenden kommen wir von der Arbeit zurück, und jemand hat schon unsere Decke genommen; in manchen Nächten wachen wir zitternd auf, weil jemand sie uns aus den Händen gerissen hat. Doch ich kann nicht aufstehen und das gleiche tun, es ist zu herzlos, jemandem der schläft die Decke wegzunehmen, und so kuscheln wir uns aneinander, um uns

[3] »16.Septemer [1942] ... 902 jüdische Männer, Frauen und Kinder kommen aus Westerbork ... Holland. Eine erste Selektion hat in Cosel stattgefunden, wo an die 200 Männer wahrscheinlich für die Schmelt Organisation ausgewählt wurden. Nach der Selektion auf dem Verladebahnsteig in Auschwitz werden 47 Männer und 29 Frauen fürs Lager bestimmt und erhalten die Nummern 63825–63871 [Männer] und 19720–19748 [Frauen]. Die verbleibenden 626 Menschen werden in den Gaskammern getötet« (Czech, 239).

zu wärmen, und warten auf den nächsten Abend, wo ich eine Decke von einem Schlafplatz wegnehme, auf den noch keiner Anspruch angemeldet hat. Dieses Recht habe ich; unsere hat jemand gestohlen.

Schlangestehen fürs Brot. Die Blockälteste ruft meinen Namen. »1716! Du siehst kräftig aus. Am Samstagabend werden wir eine Gymnastikvorführung abhalten. Kannst du ein Rad schlagen?« Ich nicke zaghaft. »Gut! Möchtest du dir eine Extraration Brot verdienen?« Ich nicke wieder, aus Angst, nein zu sagen. »Dann wirst du und ein paar andere mit mir kommen und die Gymnastikübungen einstudieren, die ihr am Samstagabend der SS vorführen werdet.« Ich gebe mein Stück Brot an Danka ab und folge der Blockältesten und etwa zehn anderen Mädchen nach draußen.

»Wir fangen mit ein wenig Bodenakrobatik an«, weist die Blockälteste uns ein. »Wer hier kann einen Salto?« Zwei Mädchen heben die Hand. »Überschlag? Handstandüberschlag?« Ich hebe meine Hand mit ein paar anderen. Wir stellen uns nach unseren Fähigkeiten auf und arbeiten uns durch die einzelnen Schritte. »Lächle, wenn du diese Drehung beendet hast!« schreit sie. »Behalte diese Stellung, nachdem du dein letztes Rad geschlagen hast! Drückt eure Brust raus! Kinn hoch!« Es ist mehr als seltsam, in einem verlassenen Block auf einer kleinen Bühne über den Fußboden zu turnen. Und noch merkwürdiger ist es, dabei so zu tun, als hätten wir Spaß an solchen Possen.

Wir arbeiten etwa eine Stunde lang, ehe wir entlassen werden. »Gut, schlaft ein wenig. Morgen werden wir eine Pyramide versuchen.« Wir trotten zurück in den Block, haben Schmerzen und sind müde von dieser körperlichen Anstrengung. Ich kann es nicht glauben, daß sie uns zu einer Vorführung für die SS zwingen. Wir studieren unsere Übungen an zwei weiteren Abenden ein.

Am Samstagabend, als wir unsere Abendration entgegennehmen, teilt die Blockälteste uns mit: »Ich habe Gymnastikanzüge, die ihr bei der Vorführung tragen sollt. Kommt in mein Zimmer, wenn ihr gegessen habt, und ich gebe euch die Kleider.« In ihrem Zimmer erhält jede ein Hemd und ein Paar Shorts, die wir anziehen sollen. »Eure Zusatzration bekommt ihr nach der Vorführung.« Sie erinnert uns an den Grund, der uns diese Charade machen läßt. »Zieht euch jetzt um und kommt in zwei Minuten zu mir an die Tür!«

Ein paar ausgesuchte Gefangene dürfen zusehen. Danka ist unter ihnen. Die SS nimmt in dem leeren Gebäude ganz hinten Platz, um so weit wie möglich von der Bühne entfernt zu sein. Es war schon schlimm genug, diese ganzen Kunststücke ohne Zuschauer zu machen, aber jetzt, wo die SS zusieht, ist die Demütigung noch zehnmal schlimmer.

Die Sperrholzbühne, auf der wir auftreten, wird von einer Glühbirne erleuchtet. Die SS sitzt am anderen Ende auf ihren Stühlen und ist ganz begierig, ihre Affen turnen zu sehen. Sie schwatzen fröhlich miteinander, genießen den Samstagabend, als wäre diese Unterhaltung hier der Wanderzirkus, der in die Stadt kommt.

Wir treten in den Lichtkegel und verneigen uns vor den Offizieren. Halbherzig applaudieren sie. Die Blockälteste schlägt eine Trommel, die sie irgendwo aufgetrieben hat, um uns einen Rhythmus zu geben. Ich schlage drei Räder hintereinander. Applaus. Ein Mädchen macht einen Salto. Applaus. Überschlag. Applaus. Radschlagen im Kreis. Kein Lächeln steht auf meinem Gesicht, als ich mich aufrecht hinstelle. Applaus. Egal, was ich auch tue, die Mundwinkel werden sich nicht nach oben bewegen. Ich kann zehn Stunden am Tag arbeiten, ich kann verhungern und Menschen sterben sehen, aber ich kann nicht lächeln – das ist unmöglich.

Das Holz unter unseren nackten Füßen ist hart und gibt nicht nach. Ich beende eine Wende. Applaus. Ein Mädchen macht einen Spagat. Applaus. Die Basis der Pyramide stellt sich auf. Die zweite Reihe stellt sich auf die Schultern der unteren, dann die dritte. Ich springe obendrauf und bete, daß sie unter mir nicht vor Müdigkeit zusammenbrechen. Dann richte ich mich auf, hebe meine Hände über meinen Kopf und öffne leicht meinen Mund. Ich mache kein glückliches Gesicht, es ist ein fragendes Gesicht, ein Mund, der wie ein Fragezeichen durchhängt. Warum tue ich das? Ist ein Stück Brot das wirklich wert?

Der Applaus ist dürftig. Ich springe zu Boden. Händehaltend stellen wir uns auf, verbeugen uns vor unseren Gebietern, machen kehrt und marschieren, Brust heraus und Kinn hoch, zurück in unseren Block.

Im Zimmer der Blockältesten ziehen wir unsere Gymnastikkleidung aus und nehmen unser zusätzliches Stück Brot entgegen, wie Hunde ihren Knochen. »Gute Arbeit.« Sie lobt uns. »Beim nächstenmal«, fährt sie fort, »sollten wir doch ein paar schwierigere Saltos einbauen.« Gesenkten Blicks suche ich nach etwas Tröstlichem und halbiere mein Stück Brot, um es mit meiner Schwester zu teilen.

Es wird kein nächstes Mal geben – sehen sie denn nicht, wie krank und müde wir sind? Schon diese paar Tage Training haben unseren Körpern Opfer abverlangt. Ich fürchte, ich habe noch mehr abgenommen; ich weiß, daß das bei ein paar anderen Mädchen der Fall ist. Und alles für ein Stück Brot. Für die Arbeit, die wir geleistet haben, hätten wir eine komplette Mahlzeit bekommen müssen. Nie wieder will ich so etwas tun. Als wir auf unser Regalbrett kriechen, flüstert Danka: »Du warst gut, Rena.« Ihre Stimme ist so süß, so liebenswürdig. Mein Kopf fällt herab. Meine Augenlider fallen herab. Ich verschwinde.

Irgendwie bekommen wir heraus, wie viele Sonntage wir schon im Lager sind. Dadurch erfahren wir, daß Jom Kippur ist, und wir fasten von Sonnenuntergang bis Sonnenuntergang. Im Herzen bete ich: O Herr, mein Gott, bitte hilf meinen Eltern und beschütze sie, bis wir nach Hause zurückkehren können. Sag ihnen, daß wir am Leben sind und sie lieben. Sag Mama, ich weiß, daß sie uns durch deine Augen bewacht. Stärke unseren Glauben und unsere Körper. Laß uns nicht vor Hunger schwach werden. In deinem Namen, Herr, der du bist mein Gott.

In meinem Gebet ist Kraft; es stärkt meine Arme und meinen Rücken, als wir den ganzen Tag Sand sieben. Das Wissen, daß unser Gott nahe ist, stimmt uns froh, und wir arbeiten mit neuer Hoffnung im Herzen, denken nicht an das Brot, das tief in unseren Taschen ruht, und verweigern die Mittagssuppe. Am Abend, als die Sonne untergegangen ist, essen wir das Brot vom Tag zuvor und heben uns das von heute für das Frühstück auf. Auf diese Weise fasten wir, aber wir sind so hungrig, daß für unsere Mägen das Fasten kaum einen Unterschied darstellt. Wir tun einfach, was wir alljährlich an diesem Tag gemacht haben, seit wir alt genug waren, an diesem heiligen Tag zu fasten.

Danka steht hinter mir und wartet auf ihre Suppe, als die Aufseherin sie beschuldigt, sich einen Nachschlag holen zu wollen, und sie mit der Eisenschöpfkelle auf den Kopf schlägt.

»Nie stelle ich mich wieder für Suppe an.« Weinend steht sie mit ihrem leeren Becher vor mir.

»Du mußt dir Suppe holen, Danka. Sie geben uns nicht genug zu essen, um auf eine Mahlzeit verzichten zu können.«

»Nie wieder werde ich mich in diese Schlange stellen.«

»Hier, iß von meiner.«

»Nein, das darfst du nicht.«

»Warum nicht? Ebensogut hätte sie mich schlagen können. Sie hat dich nur ausgewählt, weil sie grausam und selbstsüchtig ist und deine Mahlzeit für sich selbst haben will.«

»Ich will deine nicht.«

»Das solltest du aber, denn solange du nichts nimmst, nehme ich auch nichts, und damit ist alles vergeudet. Komm schon, iß ein bißchen.« Wir nehmen unsere Löffel und löffeln gemeinsam aus einem Becher. Sie schlürft zögernd.

»Du hast den Löffel nicht so voll gemacht wie ich meinen. Nimm mehr.« Sie nimmt ein wenig mehr und lächelt schwach. Ein winziges Stückchen Steckrübe schwimmt herum. Ich schiebe es Danka hin. Sie schiebt es zurück. Und so essen wir meine Suppenportion mit zwei Löffeln gleichzeitig und teilen das Stückchen Steckrübe ehrlich zwischen uns.

Am nächsten Tag weigert sie sich, sich mittags anzustellen, und ich muß sie immer wieder dazu überreden, etwas von meiner Suppe zu nehmen, und so geht es weiter; wir zählen, was wir löffeln, und teilen uns meine Suppe. Ich wünschte, sie würde sich wieder in der Suppenschlange anstellen, sage aber nichts.

Es ist Sonntag. Wir haben Herbst. Wir stehen von unseren Regalbrettern auf. Bekommen unseren Tee. Essen die Hälfte vom Brot. Es geht das Gerücht um, daß es eine Selektion geben wird.

»Was ist eine Selektion?« fragen wir uns.

Wir verbringen den ganzen Tag mit Körperpflege, ziehen uns die Läuse aus den Achselhöhlen und Kleidern. Dieser Kreaturen wird man nicht Herr; sie sind überall. Ich spucke auf meine Schuhe und mache die Falte meiner Hose feucht. Gut aussehen ist wichtig, wenn es zu einer Selektion kommt – was immer das auch sein mag. Ich möchte einen guten Eindruck machen. Der Sonntag verabschiedet sich mit dem Licht einer blassen Sonne.

Vier Uhr morgens.

»Raus! Raus!«

Beim Hinausgehen nehmen wir uns unseren Tee. Ich merke sofort, daß etwas anders ist als sonst. Die Wärterinnen zählen uns nicht sofort. Sie stehen auf der anderen Lagerseite und achten gar nicht auf unsere ordentlichen und perfekten Reihen. Wir warten und warten. Wir warten bis weit nach Sonnenaufgang. Das eine Ende der Reihe bewegt sich langsam vorwärts. Angestrengt schauen wir nach vorne, um zu sehen, was da vor sich geht, aber sie sind zu weit weg. »Sie selektieren uns.« Das Geflüster huscht die Reihen entlang, um uns, die wir uns noch nicht auf die SS zubewegen, zu informieren.

»Was bedeutet das?« will Danka wissen.

»Ich weiß es nicht«, schwindle ich. Ich ahne etwas, aber das will ich mit keinem teilen, der mir etwas bedeutet. Wir stehen in unseren Reihen, gezwungen uns damit zu befassen, was das für ein neuer Trick der Nazis sein mag.

»Sie befinden darüber, wer leben und wer sterben wird«, bestätigt das Geflüster. In unseren Reihen wird es schweigsam und still. Wie ist das möglich? Wie können sie so etwas tun? Wir haben gesehen, wie sie uns wie Küchenschaben zertreten – warum überrascht uns dieser nächste Schritt so sehr? Wir bewegen uns vorwärts. Ich nehme Dankas Hand und drücke sie aufmunternd. »Ich werde vor dir gehen«, flüstere ich.

Am Anfang unserer Reihe sind zwei Schwestern. Ich kenne sie vom ersten Transport her. Wie ich, sind sie von Anfang an hier. Sie steigen hoch zu dem Tisch mit den SS-Offizieren. Ein SS-Mann weist die eine nach links, die andere nach rechts.

»Nein! Bitte!« schreit diejenige, der man weiterzuleben erlaubt hat, und fällt auf die Knie. »Laßt mich mit meiner Schwester gehen«, fleht sie den Offizier an, darauf bedacht, ihn ja nicht anzufassen. Sie kauert neben seinen schwarzglänzenden Stiefeln und weint um Gnade.

Er streckt die Hand aus. Sie folgt ihrer Schwester. Hand in Hand gehen sie auf die Pritschenwagen zu.

Ich drücke Dankas Hand ein letztesmal, ehe ich vor die trete, die beurteilen, ob ich geeignet oder nicht geeignet bin. Wenn wir diese Selektion nicht bestehen, mag das Morgen für uns bedeutungslos sein – und wenn wir sie bestehen? Das Morgen darf für uns keine Bedeutung haben.

Ich halte den Atem an. Der Daumen zeigt, daß ich leben soll. Zögernd und vorsichtig gehe ich weiter und warte auf meine Schwester ...

Der Daumen bestimmt, daß Danka mir folgen soll. Ich hole Luft.

Als ich einen letzten Blick auf die Schwestern werfe, wünsche ich mir plötzlich, ich hätte sie kennengelernt, ihre Namen, alles über sie. Doch ich weiß nur, daß sie vor mir dran waren, als wir an unserem zweiten Tag im Lager tätowiert wurden. Wahrscheinlich haben sie die Nummern 1001 und 1002. Ich schaue auf meinen linken Ellbogen. Die grau-blaue Tinte flammt zu mir hoch. 1716. Ihre Nummern waren niedriger als meine. Seit wir nach Birkenau gekommen sind, habe ich nicht mehr viele Nummern gesehen, die niedriger waren als meine. Ich frage mich, wie viele vom ersten Transport noch übrig sein mögen.

Sie schieben und hieven die Mädchen, die in die andere Richtung geschickt worden sind, hoch auf die Pritschenwagen. Diese gefürchteten Lastwagen habe ich seit meinem Ankunftstag nicht mehr gesehen. Danka wird blaß, als ihr das Blut aus den Wangen weicht. Starr vor Entsetzen sieht sie zu, wie die Mädchen eine nach der anderen hochklettern und die SS sie mit Reitgerten antreibt. Rinder und Schafe werden mit mehr Respekt behandelt. Ich nehme sie bei der Hand und versuche sie von dem, was sich drüben abspielt, wegzuziehen, schaudere aber zurück, als ich ihre feuchte Haut spüre.

»Komm weiter, Danka. Wir können ihnen nicht helfen.«

»Wohin bringt man sie?«

»Ich weiß es nicht, aber es kann nichts Gutes sein. Sie machen mit ihnen das, was sie auch mit den Leuten am Bahnsteig gemacht haben.« Ihre Augen werden glasig. Die Sonne ist hinter dem Horizont verschwunden. Ich kann es nicht fassen, daß wir einen ganzen Tag damit zugebracht haben, auf selbsternannte Götter zu warten, damit diese entscheiden, ob wir fit genug sind, um weiterleben zu dürfen. An diesem Abend sind weniger Mädchen in unserem Block. Wir fragen nicht, wohin sie gegangen sind.

Am Morgen darauf stellen wir uns zum Anwesenheitsappell auf, doch wir werden nicht gezählt. In ordentlichen Reihen warten wir. Im Dunkeln. Im Morgenlicht. In der Mittagssonne. Wir warten. Die Reihe bewegt sich. Es gibt keine Mittagspause, keine Unterbrechung des Stehens und Wartens.
Wieder werden wir »selektiert«.

Vier Uhr morgens.
»Raus! Raus!«
Wieder eine Selektion.[4]

Eines Abends bekommen Danka und ich und ein paar andere von der Blockältesten Päckchen vom Roten Kreuz ausgehändigt. Wir starren auf diese Pakete und können sie mit diesem Ort hier nicht in Einklang bringen. Es stehen sogar unsere Namen auf dem braunen Papier: *Rena Kornreich* und *Danka Kornreich*. Die Briefmarke ist aus der Schweiz. Ich starre sie eine Ewigkeit an. Sie ist bunt und verziert und bestätigt, daß es eine Welt jenseits der uns umgebenden elektrischen Zäune und Stacheldrähte gibt. Es beweist, daß irgendwer sich irgendwo darum kümmert, ob wir leben oder sterben.

---

[4] »1. Oktober [1942] ... Im Frauenlager von Birkenau, Sektion B-Ia wird eine Selektion durchgeführt. 2000 Gefangene werden ausgewählt und am selben Tag in der Gaskammer umgebracht. ... 2. Oktober [1942] ... Bei einer weiteren Selektion im Frauenlager Birkenau werden 1800 weibliche Gefangene selektiert. Sie werden in Gaskammern umgebracht« (Czech, 247–248).

Wir reißen das Packpapier und die Schachteln auf, als öffneten wir Geschenke unserer Familie. Es gibt eine Dose Sardinen, ein Päckchen Cracker und süßen Biskuit. Langsam ziehen wir den Deckel von den Sardinen. Sie sind so salzig. Da wir seit sechs Monaten nichts Gewürztes mehr gekostet haben, kommt es uns vor, als hätten wir ein ganzes Vorspeisenbuffet im Mund. Wir tauchen unsere Finger ins Öl und lecken sie langsam ab, um lange etwas davon zu haben, doch selbst wenn wir die ganze Nacht daran lecken könnten, wäre es nicht genug. Die Cracker und Biskuits verstauen wir in unseren Taschen, um sie für morgen aufzuheben.

An diesem Tag fühle ich mich kräftiger, genieße die Crackers mittags zu unserer Suppe und hebe die Biskuits für das Abendessen auf. Als sie uns auf der Zunge zergehen, tauchen unsere Sinne in eine andere Welt, werden mit dem Verlangen nach mehr zurückgelassen. Seit wir im Lager sind, haben wir keinen Zucker mehr zu uns genommen; er rast durch unseren Körper und ist weg. Wir sind dankbar für diese drei halben Mahlzeiten, aber am nächsten Tag knurrt und schmerzt der Magen und verlangt nach mehr, doch es gibt nichts mehr außer Brot, Tee und Suppe.

»Wirst du dir heute wieder Suppe holen?« frage ich in der Hoffnung, daß das Care-Paket Dankas Appetit gesteigert hat. Sie schüttelt den Kopf. Ich behandle sie so sanft wie möglich, aber wenn sie nicht anfängt, mehr zu essen und sich wieder für ihre Suppe anstellt, werden wir beide zum Muselmann werden, und das ist unwiderruflich.[5] Sind wir erst einmal ausgezehrt, machen wir es auch nicht mehr lange. Immer wieder rede ich auf sie ein, sich selbst ihre Suppe zu holen, aber ihr Geist schwindet vor meinen Augen. Wie bekomme ich meine

---

[5] *Muselmann* ist Lagerjargon für diejenigen, die nicht nur vor Hunger Gewicht verloren haben, sondern auch den Willen zu leben, und zu lebenden Skeletten geworden sind.

Schwester dazu, leben zu wollen? Ohne diesen Wunsch können wir unmöglich überleben, und ich brauche sie genausosehr wie sie mich braucht.

Wenn wir zur Arbeit hinausmarschieren und abends zurückkehren, spielt jetzt ein Orchester, und von uns wird erwartet, daß wir im Takt der Musik marschieren.[6] Das steht in krassem Widerspruch zu allem, was wir sonst tun, ist ein Schlag ins Gesicht unserer noch verbliebenen Würde. Ich glaube, den Deutschen gefällt daran vor allem, daß es uns auf der Leiter des Lebens noch eine Sprosse tiefer wirft. Die Musikerinnen haben es besser als wir, aber wir mißgönnen keinem sein Glück, nicht im Freien arbeiten zu müssen. Außerdem müssen sie bei jedem Wetter spielen, und auch sie können wie alle anderen selektiert werden, wenn sie krank werden oder schlecht aussehen. Soviel besser haben sie es gar nicht. Wir sind alle Sklaven. Die einzige Möglichkeit, dem sicheren Tod zu entgehen, ist es, drinnen zu arbeiten, aber selbst das hilft einem nicht, dem Tod für immer zu entkommen.

Vier Uhr morgens.

»Raus! Raus! Schnell!«

Wir steigen von unseren eiskalten, harten Holzbetten. Es fällt schwer, sich zu bewegen. Wir sind steif und erschöpft. Sämtliche Gelenke und Bänder knacken. Es friert. Bei diesen Minustemperaturen dampft der Tee nicht mehr. Selbst die SS, sonst in allem so pünktlich, läßt sich Zeit, bis sie ins Lager kommt und unsere zitternden Körper zählt. Es ist der erste Frost in diesem Herbst, und unsere Körper sind noch nicht an die eisige Luft gewöhnt.

Meine Gedanken sind so träge wie das Blut in meinen

---

[6] Die Wärterin Maria Mandel, die ehemalige Aufseherin von Ravensbrück, wurde am 8. Oktober 1942 Oberaufsicht und stellte das Frauenorchester von Birkenau zusammen. (Quelle: Rittner und Roth, 29). Mandels Schwester, die Aufseherin Elisabeth Hasse ist ebenfalls im Lager.

Adern. Ein momentanes Nachlassen der Aufmerksamkeit, eine kurze Pause, als wir aus den hinteren Reihen über den Hof zu unserer Einheit gehen, und Danka und ich sind zu spät dran für Emmas Gruppe.

»Ich bin voll«, sagt sie uns. Ein SS-Posten winkt ihr, loszumarschieren. Sie zuckt die Schultern; sie kann nichts ändern. Wir stehen da und sehen verloren der Aufseherin hinterher, die wir zu unserer Wächterin erkoren haben, aber ihr Kommando – unser Kommando – marschiert hinaus, läßt uns zurück. Schaudernd wende ich mich um, meine Schwester im Schlepptau, und hoffe, daß in Erikas Gruppe noch etwas frei ist.

»Antreten!« Eine Peitsche zischt über meine Schulterblätter, als wir auf dem Weg zu Erikas Gruppe umgeleitet und in die Reihen eines anderen Kommandos gepfercht werden. Eine Aufseherin hat uns geschnappt, um ihre Gruppe aufzufüllen, und so stellen wir uns hinter dieser Fremden auf und gehen los zur Arbeit. Ihre Augen sind hell und grausam. Ihr Gesicht ist hart. Sie verkörpert alles, was wir meiden wollten. Ihr Dreieck ist grün. Diese Aufseherin ist eine Mörderin. Die Anspannung in unseren Reihen ist zum Greifen. Wir marschieren im perfekten Gleichschritt.

»Wir müssen vorsichtig sein,«, warne ich Danka im allerleisesten Flüsterton. »Sehr vorsichtig.«

Es ist ein endloser Tag. Diese Aufseherin genießt es, Fehler zu entdecken und uns brutal dafür zu strafen. Sie hat eine Nase für die Schwachen und Kranken, und diese werden gnadenlos von ihr gequält, bis sie zusammenbrechen und sie sie mit einem raschen Tritt erledigen kann. Bis zum Mittagessen hat sie drei Gefangene getötet. Sie ist im Töten so geschickt wie SS Taube. Beim Essen bekommt jeder nur einen Spritzer Brühe; das reicht kaum für ein paar Schlucke. Die Essensverteilung ist nicht geregelt. Es kümmert keinen, daß sie es für sich selbst hortet oder uns aus Grausamkeit vorenthält. Sie ist das leibhaftig Böse und kostet jeden Augenblick aus, in dem sie uns

Schmerz zufügen kann, eine Sadistin, die sich in einer Welt von Opfer-Masochisten heimisch fühlt. Wir sind ihre persönlichen Lakaien. Wird sie es nicht leid, uns zu mißbrauchen? Nein, sie macht den ganzen Nachmittag weiter mit Schlagen, Vernichten, Zerstören – als wären wir kleine Puppen. Ein Mädchen wird unglaublich zugerichtet, und dann läßt die Aufseherin, um das Maß an Grausamkeit voll zu machen, sie zerstört und leidend am Boden neben den Toten liegen, wohl wissend, daß sie aushalten muß, bis man sie in die Gaskammer schleppt. Der Gnadentod ist hier unbekannt.

Als der Feierabend-Befehl ertönt, wird das verkrüppelte Mädchen gezwungen, mitzugehen, nur ein Mädchen darf ihr helfen. Ihr Wimmern und Stöhnen begleitet uns, als wir die Toten und Verwundeten zurück ins Lager tragen: sechs Leichen in zwölf Stunden.

Wie alle Aufseherinnen schlägt uns auch Emma, aber sie tut das nicht, weil es ihr Spaß macht, sondern weil man es von ihr erwartet. Wenn SS in der Nähe ist, muß sie hart durchgreifen, aber sie schlägt nie jemand bis aufs Blut und sie schlägt nie jemanden zu Tode. Sie schlägt einen, wenn man faul ist oder etwas Dummes macht, und sie gibt einem einen Klaps, damit die SS nicht meint, daß man bevorzugt wird, doch die einzigen Toten, die wir von der Arbeit nach Hause tragen, wurden von der SS getötet oder sind vor Hunger oder weil sie krank waren zusammengebrochen.

Ganz gleich, welche Fronarbeit uns auferlegt wird, Emma macht sie nicht noch schlimmer. Es gibt ein paar Konstanten im Lager, und Danka und ich sind für Emma eine Konstante wie sie für uns eine ist. Wir drei sind Tag für Tag zusammen. Vielleicht ist Emma nicht gemein zu uns, weil sie uns kennt. Es sind jetzt so viele Gefangene hier, daß immer neue Gesichter, neue Nummern kommen, doch wir gehören zu den Alteingesessenen, stehen jeden Morgen vor ihr und tun unser Bestes, um zu überleben.

Erst nach der leidvollen Erfahrung im Kommando der Mörderin wissen wir, welches Glück wir mit unserer heimlichen Verbündeten Emma haben. Nicht daß wir Freunde wären, oder daß sie irgend etwas außer der Reihe für uns täte – wir sind schließlich Juden –, doch ich glaube, daß in ihrem Herzen Platz ist für meine Schwester und mich. Darauf baue ich – worauf sonst könnte man sich hier verlassen? Es gibt so viel Ungewißheit. Durch Emma haben wir eine Sorge weniger.

Vier Uhr morgens.

»Raus! Raus!«

Beim Morgenappell sehe ich die aus Tylicz vertrauten Gesichter von Erna und Fela Drenger und ihrer Cousine Dina. Wir können uns nur zuwinken, ehe wir in Emmas Gruppe eilen, aber wir haben unsere besten Freundinnen aus Kindertagen gesehen und arbeiten den ganzen Tag in der Hoffnung, sie am Abend wiederzusehen. Nach dem Abendappell finde ich sie im Nachbarblock.

»Wann seid ihr angekommen?« Wir fallen einander in die Arme.

»Vor ein paar Tagen«, sagt Erna zu mir. »Wo ist Danka?«

»Sie hält den Platz in unserem Block besetzt und achtet darauf, daß uns keiner die Decke nimmt. Geht es euch gut?«

»Wie es einem eben so geht. Dies hier ist die Hölle. Wie lange bist du schon hier?«

»Von Anfang an. Ihr müßt sehr vorsichtig sein und immer auf der Hut«, warne ich sie. »Ich werde euch zu helfen versuchen, wo ich kann, als erstes denkt daran, die Kapos mit den grünen Dreiecken zu meiden. Die töten euch, weil es ihnen Spaß macht. Ich werde versuchen, Danka bei den Weißen Hauben unterzubringen. Das ist ein Nähkommando.«

»Der Winter wird schrecklich sein, wenn wir draußen arbeiten müssen, und dann noch in diesen Schuhen«, bemerkt Erna.

145

»Ich werde für Danka und mich ein paar Kopftücher organisieren«, erzähle ich ihr. »Man braucht weiße Kopftücher, um ins Nähkommando zu kommen. Ich werde euch drei geben, aber dafür müßt ihr etwas von eurem Brot abtreten.«

»Ganz wie du meinst, Rena. Du weißt das am besten.«

»Ich weiß gar nichts, aber ich bin schon lange hier und habe ein paar Dinge gelernt. Wir sehen uns morgen oder in ein paar Tagen.« Ich sage ihnen, in welchem Block sie uns finden können und gehe dann.

Die Gesichter von Freunden inmitten so vieler Fremder sind ein Trost, doch es ist auch eine Last. Das wird mir sofort klar, als ich von ihnen weggehe. Jetzt habe ich noch drei Leute mehr, um die ich mir Sorgen machen muß – wie werden wir zurechtkommen? Danka ist natürlich die wichtigste, aber wir sind mit diesen drei Mädchen aufgewachsen. Wenn wir einander nicht helfen, wer dann?

Es dauert ein paar Tage, bis ich die Kopftücher organisiert habe, aber schließlich erklärt sich ein Mädchen, die in Kanada arbeitet, bereit, mir vier Kopftücher zu bringen.[7] Ich tausche sie gegen zwei Portionen Brot, eine von Erna und eine von mir.

Ich gebe Erna die Kopftücher und erkläre ihr, was ich vorhabe. »Du stellst dich am Morgen so dicht wie möglich an die Aufseherin des Nähkommandos. Sobald der Anwesenheitsappell vorbei ist, verteilst du sie an deine Schwester, an Dina und Danka, dann stellt ihr euch so schnell ihr könnt an.«

»Und was ist mit dir, Rena?«

»Ich werde bei Emma arbeiten, um bei ihrer Gruppe die Tür offenzuhalten, falls es mit der Arbeit drinnen nicht klappt. Das ist schon in Ordnung. Ich bin in Sicherheit, wenn ich auch im Freien arbeiten muß.«

[7] Den Ort, an dem die persönlichen Besitztümer gelagert wurden, nachdem man sie den Gefangenen und den zum Tode Verurteilen weggenommen hatte, nannte man Kanada, weil dieses Land Reichtum symbolisierte und ein Ort weit weg vom Krieg war. «Kanada» wuchs von anfangs fünf Baracken auf dreißig. (Quelle: Rittner und Roth, 427).

Vier Uhr morgens.

»Raus! Raus!«

Danka steht neben Erna und Fela. Wir werden gezählt. Ich stehe weiter weg, zum ersten Mal während des Anwesenheitsappells von meiner Schwester getrennt. Es gefällt mir nicht, daß sie nicht bei mir ist. Wir werden entlassen. Ich eile hinüber zu Emmas Gruppe, ehe sie voll ist. In Birkenau heißt es überall, wer zuerst kommt, mahlt zuerst. Ich stehe hinter Emma und behalte das Nähkommando im Auge. Erna und Fela haben ihre Kopftücher auf, Dina trägt ihres. Danka sieht verloren aus, sie hat kein Kopftuch auf. Meine Augen brennen sich in Ernas Hinterkopf. Wo ist Dankas Kopftuch? schreit es in meinem Kopf. Es nützt nichts. Danka wird weggeschickt. Sie sucht mich mit ihren Augen, aber es ist zu spät: Eine andere Aufseherin hat sie in ihre Gruppe geholt, und sie marschieren los. Hilflos sehe ich zu, wie meine Schwester ohne mich zur Arbeit geht. Was habe ich getan? O Gott, was habe ich getan?

Den ganzen Morgen frage ich mich bei der Arbeit, ob meine Schwester wohl schon tot ist. Mittags bekomme ich meine Suppe kaum hinunter. Und mein Magen ist vor lauter Sorge wie zugeschnürt, daß ich die zusätzliche Brühe gar nicht genießen kann. Ich vermisse einfach meine Schwester und wünschte, sie wäre hier, um sie mit mir zu teilen; ich weiß, daß sie heute nichts zu Mittag ißt. Den ganzen Nachmittag hindurch versuche ich nicht daran zu denken, ob ich Dankas Lächeln und ihre wunderschönen Augen jemals wiedersehen werde. Die Zeit, die es dauert, bis die Sonne über den Himmel gewandert ist, kommt mir unendlich lang vor. Schließlich kommt von Emma der Befehl: »Halt!«

Wir stellen unsere Werkzeuge in den Schuppen und marschieren ins Lager. Wir sind als erste zurück. Normalerweise sind wir froh, früh zurück zu sein, aber heute ist es eine Qual. In jedem hereinmarschierenden Kommando scheint es heute nur Tote und Verletzte zu geben, und sie sehen alle aus wie Danka. Meine Augen spielen mir Streiche, und mein Kopf spielt mit. In dem einen Kommando wird sie von zwei Mädchen getragen, den Körper voller Striemen und übel zugerichtet; in einem anderen humpelt sie und stützt sich schwer auf jemandes Schulter. Schwach vor Hunger, verrückt vor Sorge glaube ich, daß meine Schwester hundertmal gestorben ist. Dann sehe ich sie wirklich. Sie ist geschlagen worden, aber sie lebt. Ich kann nicht hinlaufen und sie umarmen, ich darf mich nicht rühren, bis wir alle gezählt sind, aber ich sehe sie, und sie lebt. Der Appell ist zu Ende und wir erreichen einander durch die Menge umherlaufender Mädchen, die ihren Blocks zustreben.

Ich halte sie ganz fest, kann sie nicht mehr loslassen. »Was ist passiert?«

»Erna hatte kein Kopftuch für mich.«

»Was? Ich habe ihr vier Stück gegeben!« Ich bin so wütend, als ich Erna entdecke, daß ich kaum Herrin meiner Stimme bin. »Warum hast du Danka das angetan?« krächze ich.

»Ich habe vergessen, daß ich noch eins in der Tasche hatte.«

»Erna, das ist hier kein Spaß.« Ich packe sie am Kragen, weil ich sie zur Vernunft bringen will. »Danka ist heute fast zu Tode geprügelt worden.«

»Es tut mir so leid!« Sie weint.

»Was heißt da leidtun? Ich habe mein Brot dafür hergegeben, daß meine Schwester einen sicheren Platz zum Arbeiten hat, wo sie sich nicht verausgaben muß, und du bringst sie durch deine Vergeßlichkeit beinahe um.« Ich bemühe mich, leiser zu sprechen. »Das ist ernst hier, Erna. Es ist nicht, wie zur Schule oder nach Krynica gehen. Wir können umkommen!« Ich zeige auf die Wachtürme und flüstere mit rauher Stimme: »Schau da hinauf! Wenn sie es sagen, sind wir tot. Man bekommt keine zweite Chance. Du mußt deinen Kopf gebrauchen.«

»Es tut mir leid. Es tut mir so leid. Ich war so voller Angst und vergaß, daß ich es dabeihatte. Es war dumm, es war ganz dumm von mir. Wird Danka mir verzeihen können?« Sie holt das Kopftuch aus der Tasche und gibt es mir.

Ich gebe es ihr zurück. »Morgen ist sie mit dir im Nähraum. Du sorgst dafür – kapiert?«

»Ja, Rena. Ich versprech's dir. Ich werde denselben Fehler nicht noch einmal machen.«

»Damit ist dir dann auch vergeben, Erna. Denk dran, Fehler haben hier fatale Folgen.«

Am nächsten Tag kommt Danka in den Nähraum. Jetzt marschiere ich mit Emma allein hinaus. Ich vermisse meine Schwester ganz entsetzlich, aber als ich am Abend auf den Anwesenheitsappell warte, entspanne ich mich ein wenig, weil ich weiß, daß sie nicht geschlagen worden ist. Sie ist nicht tot. Doch das mit der Nähgruppe funktioniert nicht lange; da die Arbeit leichter ist, fangen im Lager alle an, sich weiße Kopftücher zu besorgen und in die Gruppe zu mogeln. Wir werden ihnen zu gewitzt. Deshalb reduzieren sie die Gruppe auf die Arbeiterinnen, die sie brauchen, und Danka ist eine der ersten, die gehen muß. Diesmal passe ich jedoch genau auf, nehme ihre Hand und hole sie in Emmas Gruppe. Ich lasse sie nicht noch einmal für einen Arbeitstag im Freien aus den Augen; das würden meine Nerven nicht mitmachen.

Erna lernt schnell und schafft es, Fela und sich selbst in die Kanada-Gruppe zu bringen. »Das ist eine gute Arbeit, Rena«, erzählt sie mir eines Abends. »Es ist ganz leicht. Wir müssen nur Kleider zusammenlegen, und wenn die SS nicht hersieht, können wir die Taschen untersuchen, und finden jede Menge zu essen darin. Heute haben wir den ganzen Tag gegessen. Kekse und Orangen – ich habe sogar ein Stück Schokolade gefunden! Das beste daran ist, daß es überdacht ist.«

»Da gibt es ein Dach?« Schokolade übersteigt meine Vorstellungsgabe, aber mit einem Dach kann ich etwas anfangen.

Endlich eine Gruppe, die uns vor den Elementen schützt. Es ist unsere einzige Überlebensmöglichkeit, das weiß ich; die Arbeit im Freien ist hart, und neben der SS ist das Wetter unser ärgster Feind, und der Winter naht.

»Ich habe für dich und Danka zwei rote Kopftücher organisiert.« Erna sieht sich um, ehe sie meine Hand in ihre nimmt. »Morgen marschiert ihr mit uns mit. Nur fünfundzwanzig werden mitgenommen, kommt also rechtzeitig.«

Ich drücke dankbar ihre Hand und nehme die Kopftücher flink in einem unbeobachteten Moment entgegen. Ich weiß, daß sie mir meine Gefälligkeit danken will und sie sich noch immer schuldig fühlt, weil Danka geschlagen wurde. Ein wenig erleichtert gehe ich in unseren Block. Morgen werden wir drinnen arbeiten.

Vier Uhr morgens.

»Raus! Raus!«

Wir marschieren hinaus nach Kanada. Hier liegen bergeweise Kleider; seit der Zeit in Onkel Jakobs Kleidergeschäft habe ich nie mehr so viele Kleidungsstücke gesehen. In der Mitte des Raums steht ein langer Tisch, auf dem wir die Kleider zusammenlegen, aufeinanderlegen und mit Stricken zusammenbinden.

»Wohin werden denn diese Kleider geschickt?« flüstere ich Erna zu.

»Nach Deutschland«, antwortet sie.

»Was tust du da?« poltert ein SS-Mann.

»Nichts«, wimmert ein Mädchen am anderen Tischende.

Er reißt seine Peitsche hoch und läßt sie klatschend auf ihre Hände sausen.

»Du hast gegessen! Ihr seid zum Arbeiten hier, nicht, um eure dreckigen Gesichter zu stopfen!«

Er schlägt sie wieder und wieder. Ein Mädchen neben mir nimmt sich verstohlen etwas zu essen, als er abgelenkt ist.

Danka faltet vor ihr die Kleidungsstücke und starrt ins Leere. Sie ist weit weg.

Ich falte einen Persianermantel. Als ich den seidenweichen Pelz berühre, erinnere ich mich liebevoll an das letzte Mal, als ich einen Persianerpelz angefaßt habe. Schani hatte mir versprochen, daß ich eines Tages auch so einen schönen Mantel wie meine Tante bekommen sollte. Ich falte die Ärmel nach hinten und denke daran, wie schön Tante Regina in ihrem Pelzmantel ausgesehen hat. Ich lege ihn langsam zusammen und ziehe dabei die Schultern auseinander, damit es keine Falten gibt. Das Schneideretikett strahlt mich an, weißer Satin auf dem lockigen schwarzen Pelz. Die Worte *Jakob Schützer, Bardejov* springen mir entgegen.

»Nein, o nein«, keuche ich, ehe ich mich fassen kann.

»Was ist los, Rena?« Danka taucht gerade rechtzeitig aus ihrem Nebel auf, um zu sehen, daß ich Tante Reginas Mantel zusammenlege.

Wo bleibt da die Gerechtigkeit? Wo sind sie? Wo sind Cili und Gizzy? Wo ist Tante Regina? Wo ist Onkel Jakob? ... Ich halte es hier nicht mehr länger aus. Als ich auf der Suche nach einer Erleichterung für das Entsetzen in meinem Herzen nach draußen schaue, sehe ich einen SS-Mann auf einer Leiter stehen. Er öffnet eine Kanne, gießt etwas in ein Loch und duckt sich dann schnell, als wollte er vermeiden, einen üblen Geruch aus der Kanne einzuatmen.

»Was macht der Mann?« frage ich skeptisch.

»Er füllt das Gas ein«, zischt Erna. »Schau nicht hin.«

Ich kann es nicht glauben. Die Gerüchte über Gaskammern und Krematorien fallen mir wieder ein und stürzen mich in die Dunkelheit. Sie sind also wahr? Ich starre und starre auf den Beweis vor meinen Augen. Meine Tante und mein Onkel könnten gerade jetzt da drinnen sein. Ich kann es sehen, aber ich kann es nicht akzeptieren. Was bedeutet das? Daß auch meine Eltern jetzt da drin sein könnten und sterben?

Nein, sie sind sicher. Sie warten, daß ich nach Hause komme. Ich sehe, wie Mama mir zuwinkt. Die Babuschka ruht noch immer auf ihrer Schulter. Sie ist weit weg, aber ich weiß, daß sie auf uns wartet. *Ich komme, Mama. Geh nicht ohne mich. Ich habe Danka bei mir. Uns geht es gut.*

Heftig zwinkernd zwinge ich mich zurück in die Gegenwart. Als ich den Mantel meiner Tante zusammenbinde, wünsche ich mir, ich könnte meinen Kopf darin vergraben und schluchzen; ich kämpfe die aufsteigenden Tränen nieder. Die Kleiderberge starren mich an. Diese Mäntel und Kleider, Anzüge und Hüte hat man meinen Leuten weggenommen. Wo sind diese Menschen jetzt? Sind sie noch am Leben? Sind sie im Lager und tragen die gleiche Uniform wie ich? Sind sie tot oder sterben sie?

»Weißt du, worum wir beten müssen, Rena?« Ernas Stimme schneidet durch meine Gedanken.

»Worum denn?« Rauch steigt aus den Kaminen am Horizont.

»Nicht, daß wir da nicht reinkommen, sondern daß sie genug Gas haben, wenn wir da drinnen enden, damit wir sterben und nicht bei lebendigem Leib in den Ofen müssen.«

»O mein Gott, Erna, wir wollen hier nicht mehr arbeiten.« Ich stelle mir die Schreie der Mütter, Kinder und Großeltern vor, die zu nichts dahinschwinden, ein paar hundert Meter von dort entfernt, wo wir ihre Kleider zusammenlegen, damit man sie nach Deutschland schickt und Reichsdeutsche sie anziehen können. »Ich weiß nicht, wie du das aushältst«, sage ich zu meiner Freundin.

Wir kommen aus demselben Dorf. Wie kommt es, daß sie diese Barbarei spielend bewältigt, während ich mich abwenden und davonlaufen muß? Ich respektiere ihre Nervenstärke, aber ich bin nicht so stark wie Erna. Ich kann nicht die Kleider zusammenlegen, die der Frau meines Onkels gehörten, zusehen, wie das Gas in den Kamin strömt, ohne dabei innerlich wieder ein Stück zu sterben. Wenn meine Schwester und ich am Leben bleiben sollen, müssen wir einen anderen Weg suchen; diese Arbeit hier wird uns unsere Lebensgeister zerstören, wenn sie nicht vorher unseren Verstand zerstört.

Am nächsten Tag wartet Emma auf uns. Sie erwähnt mit keinem Wort, wo wir gestern geblieben sind. Wir stellen uns einfach an und nicken ihr zu. Sie stellt keine Fragen. Und wir tun so, als wäre nichts geschehen.

»Rena.« Erna deutet mit dem Kopf Richtung Latrine. Ich hebe leicht das Kinn an, um sie wissen zu lassen, daß ich sie dort treffen werde. Kurz darauf stehen wir zusammen neben den Brettern mit den Löchern darin, die als Toiletten gedacht sind. Sie zieht unter ihrer Jacke ein Geschenk heraus und schiebt es mir in die Hand.

»Das sollst du doch nicht, Erna.« Aber sie holt schon das nächste aus ihrer Tasche. In meinen Händen halte ich etwas, wovon ich seit Monaten träume – einen Büstenhalter. Ich ziehe ihn hastig an, ehe jemand aufmerksam wird, doch ich kann meine Seufzer nicht unterdrücken. An meinen armen Brustwarzen, verschorft und voller Blasen von der ständig kratzenden Wolle, spüre ich sofort Linderung.

»Hier, nimm das auch.« Erna händigt mir eine Unterhose aus. »Das ist noch nicht alles. Wir werden auch Schuhe für Danka und dich finden.«

Wie? möchte ich fragen, aber weil mir nichts Besseres einfällt, nicke ich einfach meinen Dank und flüstere: »Ich stehe in deiner Schuld.« Wir verlassen die Latrine getrennt.

Ich kann kaum fassen, wie dieser winzige Luxus sich auf mein Aussehen, meine Stimmung auswirkt. Eine schmerzhafte Stelle weniger zu haben, bedeutet, auch an weniger denken, sich um weniger sorgen zu müssen; mein Blickwinkel ist klarer, und ich bin aufmerksamer. Ich denke, dieser Büstenhalter hilft mir, meine Gesundheit zu bewahren.

Erna hat mit diesen Geschenken bezahlt, was sie Danka angetan hat, doch ich glaube, sie hätte uns das auch so gebracht, aus Freundschaft.

Schuhe zu bekommen ist viel schwieriger. Aber Erna findet einen Weg, und in jedem Schuh steckt eine Socke, damit wir keine Blasen bekommen und unsere Zehen gewärmt werden. Fast acht Monate lang haben wir barfuß in Sandalen gearbeitet, und jetzt haben wir vermutlich November. Diese Schuhe verändern die ganze Welt. Sie bedecken unser Füße vollkommen, schützen sie vor den Elementen und den Ratten; sie verleihen uns Halt, wärmen unsere Zehen und fallen uns im Morast nicht von den Füßen. Der einzige Nachteil ist, daß sie sehr langsam trocknen. Wir können den Kanonenofen benützen, aber dann müßten wir sie die ganze Nacht über bewachen, bis sie völlig trocken sind. Nach einer kurzen Zeit am Feuer ziehen wir sie wieder an und gehen zu Bett. Das Leder wird hart und steif, aber das ist ein geringer Preis, wenn wir dafür unsere Zehen behalten. Keiner, der jetzt noch Sandalen trägt, wird diesen Winter überleben. Außer zum Trocknen ziehen wir die Schuhe nie aus; würden wir sie nur eine Sekunde unbeaufsichtigt lassen, hieße das Barfußgehen. Schuhe sind eine kostbare Ware. Danka und ich haben Glück, daß wir so liebe Freundinnen wie Erna und Fela haben, die uns die Schuhe gebracht haben, ohne dafür auch nur um ein Stück Brot zu bitten.

Dankas Depression bereitet mir Sorge. Es scheint ihr gleichgültig zu sein, ob sie ihre eigene Tasse Suppe bekommt. Da ist noch etwas anderes als die Angst vor den Kapos, die die Suppe verteilen. Sie wirkt so niedergedrückt als gäbe sie jede Hoffnung auf ein Überleben auf, und diese Niedergeschlagenheit nagt ihr an der Seele. Sie ist abwesend; ihre Augen haben fast den ganzen Tag über diesen glasigen Blick. Ich glaube nicht, daß sie allzu weit weg ist, aber ich weiß, daß ich etwas tun muß, ehe sie sich meinen Zugriff ganz entzieht. Meine Überlegungen, was ich gegen die mangelnde Zuversicht meiner

Schwester unternehmen kann, führen mich letztendlich zu dem Entschluß, daß es keinen anderen Weg gibt, als sie direkt anzusprechen.

Es ist schon spät. Alle anderen im Block schlafen unruhig.

»Danka«, flüstere ich ins Dunkel, »schläfst du schon?«

»Nein.«

»Was beschäftigt dich denn? Etwas stimmt nicht, das weiß ich. Warum bist du so traurig?«

»Ich weiß es nicht.«

»Bitte sprich mit mir. Wie soll ich dir helfen, wenn ich gar nicht weiß, was sich in deinem Kopf abspielt? Ich habe das Gefühl, du schreckst vor mir zurück. Du muß mir sagen, was dir fehlt.«

»Was soll das alles?«

»Meinst du Auschwitz-Birkenau?« Ich bin verblüfft.

»Alles.« Sie macht eine Pause. »Was ist, wenn eine Selektion stattfindet, und ich zum Sterben bestimmt werde.«

»Warum sagst du so etwas?«

»Du siehst besser aus als ich. Du verlierst nicht so viel an Gewicht und du bist immer noch kräftig. Was ist, wenn ich es nicht mehr schaffe?« Langsam dämmert es mir.

»Erinnerst du dich noch an die zwei Schwestern?« Ich nehme ihre Hand. »Und wie die eine gebettelt hat, mit der anderen gehen zu dürfen?« Sie nickt in der Dunkelheit. »Das werde ich auch tun, wenn es soweit ist.«

»Doch sie erlauben das nicht immer. Das war die erste Selektion. Sie waren nachsichtig. Wenn jetzt jemand bittet, mit der Mama oder Schwester oder Tochter mitgehen zu dürfen, lachen sie und stoßen sie weg.«

»Ich werde tun, was nötig ist, und wenn ich die SS schlagen muß.«

»Dann werden sie dich auf der Stelle töten – das ist nicht gut.«

Da lauert noch etwas anderes hinter ihren Augen. Es ist

nicht das Sterben allein, vor dem sie Angst hat, doch ich bin mir nicht sicher, von welcher Furcht sie besessen ist. »Wovor hast du denn wirklich Angst?«

»Auf den Lastwagen geworfen zu werden«, gesteht sie. »Sie behandeln uns wie verdorbenes Fleisch ... Ich möchte nicht einfach weggeworfen und auf Pritschenwagen abtransportiert werden ... Ich muß immer an das denken, was Erna gesagt hat. Vielleicht gibt es nicht genug Gas, und ich muß lebendig ins Krematorium ... Was ist, wenn sie Gas sparen wollen?«

Diese Frage kann ich ihr nicht beantworten. Ich kann ihr keine Versprechungen oder Versicherungen geben, daß genug Gas vorhanden sein wird, uns zu töten, wenn wir den letztendlichen Bestimmungsort aller Gefangenen von Auschwitz-Birkenau erreichen. Ich kann es ihr nicht versprechen, weil ich meine Schwester nicht belügen kann, aber eins kann ich versprechen.

Alle um uns herum schlafen, doch da ohnehin ein ständiges Gemurmel ist, achtet keiner auf uns – es ist ganz normal, Stimmen und Schreie in der Nacht zu hören.

»Setz dich auf, Danka. Komm schon, setz dich.« Ich strecke ihr meine Hand entgegen. »Du siehst meine Hand hier.« Ich lege ihre Hand in meine und sehe ihr in die Augen. »Unsere Eltern stehen hier vor uns, und meine Hand ist das Heilige Buch, und auf diesem Buch und vor unseren Eltern schwöre ich dir: Von heute an werde ich dir folgen, wenn du selektiert wirst, egal wie. Ich schwöre, daß du nicht allein auf die Lastwagen steigen wirst.«

Es ist pechschwarz in den Blocks, aber ich kann fast sehen, wie Licht in die Augen meiner Schwester zurückkehrt, als ich ihr dieses Versprechen gebe. Erschöpft lasse ich ihre Hand los, und wir fallen zurück auf das kalte Holz und ziehen unsere Decke eng an unsere Körper. Der Schlaf kommt schnell und trägt uns in ein Land, das keine Schatten kennt.

Beim Mittagessen am nächsten Tag stellt Danka sich an und

nimmt nach vielen Monaten ihre erste ganze Portion Suppe entgegen.

Ich zittere unter der dünnen Decke, die uns schützen soll. Irgend etwas Eisiges berührt meinen Körper. Schaudernd versuche ich, in den tröstenden Schlaf zurückzufinden. Ich hasse die Ratten, die zwischen unseren Körpern umherwandern und alles annagen, was sich nicht wehrt. Ich zucke mit meinen Füßen; das ist eine automatische Reaktion auf das Gesindel, das nachts über unsere Füße klettert. Wieder spüre ich den Druck und presse mich dagegen. Im Kampf, ein paar Augenblicke des Vergessens herauszuschlagen, beiße ich die Zähne zusammen. Das Eis brandmarkt mich. Unwillkürlich strecke ich meine Hand aus, um das Gewicht wegzuschieben, das auf mir liegt, doch ich schaudere zurück, als ich merke, daß ich menschliche Haut berühre. Der Körper ist hart, ohne jede Wärme, ohne jedes Leben.

Die Raumältesten beginnen mit dem Morgenritual, schlagen mit ihren Stöcken an die Regale, schreien jeden an und schlagen jeden, den sie erwischen.

»Geht nach draußen und holt euch euren Tee.« Ich schiebe Danka zur Tür. »Heute werde ich die Decke zusammenlegen.«

»Warum?« fragt sie unschuldig.

»Geh nur, Danka. Laß mich das machen. Wir sollten uns beim Bettenmachen abwechseln. Heute bin ich dran. Geh schon, ich komme dann nach.« Ich warte, bis sie draußen ist.

»Kann jemand mir helfen, diese Leiche hinauszutragen?« Keiner will mir zur Hand gehen. Ich kann ihre Furcht verstehen, aber ich will keine Schläge bekommen, weil ich die Leiche nicht weggebracht habe. Ich klopfe auf eine knochige Schulter neben mir und frage: »Kann du sie bitte an den Füßen anpacken?« Sie nickt zögernd und hilft mir dann, die Leiche vom Brett herunterzuheben. »Ich werde an der Tür Halt machen, ich möchte nicht, daß meine Schwester das sieht.«

Danka steht mit dem Rücken zu mir, so tragen wir die Leiche hinaus und legen sie ans Ende der Reihen für den Anwesenheitsappell, wo man sie wie auch uns zählen wird. Mir verlangt danach, meine Hände zu waschen, aber dafür ist jetzt keine Zeit; ich muß mir meinen Tee holen und mich neben Danka einreihen, bevor der Appell anfängt. Ich wische meine Hände mehrmals an der Hose ab, versuche das Gefühl kalten Fleisches aus der Erinnerung meines Körpers zu kratzen. Wir arbeiten den ganzen Tag, und immer wieder scheuere ich meine Hände mit Schmutz und wische sie dann an meiner Wollhose ab, um die Aura des Todes, die ihnen immer noch anhaftet, loszuwerden. Die Nachmittagssuppe wärmt die Hände nicht; weder der warme Becher noch mein heißer Atem vermag die Morgenkälte aufzutauen. Ich reibe die Hände, bis sie schmerzen und werde doch die Obsession in meinem Kopf nicht los. Ich zögere, das Abendbrot entgegenzunehmen, ehe ich meine Hände gewaschen habe, aber ich bin zu hungrig, um die Nahrung auszuschlagen. An der Latrine finde ich schließlich eine Gelegenheit, mir Hände und Gesicht zu waschen, doch es gibt nicht genug Wasser auf der Welt, ihren starren Körper aus meinem Gedächtnis zu waschen. Wie sehr sehne ich mich nach einem heißen Bad, wie sehr wünsche ich mir eine Tasse Kakao, um die frostigen Ängste hinunterzuspülen, die meinen Verstand auffressen.

»Du solltest immer außen schlafen, gleich an der Trennwand«, sage ich zu Danka, als wir auf unseren Platz auf den Regalbetten kriechen. Ich möchte nicht, daß sie je mit dem Tod in Berührung kommt.

Verwundert über meine Anordnung blinzelt sie mich an. »Bist du in Ordnung?« erkundigt sie sich.

»Natürlich.« Ich ziehe die Decke hoch über ihre Schultern, kuschle mich so eng an meine Schwester wie es nur möglich ist und versuche das Mädchen, das bereits neben mir schläft, nicht zu berühren.

Hier kann man auf gar nichts zählen. Nicht einmal auf den Boden unter unseren Füßen ist Verlaß.

Danka hat die Krätze. Diese Krankheit hat viele erwischt, weil wir so eng aufeinanderleben, und es ist ziemlich gefährlich, wenn sie an sichtbaren Stellen des Körpers auftaucht. Glücklicherweise sind ihr Gesicht und ihre Hände verschont geblieben, und ihre Beine sind so schmutzverkrustet, daß keiner etwas unter dem Dreck wahrnimmt. Doch die SS kann im Nu befinden, daß wir des Lebens nicht mehr wert sind, und die Selektionen scheinen jetzt zu einer regelmäßigen Einrichtung geworden zu sein. Ich versuche mich an ein Heilmittel zu erinnern und erlaube der Vergangenheit gerade soviel Gegenwart, daß Danka geholfen wird. Ich erinnere mich.

Wir hatten in der Schule die Krätze bekommen und waren mit den Kindern heimgeschickt worden, die auch daran erkrankt waren.

»Rena! Danka! Kommt in die Küche und laßt eure armen Körper mit Schwefel abreiben.« Mama machte die Ofentür auf und rieb uns die Lösung in die Haut ein. »So ist's gut. Jetzt werde ich euch einwickeln und dann lasse ich euch heute neben dem Ofen schlafen, damit die Lösung in die Wunden eindringt und sie zum Verschwinden bringt.« Wir trugen unsere einteiligen Schlafanzüge, die, die hinten eine Falltüre haben. Dann wickelte Mama uns in alte Decken und schob die Ofenbank nach vorne. Somit hatten wir einen schmalen Schlafplatz. Sie schüttelte unsere Daunenkissen auf, deckte uns zu, umarmte uns und gab uns den Gutenachtkuß. »Schlaft süß.« Am nächsten Morgen machte sie Wasser heiß, goß es in den großen Waschzuber und schrubbte uns dann fest mit Schwefelseife ab.

»Du behandelst uns ja wie Wäsche, Mama«, kicherten wir. »Das mache ich, weil ich keinen Flecken mehr an euch sehen möchte!« Sie schmiegte sich an uns, wickelte unsere kleinen

Körper in Handtücher und rieb uns trocken. »Jetzt seht ihr wieder wie zwei gesunde junge Damen aus!« Sie wickelte uns aus und enthüllte unsere weiche Haut, so zart wie die eines Neugeborenen. »Es piekst noch«, beklagte Danka sich und klammerte sich an Mamas Beine. »Das vergeht schon. Ich werde euch noch einmal waschen, und dann könnt ihr wieder in die Schule gehen.«

Ich halte der Blockältesten mein Brot hin. »Ich brauche Schwefel.«

»Für was?«

»Krätze.«

»Mh, die solltest du schnell loswerden.« Sie verschwindet in ihrem Zimmer. Sie läßt sich Zeit. Wie immer muß ich warten, bis sie sich bequemt herauszukommen, und ich kauere mich dösend an die Mauer. Überraschenderweise dauert es diesmal keine Ewigkeit, bis sie mit der Lotion zurückkommt.

»Hier. Du weißt, wie man sie anwendet?«

»Ja.« Ich nehme die Flüssigkeit. »Danke schön.«

Wir stehen neben dem Kanonenofen mitten im Raum. »Erinnerst du dich noch, wie Mama uns in warme Tücher wickelte und uns neben dem Ofen schlafen ließ, als wir noch klein waren?« frage ich sie und reibe ihr den Schwefel in die Haut.

»Ja, damals hatten wir auch Krätze«, sagt sie ruhig.

Unsere Mägen knurren, als wir uns Dankas Brotration teilen und uns dabei leise unterhalten, oder auch schweigen. Ich bleibe bei ihr, weil ich weiß, daß sie zu früh vom Feuer weggehen wird, wenn sie müde ist, und ich möchte sichergehen, daß die Hitze die Schwefellösung in ihre Haut eindringen läßt. Ich komme mir vor wie Mama, als ich meine Schwester bemuttere, nur daß es diesmal keine Decken gibt, in die ich sie wickeln kann, und keine Flanellschlafanzüge. Der Schwefel riecht streng, aber bei den Körpergerüchen, mit denen wir ständig leben, fällt es gar nicht so auf. Ich meine, daß es besser für sie ist, wenn sie den Balsam den ganzen Tag über dranbehält, ehe wir ihn abwaschen.

»Wie werden wir das abwaschen?« will Danka wissen.

»Ich werde unsere Becher nehmen müssen, um dich abzuspülen, Danka.«

»Ich werde aus meinem nicht mehr essen können, wenn du das tust.« Schon bei dem Gedanken, packt sie das Entsetzen.

Warum nicht? möchte ich sie fragen. Was ist daran so schlimm? Aber ich halte den Mund. Ich möchte nicht riskieren, daß sie sich wieder weigert, zu essen. »Wir werden meinen Becher nehmen«, schlage ich vor. »Und ich werde deinen bis zum Sonntag mitbenutzen, bis ich meinen ordentlich auswaschen kann.«

»Das ist gut.« Am nächsten Abend hole ich etwas Wasser und spüle meiner Schwester die Tinktur vom Körper.

»Sie ist weg, Danka.«

»Wirklich?« Sie mustert ihre Haut und ist erleichtert. Mamas Engelsgesicht schwebt am Rande meines Blickfelds; ich bin dankbar, daß die Wunden sich nicht entzündet haben.

Vier Uhr morgens.

»Raus! Raus!«

Wir kriechen von den Planken herunter. Unsere Schuhe haben wir bereits an, denn wir ziehen sie nie aus. Wir stellen uns in ordentlichen Fünferreihen an und schlürfen unseren pißwarmen Tee. Eine frische Schneeschicht liegt schimmernd auf dem Gelände und vermittelt die Illusion, daß alles sauber ist. Doch diese Fantasie wird nicht lange vorhalten. Sobald die SS mit dem Zählen anfängt und wir die Reihen verlassen, um uns bei unseren Arbeitseinheiten anzustellen, wird der Boden wieder zu dem gefrorenen grau-braunen Matsch werden, den wir gewohnt sind. Unter den Stiefeln der SS bricht das Eis ein, als sie unsere Reihen abmarschieren und zählen, zählen, zählen. Vorurteilsfrei vermengt sich unser Atem mit dem ihren in der Luft;

die letzten paar Schneeflocken, die aus den Wolken herabfallen, legen sich ohne Unterschied auf unsere Augenlider. Ich stampfe mit den Füßen, um meine noch schlafenden Zehen zu wecken und zu verhindern, daß sie beim Stehen und Warten einfrieren. In den zwei Stunden des Anwesenheitsappells hat der Himmel sich nicht verändert, Wintertage sind so kurz, daß wir im Dunkeln losmarschieren und heimkehren.

Als ich durch den Schnee trample, um mich zu Emma zu stellen, werfe ich einen Blick über das Meer von Mädchen, die sich ihren Arbeitseinheiten anschließen, und erkenne darunter meine Cousine Gizzy. Auch sie sieht mich an. Wir winken einander zu, aber keine lächelt.

»Gizzy ist hier«, flüstere ich Danka zu. »Ich werde sie heute abend nach der Arbeit suchen.« Danka nickt schweigend. Zum Sprechen ist es zu kalt.

Gizzys Block zu finden, ist nicht schwer. Als ich mit meinem Brot in der Hand ankomme, liegt sie schon und schläft fast. Ihr Atem geht keuchend und schwach. Sie ist krank. Ich grabe die Reste meiner Fingernägel in die Handflächen, weil ich erst Mut finden muß, weiterzumachen.

»Gizzy? Ich bin's, Rena ... deine Cousine.« In ihren Augen flackert ein Erkennen.

»Rena?«

»Wie geht es dir?«

»Nicht so gut.«

»Wie lange bist du schon hier? Wo ist Cili?«

»Wir hatten uns versteckt. Sie konnte fliehen ... mich haben sie gekriegt ...« Sie zieht die Decke hoch über ihre Schultern. »Es ist so kalt.« Ich kann ihr keine Antwort geben. Ihre Füße ragen unter der Decke wie zwei riesige blaue Ballons hervor. Dem Fleisch entsteigt ein Geruch. Ich versuche nicht einzuatmen. »Ich habe schlechte Nachrichten für dich, Rena ...« Sie scheint ihre Beine gar nicht wahrzunehmen.

»Welche?«

»Schani ist tot.« Sie stockt. »Es tut mir leid, daß ich die Überbringerin einer so traurigen Nachricht bin, aber ich dachte, du solltest es wissen. Er sprang auf dem Weg hierher aus dem Zugwaggon, und sie haben ihn erschossen.«

Es ist, als fiele ich in ein tiefes Loch. Was für eine Verschwendung von Menschenleben. Schani Gottlobb, was für ein reizender Mann. Mein Verlobter. Gizzy hat mich ihm auf einer der zionistischen Tanzveranstaltungen vorgestellt. Es ist so lange her.

Sie nimmt meine Hand in die ihre. Ihr Trost tut mir wohl, aber ich bringe es nicht über mich, ihr von ihren Eltern zu erzählen. Schwer vor Müdigkeit fallen ihre Augen zu, und mein Blick fällt noch einmal auf ihre brandigen Beine.

»Du brauchst Medizin«, sage ich ihr. »Ich habe dir etwas von meinem Brot mitgebracht. Hier, teil es mit mir.« Ich teile mein Stück und gebe es ihr. »Möchtest du, daß ich dir etwas Wasser hole?« Sie schüttelt den Kopf. »Es wird alles gut werden, Gizzy, du wirst schon sehen. Ich werde dir etwas für deine Knöchel besorgen und wir bekommen ein paar Schuhe für dich, damit die Schnitte an deinen Füßen sich nicht infizieren und du nicht so frierst ... Wir sollten eine Arbeit für dich finden, die drinnen ist.« Tröstend streiche ich ihr über die Hand. »Ich muß zurück. Es wird spät. Ich sehe dich morgen nach dem Anwesenheitsappell.«

»Hab Dank für das Brot, Rena. Grüß Danka von mir.«

»Morgen geht es dir schon besser«, sage ich ihr, ehe ich hinaus in die Winternacht trete. Meine Augen brennen in dem grausamen Wind und werden naß. Ungebeten strömen mir die Tränen über die Wangen. Ich unterdrücke sie nicht. Ich weiß nicht, wie lange es her ist, seit ich geweint habe, und ich bin mir nicht einmal sicher, daß man das Weinen nennen kann. Es ist lautlos; meine Augen sind wie Ströme, und ich kann den Fluß nicht eindämmen.

163

Es gibt so vieles zu betrauern, daß ich gar nicht weiß, worüber ich weine. Auf dem Weg zurück zum Block weine ich über Schanis Tod. Ich weine, weil es keine Hochzeit mehr geben wird, und mir fällt wieder ein, daß ich daran noch geglaubt habe, als ich anfangs hierherkam. Ich weine um mich und meine Schwestern. Ich weine um Gizzy und Tante Regina und Onkel Jakob. Ich weine, weil es dunkel ist und keiner mich sehen kann. Ich weine, weil es keinen Grund gibt, es nicht zu tun.

Vier Uhr morgens.

»Raus! Raus!«

Mein Gesicht ist rauh von den Tränen, die ich gestern abend heimlich vergossen habe. Ich wünschte, ich hätte eine Creme, um meine Wangen zu glätten und vor der Witterung zu schützen. Danka und ich trinken unseren Tee und stellen uns in die Reihen, die schon zum Appell antreten. In der Nacht ist es kälter geworden, und die Wolken, die den Himmel bedeckt und die schneeige Wärme gespeichert hatten, sind verschwunden. Über unseren Köpfen glitzern die Sterne wie helle Eiszapfen, die gleichgültig vom Himmel hängen. Ich stampfe mit den Füßen. Die SS marschiert unsere ordentlichen Reihen auf und ab, zählt, schlägt, zählt. Die Stunden schleppen sich dahin. Der Himmel verändert sich nicht. Ich lasse meinen Blick über die Reihen schweifen, weil ich hoffe, Gizzy zu entdecken, aber die Chance, ihr Gesicht unter so vielen zu finden, ist gering. Der Appell ist beendet.

»Ich werde Gizzy suchen und in Emmas Gruppe holen«, flüstere ich Danka zu und mache dann rasch kehrt, um meine Suche aufzunehmen. Doch ich kann sie nirgends sehen. Ich gehe den gestrigen Weg zurück zu ihrem Block und finde sie draußen gegen die Wand gelehnt. Dorthin bringen sie die Menschen, die am Sterben sind, so kann man sie aus dem Lager entfernen.

»Gizzy. Ich bin's, Rena.« Ich lasse mich in den Schnee fallen und ziehe sie in meine Arme, versuche die Kälte fernzuhalten. Ihr Atem tönt wie Kastagnetten. Ich drücke sie leicht; versuche sie zu wärmen, versuche sie vor dem Wind zu schützen. »Komm schon, Gizzy, mach weiter ... Kämpf dagegen an.« Indem ich ihren schlaffen Körper hin und her wiege als wäre sie ein Neugeborenes, sage ich ihr immer und immer wieder: »Du mußt leben. Du mußt leben ...« Ihre Knochen graben sich in meine. »Du wirst sehen, Gizzy, alles wird gut werden.«

Es rasselt noch einmal in ihrer Brust. Ein letztes Keuchen. Sie atmet nicht mehr.

Ich kann nicht von ihrem Körper ablassen. Als stürzte ich mich auf die Klagemauer in Jerusalem, wiege ich sie und weine. Mein Herz schreit.

Meine innere Uhr warnt mich, daß es Zeit ist, arbeiten zu gehen.

Ich bette Gizzys kalten Leib sanft auf den Boden, drücke einen Kuß auf meine Hand und lege sie auf die Braue meiner Cousine. »Leb wohl«, flüstere ich, ehe ich zurück durch den Schnee stolpere. Die Tränen, die mir an den Wangen kleben, frieren sofort fest; sie sind bitter, schmecken wie der Tag, an dem wir Mama und Papa zurückließen. Mama winkt am Horizont. Ich starre auf die Zäune, die Stacheldrähte, die Türme, aber Mama ist da und winkt mir von jenseits dieses Gefängnisses zu. »Hilf uns, Mama, bitte. Gizzy ist tot.« Der Wind nimmt mir meine Worte ab, überläßt sie der wachsenden Dunkelheit in meinem Herzen. Schmerz und Licht. Doch der goldene Schein ihrer Laterne schaukelt über die Straßen und Hügel von Polen, und ich weiß, sie wartet darauf, daß wir heil zurückkommen.

Danka steht vor mir. Ihre Augen senken sich tief in meine Seele, werden erschüttert von deren schweigender Trauer. Sie weiß. Sie sagt nichts. Sie führt mich zu Emma. Ich kann nicht aufhören zu zittern, doch ihre Hand drückt die meine und gibt mir den Mut weiterzumachen.

»Marschiert los!« Wir trampeln durch den Schnee, hinaus durch die Tore der Hölle, hinaus zur Arbeit.

Es ist Sonntag, aber kein Ruhetag: wir werden rasiert. Wir ziehen uns aus. »Nehmt eure Nummern von euren Jacken, damit man sie an euren neuen Uniformen anbringen kann!« Diese Ankündigung ruft einige Aufregung hervor. Es sind nun fast neun Monate, seit wir diese Kleidungsstücke tragen, und noch länger, seit sie gewaschen wurden. Gern entledigen wir uns des Gestanks und des Kratzens unserer wollenen Jacken und Hosen, die Unterwäsche verstecken wir für später. Wir werden rasiert und wegen der Läuse desinfiziert. Nackt und frierend stehen wir in dem Bottich mit der grünen Flüssigkeit.

Noch vor Nässe triefend warten wir in der Schlange auf blau-grau gestreifte Kleider. Wir ziehen diese rauhen, unbequemen Uniformen über unseren Kopf. Sie sind scheußlich, billig gearbeitet und steif wie Pappe. Sie haben keine Taschen. Wie können wir die harte Arbeit in Kleidern machen? Doch ich vergesse – es kümmert sie nicht.

Danka und ich sind glücklich, weil wir die Unterwäsche haben, die Erna uns besorgt hat. Zu diesen Kleidern gibt es keine Trikothosen oder Strümpfe, und so fegt der Wind unsere Beine hoch und beißt wie Eis-Dämonen an unseren Schenkeln. Das Sackleinen scheuert auf neue und grausame Weise an unserer Haut. Wie soll uns in diesen Kleidern warm bleiben?

Wir haben uns zum Appell aufgestellt und warten, daß wir gezählt werden. Sie wandern die Reihen auf und ab, zählend, schlagend, schreiend. Danka tritt von einem Fuß auf den anderen, und ich werfe ihr einen raschen Blick zu. Ihr geht es gut, sie hat nur Schmerzen und Hunger wie ich. Meine Finger strecken sich nach ihrer Hand aus, um sie zu beruhigen. Ihre Finger berühren meine. Das ist unser Melderitual. Wenn es möglich ist, schicken wir einander jeden Morgen diese stille Botschaft – ich bin in Ordnung.

Heute stehen wir in der vordersten Reihe. Das ist unüblich; normalerweise versuchen wir uns hinten oder in der Mitte einzureihen, versteckt und anonym. Es fällt schwerer, Beobachtungen anzustellen, und wir sind kaum vorbereitet, wenn wir als erste dem ausgesetzt sind, was auch immer sie vorhaben mögen.

In der Ferne sehe ich eine Kolonne auf uns zukommen. Noch nie zuvor habe ich jemand auf dieser Straße kommen sehen. Mein Geist ist aufgewühlt, als ich überlege, wer heute in der Hölle Einzug hält. Ihre Füße versuchen zu marschieren, aber es ist keine Glanzleistung. Ein Raunen geht durch unsere Reihen: »Sie haben ein jüdisches Waisenhaus geleert.«[8]

Die SS hat ihre Gewehre geschultert. »Marsch!« Ihre Befehle peitschen durch die trockene Morgenluft. Mir bleibt das Herz stehen. Meine Augen konzentrieren sich auf die Kolonne. Hunderte von winzigen Kinderfüßen marschieren hintereinander an mir, meiner Schwester und allen Frauen im Lager vorbei. Manche vergraben ihre kleinen Gesichter in ihren Spielsachen, drohen an der Füllung dieser leblosen Trostspender zu ersticken. Die jüngeren halten sich an den Händen der älteren Kinder fest. Ihre Augen starren uns groß wie Untertassen, verloren wie Lämmer an. Tief drinnen in unserer Reihe ist ein tränenvoller Seufzer zu hören. Ist es eine Mutter, die an ihr eigenes liebes Kind erinnert wird?

Mit ihren Unschuldsgesichtern schauen sie verwundert auf die Zäune, die Gebäude, die Erwachsenen. Halten sie uns für Verrückte, wie ich das getan hatte, als ich anfangs hierherkam? Wundern sie sich, warum so viele Erwachsenen, die alle wie ihre Mamas und Papas aussehen, nichts tun, um sie zu beschützen? Haben sie Angst?

[8] »30. Januar [1943] ... 518 Kinder werden in den Gaskammern umgebracht. ... [Am] 31. Januar ... werden 457 Kinder in den Gaskammern umgebracht« (Czech, 319). Die Kinder, die Rena gesehen hat, mögen zu einem dieser Transporte gehört haben, wir wissen es aber nicht mit Gewißheit.

Mir bleibt der Mund offen. Ich ertrage es nicht, dies mitanzusehen. Ich kann mich nicht abwenden. Das kann doch nicht ihr Ernst sein? Warum sollte irgendwer kleine Kinder töten wollen? Wie lange wird es dauern, bis sie ersticken? Werden sie vor Angst schreien, ohne daß einer sie tröstet?

Die SS führt sie zu den Gaskammern. Puppen und Plüschtiere fest an sich gedrückt, schlurfen sie in Fünferreihen vorbei, bewacht von SS-Männern mit ihren Hunden und Gewehren. Was denken sie denn, daß diese Kinder tun werden – fliehen? Revoltieren? Doch es ist eine Bestimmung, daß der Weg zur Gaskammer jedesmal von SS-Männern bewacht wird, die alle fünf Reihen auf jeder Seite der Kolonne Posten beziehen, und Bestimmungen werden eingehalten. Sie wollen keinen dabei haben; sie wollen nicht, daß die Wahrheit bekannt wird. Wir kennen die Wahrheit. Es hat lange gedauert, bis sie vorgedrungen ist, aber es gibt keinen Irrtum mehr – Beweis sind die rauchgeschwängerte Luft und das leere Gelände nach einer Selektion. Doch sie wollen nicht, daß ihr Vorhaben gestört wird. Die Deutschen haben ein Sprichwort: »Befehl ist Befehl.« Sie kleben an ihren Bestimmungen.

Ich stehe da wie ein Geist. Ihre kleinen Engelsgesichter, die weißen Knöchel ihrer winzigen Hände verfolgen mich. Ich kämpfe gegen meine Tränen, meine Wut an. Mein Herz schreit: Aufhören! Hört mit dem Wahnsinn auf! Es sind kleine Kinder! Ich beiße die Zähne aufeinander und schließe die Augen.

Gott? Ich sage kaum mehr *Gott*, doch der Widerschein ihrer Gesichter in meinem Herzen läßt es mich noch ein letztes Mal versuchen und beten: Gott, der du bist mein Gott, und an den ich glaube. Strecke nur eins dieser Monster zu Boden. Zerschmettere nur einen dieser SS-Männer anstatt dieser Kinder, deiner Kinder. Tust Du das, Du dem ich gehorche und an den ich mit meinem ganzen Herzen glaube? Ich habe am Sabbat nie auch nur einen Pfennig in der Hand gehalten, und seit ich alt genug dazu war, habe ich an Jom Kippur immer gefastet. Laß nicht zu, daß dies geschieht. Gib uns ein Zeichen, daß du diese Kinder, die Kinder Israels, nicht verlassen hast. Um mein Leid geht es nicht. Die Zeit zählt nicht, die ich hier verbracht habe. Kümmere dich nicht um all das, was ich gehört habe über Leute, die man verbrannt und vergast hat, all das, was ich selbst gesehen habe und nicht glauben wollte, daß es wahr sein kann. Kümmere dich nicht um mich. Was aber ist mit diesen lieben Kindern? Ihretwegen zeig ihnen, daß du unser Gott bist, und töte nur einen dieser Nazis.

Meine Hände sind zorngeballte Fäuste, die ich an meine Schenkel presse. Ich drücke die Augen zusammen und halte die Vision eines Blitzes fest, der die Wachen in ihren korrekten und ordentlichen Reihen trifft. Kein einziger von uns Erwachsenen kann aufstehen, diese Kinder zu retten, nur göttliches Eingreifen kann jetzt dafür eintreten: Bitte, Gott ...

Sie verschwinden in der Ferne, nähern sich den Gaskammern. Mein Herz schreit, sie mögen anhalten. Jemand geht an mir vorbei, bleibt stehen. Ihre Füße knirschen auf der Schotterstraße als sie einen Schritt zurücktritt, um in unsere schmerzerfüllten Gesichter zu schauen. Ihr heißer Atem trifft auf meine Wange. Mißtrauisch öffnen sich meine Augen der kalten Grausamkeit des von Haß erfüllten Blicks. Ihre sauberen Stiefel, ihre glatte, glänzende Haut stehen vor uns in vollkommener arischer Überlegenheit. Sie hat unsere Qual gesehen; hat meine Gedanken gelesen.

In dem Augenblick, als ich ihre Stimme höre, weiß ich, daß Religion nie mehr sein wird wie zuvor. Ich werde noch beten, werde versuchen zu glauben und mich zu Gott zu bekennen, aber ich werde nie mehr so rein und ernst sein wie früher. Ihre Lippen schieben sich nach hinten zu einer Grimasse, die sicherlich ein Lächeln sein soll. Ihre Worte sind rauh und abgehackt wie Maschinengewehrschüsse; sie schießen uns nieder.

»Wo ist euer Gott jetzt?« Mir schwinden die Kräfte.

Es kommt keine Antwort.

Wir fühlen uns elend. Der Anwesenheitsappell nimmt kein Ende. Arbeiten wäre eine Erleichterung, alles, was unsere Gedanken von diesen Kindern ablenkt, doch hier gibt es keine Erholung. Rauch steigt aus den Kaminen. Der Gestank brennenden Fleisches, der Geruch kleiner Kinder, die verbrannt werden, läßt meine Nase erschaudern. Die Sonne verschwindet hinter einer Wolke aus Grau.

Wenn schon die Kinder nicht gerettet werden können, welchen Sinn hat es dann überhaupt noch, für etwas zu beten? Hasses Stimme quält meinen schwankenden Glauben, verfolgt mich mit jedem Atemzug.

»Wo ist euer Gott jetzt?«

Mein Geist schwindet ... Ich weiß es nicht.

»Was ist los mir dir, Rena?« Tagelang habe ich ins Leere gestarrt und mich dahingeschleppt, weil ich die mich verfolgenden Engelsgesichter nicht abzuschütteln vermochte.

»Hast du sie gesehen?« frage ich Erna.

»Wen?«

»Die Kinder« – mir versagt die Stimme – »Hunderte.« Wenn ich diesen großen Schmerz zulasse, kann ich nicht weiterleben, doch es ist eine frische Wunde, noch nicht verkrustet von der Fühllosigkeit, die ich mir angeeignet habe.

»Ich habe davon gehört.« Sie legt ihre Hand auf meine Schulter. »Fela und ich werden bald in eine andere Einheit kommen. Wir werden nicht mehr miteinander reden können.«

Ich nicke. Ich werde meine Freundin vermissen, aber ich möchte keine Arbeit in ihrer neuen Einheit haben. Sie spricht nicht darüber, und ich frage nicht, aber ich weiß, daß es keine Arbeit ist, die ich tun könnte.

»Wir werden dich vermissen.«

»Ihr müßt raus aus Birkenau oder wenigstens in ein Kommando, das drinnen arbeitet.«

»Werden wir.«

Sie geht. »Ich besuche dich, bevor wir gehen.« Ich versuche ein Lächeln. Sei tapfer – noch eine Überlebensregel.

Ein paar Tage später winkt Erna mir zu, sie an der Latrine zu treffen. »Ich habe was für dich.« Sie greift an ihren Saum.

»Erna, du mußt aufhören, dein Leben aufs Spiel zu setzen, indem du mir Sachen bringst.«

»Ja, aber wir ziehen morgen um, und dies hier werden die letzten Geschenke sein, die ich dir machen kann.« Sie nimmt meine Hand und gibt mir etwas Langes und Weiches und etwas sehr Kleines. »Ich weiß, wie sauber und ordentlich du bist.«

Rasch werfe ich einen Blick in meine Hand. Da liegen eine Nagelfeile und ein kleiner Silberelefant. »Sie sind wunderschön.« Ich bin überwältigt von ihrer Großzügigkeit. »Der Anhänger sah so aus, als gehörte er einem Kind, und ich habe dabei an dich gedacht«, flüstert sie. »Elefanten bringen Glück, heißt es. Ich möchte nicht, daß es an die Deutschen geht.«

»Dank' dir, Erna. Ich werde sie immer zu schätzen wissen.« Mir schießen die Tränen in die Augen, ehe ich sie unterdrücken kann. Wir umarmen uns flüchtig, aber wir sagen nicht auf Wiedersehen, das sagt man nicht in Auschwitz-Birkenau.

Ich verstaue die Schmuckstücke in meinem Kleidersaum, ehe ich mich von der Latrine entferne. Der Silberelefant ist eine Erinnerung an die Kinder, die ich auf ihrem Weg in den Tod beobachtet habe. Es ist das einzige, was von ihnen übrigblieb – ein winziger Grabstein in meiner Hand. Während der Selektionen lege ich ihn mir unter die Zunge, damit ich ihn auf den Boden spucken kann, wenn ich ins Gas muß oder zu Tode geprügelt werde. Ich habe geschworen, daß dieser kleine Kinderanhänger nie in Nazihände fallen soll, daß er überleben soll, selbst wenn ich es nicht tue.

Als wir am Sonntag auf der Pritsche sitzen, hole ich die Nagelfeile hervor. Sie ist aus Perlmutt, und unter einer Radierung steht *Budapest*. Ich verstecke sie in meiner Hand, halte die Feile zugedeckt, so daß es aussieht, als hielte ich meine Hände umklammert, und fange an, meine Nägel zu reinigen. Es ist ein erhebendes Gefühl, nach so langer Zeit im Schmutz wieder einmal saubere Nägel zu haben. Diese einfache Maniküre wird Teil meines allwöchentlichen Rituals. Mein dünner Lebensfaden wird länger: bleib bei Danka, sei unsichtbar, sei wachsam, sei fühllos, sei sauber.

Ich klettere von der Pritsche herunter und lasse eine noch schlafende Danka zurück, als ich auf die Latrine zusteuere. Meine Periode dauert nicht mehr so lange wie bisher, und der Blutfluß ist nicht mehr halb so schlimm als er in Auschwitz oder selbst noch vor ein paar Monaten war: dafür bin ich dankbar. Danka hat von Anfang an keine Periode mehr gehabt. Wie bei den meisten Mädchen und Frauen hier im Lager hat ihre gleich am Anfang aufgehört. Brüste und Zyklus verschwinden so schnell wie unsere Mitgefangenen. Es ist etwas im Tee; ich glaube, sie sagen Bromid dazu. Ich weiß nicht, warum das Bromid bei mir nicht wirkt, die Auszehrung tut es aber doch. Mit schwindendem Körpergewicht wird auch die Periode weniger.

Als ich das Tuch aus meinem Ärmel ziehe, das ebenfalls Erna für mich organisiert hat, danke ich ihr in meinem Herzen noch einmal und verlasse die Latrine mit einem halbwegs sauberen Tuch, da wo es hingehört.

Alle drei Wochen müssen wir uns auch am Sonntag, dem einzigen Tag, der ein wenig Ruhe bringt, aufstellen und zu einem anderen Teil von Auschwitz-Birkenau marschieren, um uns dort rasieren zu lassen.

»Ausziehen! Schnell! Schnell!« Die SS schreit uns an, als wären wir taub. Die ausgezogenen Kleider legen wir auf einen

Haufen. Manchmal stehen wir stundenlang splitternackt da, der Witterung ausgesetzt oder im Luftzug. Unsere jüdischen Männer, Gefangene, die Befehlen gehorchten, warten auf uns mit der Schere in der Hand. Die Schlange zum Rasieren ist lang, aber ich denke, verglichen mit all dem anderen Grauen, ist das gar nicht so grauenhaft.

Das ist nicht das Schlimmste, was uns in Auschwitz-Birkenau widerfährt. Es ruft keine Alpträume hervor, aber es ist etwas Beständiges, wie alles, was die Deutschen tun. Alle drei Wochen, wie ein Uhrwerk.

Unsere eigenen Jungs, unsere eigenen Männer sind gezwungen, unsere Blöße zu sehen, gezwungen, unsere Köpfe, unsere Arme, unsere Beine, unsere Schamhaare zu rasieren. Manchmal sind sie Freunde, manchmal sind sie Verwandte; Mütter werden von ihren eigenen Söhnen rasiert, Schwestern und Brüder müssen diese Beschämung erleiden. Danka und ich haben Glück. Wir treffen niemanden, den wir kennen.

Warum können sie uns nicht gegenseitig rasieren lassen? Wir sind junge Frauen, Jungfrauen; es verstößt gegen unsere Religion, uns selbst vor unseren Ehemännern zu entblößen. Das ist nicht lebensbedrohlich, aber es ist erniedrigend. Noch eine Erniedrigung, die sie uns abverlangen.

Die deutschen Offiziere marschieren auf und ab und inspizieren uns, als wären wir interessante Exemplare ihrer Insektensammlung. Ein wunderschönes Mädchen wird unentwegt von ihnen angestarrt. Sie trägt ihr Kinn hoch, den Blick gesenkt. Obwohl sie kahl ist, sieht sie umwerfend aus. Wie wütend es machen muß, dazustehen und von diesen Mördern durch Blicke verunreinigt zu werden. Was gäbe ich nicht alles für warmes Wasser und eine Bürste, um mir die Augen der Nazis aus dem Fleisch zu waschen.

Wir schweigen in unserer Schande ...

Keiner unterhält sich, und geflüstert wird wenig. Die Scheren sind schwer wie die zur Schafschur und schneiden uns

173

ganz schnell in die Haut. Unsere Jungs, unsere Männer wollen uns nicht wehtun, versuchen, vorsichtig zu sein, aber sie müssen schnell schneiden, um unsere Augen und unsere Körper nicht sehen zu müssen, um nicht geschlagen zu werden, weil sie zu langsam, zu umsichtig, zu freundlich sind.

»Schnell! Schnell!« Blut tröpfelt über unsere Beine und Nacken, als die SS-Männer sie antreiben. Uns tut alles weh.

Es ist so entwürdigend. Ich ertrage es nicht. Ich werde zu einem Stück Fleisch und schaue durch den Mann, der mich rasiert, hindurch, starre auf das andere Ende des Raums. Ich stelle die Gefühle in mir ab, bis ich nichts mehr sehe und nichts mehr empfinde. Das tue ich ganz bewußt. Als ich fertig bin, höre ich nur noch den Befehl zum Weitergehen, und dann ist es nur das Fleisch, das sich bewegt. Ich bin weg.

Es ist der Körper, der seine Kleider findet und hemmungslos vor Kälte, Furcht und Wut zittert, den es schüttelt, wegen der ungeweinten Tränen der Scham. Der Körper ist es, der auf die Schwester wartet. Die Füße stehen in der Reihe und warten, bis man ihnen sagt, daß sie losmarschieren sollen. Die Hand nimmt ihre Hand, und gemeinsam kehren sie ins Frauenlager zurück. Der Körper betritt den Block. Der Arm nimmt das Brot von der Raumältesten entgegen. Der Mund öffnet und schließt sich beim Brotkauen – oder ist es Sägemehl? Alles schmeckt gleich. Ich weiß, daß ich irgendwann in den Körper zurückkehren werde, aber das braucht Zeit, und Zeit mißt sich an Tee, Suppe, Brot, Tee, Suppe, Brot. Wann immer es mir zuviel wird und es mich fast zerreißt, drehe ich meine Gefühle zu wie einen Hahn und überlasse dem Körper die Führung. Manchmal ist es mehr der Körper als der Geist, der überleben will. Das sind die Tage, an denen der Geist leer ist, und nur die Zeit weiß, ob er jemals wieder etwas empfinden, ins Leben zurückkehren wird.

Nein, Rasieren ist nicht das Schlimmste. Es ist nicht lebensbedrohlich. Aber es ist schlimm.

Es ist Sonntag. Ich durchstreife das Lager auf der Suche nach irgendwelchen Leckerbissen oder nützlichen Dingen am Boden.

»Rena!« jemand ruft mich. Als ich mich umblicke, sehe ich keinen und will schon weitergehen, weil ich denke, der Wind foppt mich.

»Rena.« Diesmal ist es ein rauhes Flüstern. Ich starre gebannt auf das Skelett, das sich mir durch die Gitterstäbe entgegenstreckt. Dunkel erinnere ich mich an das Gesicht und suche in meinem Gedächtnis nach dem Namen, der zu den gemeißelten Zügen vor mir paßt. Es ist Ernas und Felas ältere Schwester.

»Pepka? Bist du's?« Ich bemühe mich, mir mein Entsetzen nicht anmerken zu lassen. »Was tust du in Block Fünfundzwanzig?« Mich schaudert. Block Fünfundzwanzig ist der Ort, den wir um jeden Preis meiden. Keiner, der ihn betritt, kommt lebend wieder heraus. Die Menschen drinnen werden ausgehungert oder ins Gas und dann ins Krematorium gekarrt.

Sie tut sich schwer mit dem Sprechen, doch sie schafft ein Flüstern: »Wasser.« Ich laufe, um ihr etwas zum Trinken zu holen, und versuche dabei ihr Bild abzuschütteln. Ihr Gesicht ist eingefallen, in ihre Seele eingebrochen. Sie ist ein Schatten, hat nichts Menschliches mehr, ist nicht mehr die Pepka, die ich einmal kannte. Ich wünschte, Erna wäre noch im Lager, sie sollte erfahren, was mit ihrer Schwester ist, aber keiner kann etwas tun.

Ich gebe ihr meinen randvoll gefüllten Becher in die knochige Hand. Sie trinkt gierig, kaum fähig zu schlucken. Als sie ihn mir zurückgibt, zittert ihre Hand. Sie kehrt zurück ins Dunkel, ihre Augen bitten mich, sie zu erlösen; sie schweigt.

Ich kann nichts tun gegen die Wände, die Gitter. Ich habe kein Essen, das ich mit ihr teilen könnte, keine Arznei, ihre Krankheiten zu heilen, keine Möglichkeit, für genügend Wasser zu sorgen, daß sie nie wieder durstig ist, keine Möglichkeit, sie aus dem Block des Todes herauszuholen. Sie ist verdammt, und ich bin hilflos. Pepkas Augen werden zu den Augen meiner Schwester Zosia. Was wäre, wenn Zosia in Block Fünfundzwanzig wäre, würde ihr jemand mir zuliebe Wasser geben? Würde jemand mir sagen, daß sie dort ist? Was ist mit den Kindern? Wenn Zosia in der Hölle war, waren sie dann vielleicht schon tot? Ich wünschte, es gäbe jemanden, diese Last mit mir zu teilen, doch ich muß diese Gedanken schnell auslöschen, ehe sie sich in meinem Kopf niederlassen und mich verrückt machen. Vielleicht sind die Kinder in einem Waisenhaus. Vielleicht schickt uns Zosia ja die Päckchen aus der Schweiz und ist in Sicherheit. Zosia und Mama und Papa werden in Tylicz sein, und wenn alles vorbei ist, werden wir wieder vereint sein. Mein Geist verlangsamt seinen wirbelnden Absturz in die Verzweiflung. Zerbrechliche Hoffnung ersetzt das Verhängnis um mich herum, und das allein zählt.

Selektionen finden in unregelmäßigen Abständen statt. Man kann nicht sagen, wie oft sie stattfinden und wann wir uns zum Anwesenheitsappell aufstellen und anstatt zu arbeiten den ganzen Tag in ordentlichen Fünferreihen stehen und darauf warten, aussortiert zu werden. Für gewöhnlich übernimmt ein SS-Mann die Urteilsverkündung, während die anderen zusehen, aber manchmal treffen auch zwei die Entscheidung. Sind sie zu zweit, müssen beide mit dem Daumen für Leben plädieren, ansonsten bedeutet das Urteil Tod. Es werden keine Fragen gestellt; es gibt keinen Einspruch, nur einen Daumen. Normalerweise findet eine körperliche Prüfung statt, so muß man, wenn der Daumen einen zum Leben bestimmt hat, über einen Graben springen, um zu beweisen, daß man ihre Entscheidung auch rechtfertigt. Mit zitternden Knien und ohne Möglichkeit, Anlauf zu nehmen, versuchen wir das letzte Hindernis zu nehmen, das uns vom Abendessen trennt. Manchmal glaube ich, mich rettet nur die Tatsache, daß ich mich nicht schmutzig machen will, ehe ich sterbe, und dieser Beschluß trägt mich irgendwie über den Dreck und Matsch in der Grube. Es gibt nur wenige, die nicht springen.

Je nach Anzahl der jungen Frauen im Lager dauern die Selektionen zwischen zehn und fünfzehn Stunden. Ohne Essen und Trinken stehen wir den ganzen Tag und manchmal bis in die Nacht hinein, um herauszufinden, ob wir morgen wieder aufwachen, ob wir jemals wieder etwas essen werden. Es gibt kein Henkersmahl, wie Verbrecher eins bekommen, ehe sie hingerichtet werden; wir sind weniger wert als Verbrecher. In ihren Augen sind wir nichts – wir sind nur Ungeziefer, das vernichtet werden muß.

Als wir anfangs nach Birkenau kamen, lagen jeweils sechs Frauen auf einem Regalbrett; jetzt schlafen wir – von Selektionen abgesehen – zu zwölft oder mehr darauf. Wollen wir uns in der Nacht umdrehen, müssen wir uns mit den Händen hochstemmen und uns wie Schrauben um die eigene Achse drehen. Danka und ich wecken uns gegenseitig auf, wenn wir uns umdrehen wollen; es ist leichter, wenn wir beide die Lage verändern.

Es ist unvermeidlich, das Mädchen, das neben einem liegt, zu berühren. Ich bete ständig darum, daß keine mehr neben mir stirbt – das ist ein selbstsüchtiges Gebet, das dem Wunsch entspringt, warm zu bleiben. Ich möchte nicht, daß mitten in der Nacht ein kalter Leib seine Kälte an mich abgibt, aber das passiert immer und immer wieder.

Nach einer Selektion ist viel Platz zum Schlafen auf den Regalböden, aber die Leere in den Blocks ist gespenstisch, und die Dämonen der Nacht und die in den Gaskammern sterbenden Seelen lassen uns nicht zur Ruhe kommen. Morgens wachen wir erschöpft auf und sehen die Neuankömmlinge ins Lager kommen. Wir sehen ihre Gesichter voller Entsetzen und Ablehnung, ihr ungewisses Schicksal, das ihnen auf der Stirn geschrieben steht. Sie sind verloren und verängstigt. Voller Ungewißheit über die Hölle, die sie betreten haben, wünschen sie sich noch, Haare zu haben, fragen sich, wohin ihre Lieben verschwunden sind. Sie meinen, wir sehen wie Verrückte aus.

Wir können nichts tun, um sie vorzubereiten – keine Orientierungshilfen, keine Auflistung der Dinge, auf die man achtgeben muß, keine Überlebensregeln. Es gibt nur Tee, Suppe, Brot – sie haben noch keine Becher. In der ersten Nacht finden sie keine Decken und suchen nach einem Schlafplatz, ohne sich darüber klar zu werden, daß sie sich zwischen diejenigen zwängen müssen, die bereits auf den Regalen schlafen. Wieder einmal liegen wir dichter aneinandergedrängt als Heringe, zwölf pro Regalbrett.

Vier Uhr morgens.

»Raus! Raus!«

Wir hieven unsere Körper aus der Gruppe, die auf dem Brett schläft. Huschen mit unserem Tee ins Freie und stellen uns zum Appell auf. In der vergangen Nacht gab es keinen Mond zu sehen, und diejenigen, die den Wunsch haben sich umzubringen, nutzen den Mantel der Dunkelheit, um den Scheinwerfern auszuweichen und zum Zaun zu laufen. Das ist Freiheit.

Ihre Gestalten sehen aus wie Tänzer, die vor den Schatten plötzlich erwachter Geister erstarrt sind. Münder, aufgerissen wie Fragezeichen, als wollten sie uns verpflichten, Zeugnis abzulegen über ihre Schreie, die wir in der Nacht gehört haben. Verkohlt hängen sie an den Elektrozäunen der Menschlichkeit.

Ich kann mich nicht losreißen vom Anblick ihrer grotesken Gestalten. Wie beneide ich sie. Was hat sie dazu getrieben, den Draht anzufassen? Was treibt mich dazu, in diesen Reihen der Halbtoten zu verweilen?

Taube schreitet unsere Reihen ab, aber heute zählt er uns nicht. Er wirkt aufgeregt, als hätte er etwas anderes im Sinn.

»Wir brauchen Gymnastik! Ja, Übung macht den Meister. Gesunder Körper, gesunder Geist«, wendet er sich an unsere Reihe. »Beugt die Knie!« befiehlt er. »Runter! Rauf! Runter! Rauf!« Wir beugen unsere knackenden Gelenke und stehen aufrecht, immer wieder auf und ab, wie er befiehlt. »Zehn, und runter! Elf, und runter!« Wir zählen im Kopf mit, versuchen, uns auf etwas anderes als unsere schwächer werdenden Beine und zitternden Oberschenkelmuskeln zu konzentrieren, zwanzig, einundzwanzig ... »Neunundzwanzig, und runter! Dreißig, und runter! Knie auf den Boden.« Wir zögern, verstehen nicht, was er will. »Knien!« Er zielt mit seiner Peitsche auf das Schulterblatt eines Mädchens. Sie sinkt zu Boden. »Legt euch hin! Köpfe runter!«

Ich packe Dankas Hand und ziehe sie mit mir runter. »Leg dein Gesicht rein, Danka. Beweg dich nicht. Sieh nicht hoch«, kann ich noch flüstern, bevor mein Mund auf der Erde liegt.

Taube stapft auf unsere Reihe zu. Nasen im Schmutz, Augen, die zu Boden starren. Seine schwarzen Stiefel gehen an uns vorbei. Seine Stiefel bleiben stehen. Nur nicht atmen. Ein Mädchen neben uns hebt ihren Kopf. Aus dem Augenwinkel sehe ich ihr nach Luft schnappendes Gesicht. Der Stiefel fällt auf ihr Gesicht, stößt es tief in den Boden. Schädelknochen, die zermalmt werden, erschüttern die Luft. Mir ist speiübel. Er geht weiter. Ich muß einfach auf das Geräusch hören. Ein paar Reihen hinter uns – das Knacken, das Schweigen. Ich blinzle. Ich verlasse meinen Körper, fliehe den Horror um uns herum. Doch ich kann nicht weit genug weg. Ich darf mir nicht erlauben, Danka zurückzulassen.

Endlich erlöst uns das Wort »Wegtreten!« aus unserer Bodenlage. Der Appell ist vorüber. Furchtsam erheben sich diejenigen von uns, die Taubes Vorstellung von Gymnastik entsprochen haben, auf Hände und Knie und wenden die Gesichter entsetzt von den zerschmetterten Schädeln der Mädchen ab, die nie wieder aufstehen werden.

»Schau nicht hin, Danka.« Ich führe meine Schwester von dem Mädchen weg, das neben mir liegt. Hand in Hand suchen wir Emma, stellen uns hinter ihr auf und marschieren zur Arbeit.

Hier sind Wochen wie Jahre.

Wenn der Krieg für die Deutschen steht, bekommen wir gelegentlich ein Stück Fleisch in der Suppe oder zum Brot. Und manchmal tauschen dann die sehr orthodox-gläubigen Mädchen ihr Fleisch gegen Brot, weil sie kein unkoscheres Fleisch anfassen wollen. Ich weiß nicht, wie sie so lange ohne Fleisch überleben können, doch sie haben etwas, was ich nicht habe: Sie haben ihren Glauben. Und ich weiß nicht, wo mein Gott ist.

Sie klatschen uns die Portionen in die Hand. Wir lecken uns langsam die Handflächen ab, genießen die Margarine oder den Senf; manchmal auch ein wenig stinkenden Limburger. Die ersten paar Monate mochte ich den Senf nicht, aber jetzt schlecke ich ihn als die Köstlichkeit, die er ist. Wenn es Margarine gibt, reiben wir den Rest in unsere Hände als Creme. Die Haut an unseren Händen und Gesichtern springt bei dieser Kälte.

Würstchen gibt es nur als Häppchen, aber wir schlingen es hungrig runter, können nicht innehalten oder langsamer essen. Danka will es nie haben. »Wir müssen das essen«, sage ich ihr. »Essen ist Essen, und das ist alles, was wir haben.« Und es reicht nie. Unsere Mägen schmerzen ständig. Jeden Augenblick des Tages, wachend oder schlafend, haben wir Hunger. Der ständig bohrende Hunger erschöpft uns. Bei unseren zehn und zwölf Stunden Arbeit und den Anstrengungen, der SS zu entgehen, bleibt wenig Energie für andere Aktivitäten. Denken wird immer unmöglicher.

Wenn der Kriegsgott nicht auf seiten der Deutschen ist, sind wir schlechter dran. Das Brot ist nur noch Wasser und Mehl und die Portionen sind kaum größer als unsere Hände. Aber in letzter Zeit sieht es so aus, als würden die Deutschen die ganze Welt besetzen, und so werfen sie uns ein wenig größere Brocken hin, wie man einem Hund einen Knochen vorwirft. Wir stürzen uns auf das Essen, aber wir nehmen es wohl wissend, daß dieses Stück Käse bedeutet, die Nazis sind in Holland, daß dieses Stück Fleisch bedeutet, sie sind in Frankreich. Ich weiß nicht, wonach ich mich mehr sehne – nach Essen oder Freiheit.

Es ist Sonntag. Wir liegen auf unseren Brettern und entfernen Läuse oder versuchen auszuruhen, ein paar zusätzliche Stunden herauszuquetschen. Ich säubere flink meine Nägel, verstecke dabei die Nagelfeile in meiner Hand und schaue ins Leere.

»Stillgestanden!« schreit unsere Blockälteste. »Raus! Raus! Geht jetzt raus. Sofort!«

Wir hören Hasse draußen schreien: »Kommt raus, ihr faulen Idioten! Es gibt Arbeit für euch!« Verwirrt springen wir zu Boden und rennen zur Tür. Manche Mädchen balgen sich um ihre Schuhe, andere grapschen nach ihren Bechern; Danka und ich vergessen alles, denken nur daran, Hasses Peitsche zu entgehen. In unseren Köpfen summt es. Wir sind als erste draußen und stehen bereits aufgereiht, als die anderen aus dem Block geeilt kommen.

»Ich habe meinen Becher vergessen, Rena.« Danka zupft mich am Arm. Ich sehe mich rasch um. Hasse ist nicht da.

»Ich hole ihn dir.« Ich hetze zurück in den Block. Mein Herz rast, ich nehme Dankas Becher von unserem Schlafplatz und renne durch die Hintertür direkt in Hasses Arme.

Ihre Augen starren mich an. Ich werde starr. Sie hebt ihr Gewehr. Mein Herz setzt aus.

Ein Schuß zerreißt die Luft.

Ich falle zu Boden. Schmutz spritzt mir auf die Kleider und hoch zur Nase. Ich spüre keinen Schmerz. Ich wünschte, ich könnte meine Schwester noch ein letztesmal sehen, ehe ich sterbe. Ich höre ein Geräusch über mir, schauderhaft kehlige Laute.

Hasse lacht. »Da denkt diese elende Mistbiene, sie ist tot!« Hasse lacht schallend. Ihre Fröhlichkeit hämmert mir in den Ohren. »Ich habe dich nicht erschossen!«

Ich hebe meinen Kopf und schaue in das grinsende Gesicht der SS-Frau. »Hau ab!« Sie winkt mich weg.

Was für eine Idiotin bin ich doch! Ich springe schnell auf und fahre mir über die Kleider und hoffe dabei, daß Hasse es sich nicht anders überlegt und mich doch noch erschießt.

»Hau ab!« schreit sie noch einmal.

Wir verbringen den ganzen Tag mit Steineschleppen und wissen dabei, daß es sinnlose Arbeit ist, nur um uns zu beschäftigen. Dieser Tag wird uns in der Wochenmitte bitter fehlen. Nächste Woche werden wir wieder rasiert, wieder ein Sonntag ohne Ruhepause. Wie sollen wir das je nachholen? Ich wünschte, wir hätten den Tag für uns haben können.

Wir arbeiten im Frühjahrsschmutz, graben die Erde um wie im letzten Jahr. Die frischen jungen Sprößlinge des neuen Grases strecken ihre weißen Spitzen aus der Erde, verleiten uns dazu, sie für einen Mittagsimbiß zu sammeln. Der süße Saft dieser fleischigen Gräser ist eine erfreuliche Abwechslung für unsere ermüdeten Geschmacksnerven und ausgetrockneten Kehlen. Wir verstecken sie in unseren Taschen, wenn Emma und die SS nicht hersehen.

Das Mädchen neben mir hält im Graben inne. Ich folge ihrem Blick. Eine Gruppe gebrochener Wesen geht langsam an unserem Kommando vorbei. Die Mädchen tragen blau-grau gestreifte Kleider mit sauberen, weißen, gebügelten Schürzen und bücken sich immer wieder, um Heilkräuter zu pflücken.

Der Anblick ihrer klapprigen Gestalten quält mich nicht so wie die tiefen Augen. Einen Augenblick lang halten wir entsetzt inne, ehe wir uns wieder an die Arbeit machen. Ihre Knie zittern vor Schwäche, als wäre jeder Schritt ihr letzter. Mir läuft es kalt den Rücken hinunter, obwohl es ein warmer Tag ist.

Ich habe zwischen Auschwitz und Birkenau viele Dinge gesehen, aber nie etwas, was sich damit vergleichen ließe. Ich habe Verzweiflung und Hoffnungslosigkeit gesehen, ich habe Krankheit im ersten Ausbruch gesehen, aber ich habe nie solch leblose Gesichter gesehen. Selbst die Toten sehen lebendiger aus als diese wandelnden Leichen.

»Das sind Versuchsopfer«, flüstert das Mädchen neben mir. Dankas Gesicht wird blaß. Meine Hände zittern vor Schreck. »Sie werden gequält, bis sie tot sind oder geistig-seelische Krüppel.« Sie gräbt weiter um. »Nachdem sie ihre Experimente an ihnen durchgeführt haben, kommen sie ins Gas.«[9]

Verglichen mit all dem Horror, den wir täglich sehen, mit all den zerrütteten Wesen, denen wir alltäglich begegnen, sind sie jenseits jeder Vorstellungsmöglichkeit. Sie sehen aus, als wäre ihnen der Geist, den Gott ihren Seelen einatmete, völlig ausgesaugt worden. Sie sind keine menschlichen Wesen mehr, haben schon lange aufgehört, Mädchen oder Frauen zu sein. Sie sind der Alptraum eines Kindes.

»Rena, ich habe die Krätze und schreckliche Wunden, weil ich geschlagen worden bin.« Die Frau meines Cousins bettelt: »Bitte, hilf mir.« Ich sehe sie an, ohne Mitleid, ohne etwas zu empfinden. Und doch muß ich ihr helfen. Es widerstrebt mir,

---

[9] »30. April [1942] ... 242 weibliche Gefangene werden für Versuchszwecke ausgewählt ... man bringt sie auf der Versuchsstation von Professor Clauberg in Block 10 des Hauptlagers unter« (Czech, 386). »Als [Dr. Josef] Mengele im Mai 1943 ins Lager kam, war Auschwitz mit fast 140000 Gefangenen vollgestopft und erstreckte sich kilometerweit in jede Himmelsrichtung« (Posner und Ware, 20).

Familienmitglieder zurückzuweisen, egal wie sie mich behandelt hat, als Danka und ich erstmals nach Bardejov kamen. Da hat sie mich zu sich nach Hause eingeladen und mir im Bademantel und mit Lockenwicklern auf dem Kopf Tee und Kekse angeboten. Sie war die ganze Zeit nervös und tat, als wäre ich ein Quälgeist, sagte dann ganz abrupt, sie hätte jetzt Einkäufe zu erledigen, und gab mir damit zu verstehen, daß es Zeit zum Aufbruch war. Sie fragte nicht nach meinen Eltern, oder wie es Danka und mir in ihrer Stadt ging. Sie war so wohlerzogen, so reich, daß ich mir wie die arme polnische Cousine vorkam, die man am besten unter den Teppich kehrt, um sich Peinlichkeiten zu ersparen.

Wegen dieses Vorfalls in der Slowakei mochte ich sie nicht. Dann hörte ich, daß sie im Lager Ärger gemacht hatte. Man erwischte sie auf Händen und Knien im Suppenkessel, den sie ausleckte und dessen am Boden haften gebliebene Essenreste sie mit bloßen Händen abkratzte und wie ein Tier in sich hineinstopfte. Eine SS-Frau hatte sie gefunden und ihr für ihr widerwärtiges Betragen Prügel verpaßt.

Ich schäme mich zu sagen, daß ich ihr jetzt nicht traue und eigentlich überhaupt nichts mit ihr zu tun haben will. Sie hat sich nicht im Griff, und trotz all ihres Getues und ihrer Überlegenheit hat sie sich unter jedes menschliche Niveau begeben, und solche Leute sind gefährlich im Lager. Ich habe keinen Zweifel, daß sie alles dransetzt, um sich zu retten, für mich aber nichts tun würde.

Ich sehe mir die Krätze in ihrem Gesicht an. Wenn ich ihr nicht helfe, stirbt sie bei der nächsten Selektion. »Wenn ich dir etwas Tinktur besorge, mußt du mir versprechen, keinem zu sagen, was ich für dich getan habe«, erkläre ich ihr. Ich will nichts mit ihr zu tun haben.

»Das verspreche ich. Nur dieses eine Mal. Wenn du mir hilfst, belästige ich dich nie wieder.« Ich bin kaltherzig, habe wenig anderes im Sinn als meine Schwester und unser Überleben. Ich wende mich nicht ab von ihr, aber es verblüfft doch, daß sie mir nicht ihr Stück Brot zum Tausch gibt, als ich zur Blockältesten gehe, und da sie es mir nicht anbietet, frage ich auch nicht danach.

Ich gehe mit meiner Brotration zur Blockältesten, tausche meine einzige Mahlzeit gegen die Tinktur ein, die sie braucht. Ich weiß, daß im umgekehrten Fall sie ihr Brot nicht für mich hingeben würde, sie gibt mir nicht einmal ihr Brot, wenn es um ihre Belange geht, doch von mir wird erwartet, daß ich meins für sie opfere.

Sie reißt mir die Tinktur aus der Hand und versteckt sie schnell in ihrem Kleid. »Danke dir, Rena.«

»Du mußt in Zukunft vorsichtiger sein«, warne ich sie. Sie verschwindet in die Nacht. Ich komme mir nicht tugendhaft oder gut vor. Ich fühle mich ausgenutzt und hungrig, doch ich weiß auch, daß ich nie zurückblicken und bedauern werde, der Frau meines Cousins geholfen zu haben. Nur wenigen Dingen können wir in Birkenau aus dem Weg gehen, doch es hilft mir, wenn ich versuche, meinem Handeln ein wenig Würde zu geben, es erinnert mich an zu Hause.

Die jüdischen Bettler kamen freitags, vor dem Sabbat, an unsere Tür. Mama ließ Danka und mich Säcke aus Leinen mit Stroh stopfen, damit sie in der Küche darauf schlafen konnten. Am Tag nach Sabbat mußte Mama dann das Stroh verbrennen, die Böden schrubben und die Laken und Kopfkissen auskochen, um die Läuse und Flöhe loszuwerden, die sie dagelassen hatten. Danka und mir gefielen diese Putzaktionen gar nicht, aber Mama erinnerte uns daran, daß diese Leute auch Kinder hatten und weniger glücklich waren als wir. Dasselbe galt für Zigeuner und Bettler; keiner, der zu uns an die Türe kam, ging mit leeren Händen.

Das ist mein Erbe: jeden mit menschlicher Würde zu behandeln.

Vier Uhr morgens.

»Raus! Raus!«

Der Horizont verdunkelt sich. Der Wind schlägt um. Er beißt in der Nase. Regenwolken riechen anders.

Ich spüre, wie ich mich von meinem Körper löse; das passiert manchmal, und ich bin dagegen hilflos. Die Kamine rauchen. Ich sehe mich wegbewegen, als machte ich einen Schritt zur Seite und ließe meinen Körper zurück. Schritte nähern sich. Meine Augen bewegen sich dem Geräusch entgegen; mein Geist rührt sich nicht.

Hasse lächelt wie eine Jägerin, die ihre Beute gefunden hat und vorhat, ihr bei lebendigem Leib die Haut abzuziehen. Das entspricht ihren Gefühlen für uns, rücksichtslos und fähig, uns ohne zu zögern den Hals zu brechen.

Sie schnipst mit ihrer Hand in Richtung der grauen Wolken, die den düsteren Himmel überziehen. »Seht nur, wie die französischen Modelle brennen!«

Egal, wer du auch bist, ob reich, schön oder elegant – wenn du Jude bist, bist du nichts! Sie macht sich ständig lächerlich über uns, freut sich hämisch. Ihre Grausamkeit ist unfaßbar für mich. Sie läuft unsere Reihen ab, zählt und lächelt, eine Sadistin, die jeder von uns ihr Messer ins Herz stößt, nur weil es ihr Spaß macht.

Aufgereiht warten wir auf die Selektion. Es ist ein langer Tag; kein Essen, kein Wasser. Ich habe Adela Gross nur ein paarmal im Lager gesehen. Wir kennen einander nicht, aber ich weiß, daß sie die Tochter eines Rabbis aus Hummene ist. Ich frage mich, ob sie auch im ersten Transport war. Es fällt mir nicht mehr ein.

Die Schlange bewegt sich, und ich erhasche einen Blick auf Adela, die nach vorne geht. Einen Augenblick bin ich überrascht von ihrer Schönheit, und ich erinnere mich an ihre hinreißenden roten Locken vor der Rasur. Es erstaunt mich, daß sie trotz der Entbehrungen im Lager noch so hübsch aussieht.

Sie steigt hoch zum Todeskommando. Die SS starrt sie an. Ihr Kinn ist leicht geneigt, zeigt tapfer nach oben.

Der Daumen schickt sie weg. Sie geht zur Gruppe der Verdammten.

Ich bin verwirrt. Wie kann man sie aussondern? Sie sieht besser aus als ich. Adela sollte leben. Es muß ein Irrtum sein.

Das nächste Mädchen steigt hoch zum Todeskommando.

Wütend auf die selbsternannten Götter, die unser Leben bestimmen, möchte ich sie anschreien, ihnen ihren Irrtum aufzeigen. Doch ich muß mich selbst auf den Daumen vorbereiten. Ich drücke Dankas Hand noch ein letztes Mal, ehe ich loslasse, und gehe meinem Schicksal entgegen. Es gibt nur heiß und kalt, dazwischen gibt es nichts. Wir sind hungrig und elend. Nicht lange, und wir sind vielleicht tot. Nicht krank, nicht hungrig, nicht heiß, nicht kalt – tot.

Mit vorgerecktem Kinn steige ich hoch zum Todeskommando. Der Daumen geht nach oben.

Danka folgt mir, steigt hoch zum Todeskommando. Der Daumen erlaubt uns beiden noch einen weiteren Tag zu leben. Das Mädchen hinter uns steigt hoch zum Todeskommando.[10]

Die Lastwagen laden die Mädchen, die Frauen, meine Freundin auf. Normalerweise schaue ich nicht hin, aber diesmal muß ich. Immer wieder lasse ich mir die Selektion durch den Kopf gehen, ich suche nach einem Grund für ihre Entscheidung. Warum? Warum? Es ist doch nichts Schlechtes an ihr. Sie ist eine hübsche junge Frau. Sie ist schön. Wir sind nichts als Schrott.

---

[10] »31. Mai [1943] ... Die Nummern 123205–123234 werden 30 männlichen Gefangenen und die Nummern 45681–45698 18 weiblichen Gefangenen gegeben. ... Im Frauenlager Birkenau befanden sich jetzt 20542 Menschen« (Czech, 409–410). Nach Berechnungen des Autors wurden, wenn man von 20000 Frauen im Lager und der Dauer einer Selektion von 15 Stunden ausgeht, pro Stunde 1333,3 Frauen, pro Minute 22,2 Frauen, oder alle 2,7 Sekunden eine Frau ausgesondert.

Die Wirklichkeit schlägt mir mitten ins Gesicht, als hätte Taube selbst zugeschlagen. Ihre Absicht ist nicht nur, uns zu zerstören und uns zu schänden, sie wollen zudem jede unserer moralischen Wertvorstellungen zum Gespött machen. Adela wird mit den anderen Frauen auf die Pritsche geworfen, aber sie wendet sich um und hilft denen, die nach ihr kommen. Ihr Kinn zeigt noch immer Mut und Würde. Sie hat keine Angst. Ihr Arm umfaßt ein schwächeres Mädchen, der die Knie nachgeben. Die Lastwagen spucken ihre Auspuffgase aus, als sie auf die Gaskammern zufahren. Ich kann meine Augen nicht von dieser scheidenden Gestalt losreißen. Es zerrt in mir, als zöge eine Schnur an meinem Herzen. Als die Lastwagen abfahren, stirbt ein Teil von mir mit Adela.

Wir arbeiten an den neuen Blöcken, graben Sand aus einem tiefen Loch und sieben ihn durch den Maschendraht. Dieses Graben und Sieben ist uns etwas Altvertrautes. Unsere Hände sind hart. Sie bluten nicht mehr von den langen Arbeitsstunden, nur noch gelegentlich, wenn wir die Ziegel werfen und diese uns wieder ins Fleisch schneiden. Aber diese Aufgabe ist seltener geworden, denn jetzt finden sie meist richtige Arbeit für uns. Wir beladen die Waggons mit Sand, schieben sie auf ein Gebäude zu, das näher an einem Männerkommando liegt als unseres. Die Waggons laufen jetzt auf Gleisen, sie zu schieben ist nicht mehr so mühsam wie vor einem Jahr. Doch es ist immer noch schwierig, und als wir den Sand an seinen Bestimmungsort hochziehen, kann ich nicht glauben, daß wir diese Aufgabe jemals ohne Gleise über den Hügel hoch und mit Holzbrettern an den Füßen geschafft haben.

Wir nähern uns den Männern, die Gräben ziehen, um Rohre zu verlegen. Emma paßt auf die Gruppe auf, die den Sand siebt, und je weiter wir uns von ihr wegbewegen, um so mehr nähern wir uns den Männern auf Hörweite. Keine SS in der Nähe. Ein kostbarer Augenblick, ein paar Worte zu wechseln.

»Kommt eine von euch aus Polen?« fragt ein Mann aus der Gruppe der arbeitenden Männer. Wir schaufeln den Sand neben dem Gebäude auf einen Haufen.

»Meine Schwester und ich«, flüstere ich zurück. Jedes Wort wird abgewogen. Keins der anderen Mädchen achtet auf die Fetzen unseres Gesprächs.

»Woher kommt ihr?« Der Waggon ist leer. Wir halten ihn seitlich fest und schieben ihn zurück zu den Sandhaufen. Wir laden ihn wieder voll. Es dauert lange. Mir ist heiß, und ich weiß nicht, ob es am warmen Wetter liegt oder an meinen Nerven, daß ich zittere. Ich sehne mich nach dem Gespräch mit diesem Fremden auf der anderen Seite des Zauns; ich würde gerne seinen Namen erfahren, seinen Geburtsort, von seiner Familie ...

Ich schiebe diese Gedanken eines normalen Lebens dorthin zurück, wo sie hingehören, und grabe tief in die Erde und die Steine, die gesiebt werden müssen. Ich merke, daß Danka langsamer geworden ist, und verdopple rasch meine Anstrengungen, indem ich alle paar Minuten etwas aus ihrem Gebiet hochschaufle.

»Nehmt den Waggon«, weist Emma uns an. Ich packe ihn an der Seite und vergewissere mich, daß meine Schwester sich auch noch festhalten kann. Wir schieben ihn zurück zu dem Männerkommando und fangen an, die Last abzuladen. Prüfend suchen meine Augen das Gelände nach SS ab.

»Tylicz, in der Nähe von Krynica«, antworte ich. Wir graben. Das Geräusch der Schaufeln, die auf Erde und Kieselsteinen kratzen, scheint lauter als vorher zu sein. Sie graben. Unser Schweigen verstärkt die Geräusche um uns.

Endlich hören wir »Krakau.« Wir graben. Ein SS-Mann taucht auf. Unser Gespräch verstummt bis morgen. Wir schieben den Waggon zurück zu Emma und dem Rest unserer Gruppe.

Vier Uhr morgens.

»Raus! Raus!«

Weil ich mich an diesem Morgen aufs Arbeiten freue, war ich schon auf der Latrine, als die Raumältesten mit ihren Schlägen und Schreien anfangen. Im Morgenrot essen wir unser Stückchen Brot und trinken unseren Tee. Die Tage werden länger, was auch unsere Herzen spüren. Die Jahreszeiten gehen über uns hinweg, aber je länger die Sonne am Himmel steht, desto länger lassen sie uns arbeiten. Schlaf ist nur ein Ausrutscher zwischen Anwesenheitsappellen. Danka kreuzt die Arme über der Brust und hält ihre Ellbogen umfaßt. »Mir ist kalt, Rena.«

»Die Sonne wird bald aufgehen.«

»Nein, ich glaube, ich bin erkältet.« Ihre geschwollenen Lippen sind dick verkrustet.

»Was hast du da auf der Lippe?«

»Ich weiß nicht.« Sie faßt sich an den Mund. »Ich habe so Durst.« Ich lege meine Hand auf ihre Stirn.

»Du bist heiß«, sage ich und versuche die Sorge und die Beunruhigung zu unterdrücken, die mich beschäftigt.

Sie nickt. »Du hast auch eine Kruste auf der Lippe.« Ich berühre meine Lippen, spüre, wie sich unter meinen Fingerspitzen die Haut schuppt. Ich lege mir die Hand an die Stirn und rede mir ein, daß es mir gutgeht.

»Ist dir heiß?« fragt Danka.

»Nein, Danka. Wir arbeiten so hart und essen so wenig, daß der Körper sich doppelt anstrengen muß, um warm zu bleiben.« Ich lüge meiner Schwester etwas vor wie ich mir selbst etwas vorlüge. Sie ist warm, zu warm für die morgendliche Außentemperatur. Sie ist krank.

Ich lasse darüber nichts verlauten, ich mache mir nur im Geiste eine Notiz. Ich kann gegenüber der SS, grünen Dreiecken, Selektionen und Hunden wachsam sein, aber Krankheit, das ist etwas, was ich nicht vorhersehen kann. Sie kommt über uns trotz all unserer Anstrengungen zu überleben. Das ist unser zweites Frühjahr. Ich kann mich an fast nichts mehr aus dem letzten Jahr erinnern, will es auch gar nicht. Doch ich lasse das, was aus dem Gedächtnis über das erste Lager auftaucht, Revue passieren, um zu erfahren, ob irgendeine Krankheit zu dieser Jahreszeit damals verbreitet war. Außer den beißenden Wanzen, stechenden Bissen und den Wolken von Moskitos, die im letzten Sommer über das Lager herfielen, fällt mir nichts ein. Es hat sich so viel verändert, daß ich keinen Wandel herauspicken kann, der sich abhebt, und ich fürchte, in der Vergangenheit keine Antworten zu finden.

Wir marschieren mit Emma hinaus in den Sand. Plötzlich befällt mich die Angst, daß alles nur eine Täuschung war. Der freundliche Pole aus Krakau, der gestern mit mir sprach, wird heute nicht mehr da sein. Tausend Dinge konnten über Nacht passiert sein. Er konnte tot sein, sie konnten sein Kommando in ein anderes Gebiet verlegt haben. Mein Freund ist nicht mehr da. Meine Finger zucken gegen mein Kleid aus Sackleinen. In meiner Aufregung rasen diese Gedanken ohne Sinn und Verstand durch meinen Kopf. Wir werden sterben. Der Abgrund gähnt unter mir. Die Furcht jagt mich an seinen Schlund. Wir werden nicht bei einer Selektion oder im Gas, sondern im Krankenhaus sterben. Was ist schlimmer? Die Hoffnung, die mir Kraft und Energie gegeben hat, scheint mir aus meinen Fingern und Zehen und Ohren zu rinnen, wie alles Flüssige in meinem Körper dahinschwindet. Wir marschieren auf den Sand zu. Meine Augen werden glasig.

Dann sehe ich sie. Die Männer arbeiten im selben Areal wie gestern. Der Abgrund verschwindet. Wieder einmal sind wir gerettet – sind wir das? Danka ist heiß. Das Fieber steigt.

Wir schieben einen Waggon hoch zum Gebäude. Als wir mit dem Abladen anfangen, sehe ich den großen Dünnen und seinen kleineren Freund. Die Sonne brennt uns auf unsere kahlen Köpfe, hält die Kälte in Schach, die in Schauern über Dankas Rücken zieht. Sie schwitzt zu heftig. Ein Stein fällt ein paar Schritte von uns entfernt zu Boden. Ich merke mir den Platz mit den Augen, ohne in meiner Arbeit innezuhalten. Der Waggon wird bald geleert sein. Es ist keine SS zu sehen. Ich konzentriere mich auf meine Arbeit. Ich mache einen Schritt auf den Stein zu, immerzu schaufelnd. Gleich werden wir fertig sein. Schaufeln, schaufeln. Ich bücke mich rasch und meine Hand landet direkt auf der Nachricht. Ich drücke das Papier fest an den Stein und lasse dann den Stein aus meiner Hand gleiten. Wir stehen an den Seiten des Waggons, bereit zum Schieben. Noch ein Augenblick, eine Sekunde, bis es losgeht, und in diesem Bruchteil rücke ich meinen Schuh zurecht und lasse die Notiz unter meinen Fuß gleiten. Wir schieben.

Der Nachmittag schleppt sich dahin. Danka schwitzt. Ich muß doch etwas tun können. Die Ängste des Morgens sind dahin. Es ist keine Zeit, sich Gedanken über den Tod zu machen. Wir leben; ich kann nur alles versuchen, daß es so bleibt.

»Halt!« Rasch bringen wir unsere Schaufeln in den Geräteschuppen und stellen uns auf. »Marsch!« Wir marschieren ins Lager. »Kopf hoch!« Wir heben unser Kinn und unsere Füße, als wären wir stolz darauf, Sklaven des Dritten Reiches zu sein. Das einzige, worauf wir stolz sein können, ist, daß heute niemand getragen werden muß. Heute haben wir alle die Peitschenhiebe und Stiefel der Nazis überlebt, doch ein verborgener Feind ist unter uns.

Wenn heute nacht nichts passiert, werden Danka und ich morgen wieder zu Emma zurückkehren, wie wir das seit Wochen, Monaten – seit jetzt über einem Jahr täglich tun. Morgen werden wir keine in unserer Gruppe kennen, so wie wir auch heute keine kannten. Wir achten nicht auf Gesichter. Wir überleben, indem wir das Vergängliche ignorieren und aufgehört haben, uns darum zu kümmern, ob jemand längere Zeit in unserer Gruppe mit uns arbeitet, denn es ist sinnlos, vergeblich, deprimierend. Sie existieren nicht.

Nach dem Appell nehmen Danka und ich unser Brot entgegen und lesen aufgeregt die Nachricht, die wir von dem Mann im Arbeitskommando bekommen haben: *Ich bin Heniek. Mein Freund heißt Bolek. Und wie heißt ihr?«*

»Welcher, glaubst du, mag mich?« will Danka wissen.

»Schau dich an, du wirst ja ganz rot bei dem Gedanken, mit einem Jungen im Lager zu flirten«, necke ich sie und fürchte dabei, daß sie wegen ihrer Krankheit rot ist und nicht aus Liebe. »Ich werde mir von der Blockältesten ein Stück Papier holen, um ihnen eine Botschaft zu schicken. Du wartest hier.«

Als ich zwölf Jahre alt war, hatte ich Typhus, und ich kenne die Symptome dieser Krankheit. Doch wenn das auch neben Krätze die häufigste Krankheit im Lager ist – Danka hat keinen Typhus. Ich kenne den Feind nicht. Ich habe drei Missionen zu erfüllen, als ich Danka zurücklasse: Ich muß ein Stück Papier organisieren, ich muß herausbekommen, ob eine Epidemie im Lager grassiert, ich muß draußen nach etwas Eßbarem suchen. Wann immer ich ein wenig Kraft übrig habe, durchkämme ich das Lager nach Leckerbissen.

Als ich im Schatten herumschleiche, komme ich an der Küche vorbei, alle Sinne in Alarmbereitschaft. Endlich, als meine Augen und Beine schon vor Müdigkeit aufgeben wollen, erspähe ich ein Stück Kartoffel auf dem Boden. Ich packe es und schnelle zurück an die Wand. Es ist ein kleines Stück, kaum groß genug für einen Bissen. Ich starre darauf und suche nach einer passenden Stelle, es zu halbieren. Schließlich grabe ich meinen Fingernagel in das Fruchtfleisch, damit ich weiß, wieviel ich für Danka übriglassen muß. Mir läuft das Wasser im Mund zusammen, aber ich koste nicht einmal davon, ehe ich es mit meiner Schwester teilen kann.

Zurück im Block gehe ich zur Tür der Blockältesten. Sie scheint heute abend gute Laune zu haben, denn sie gibt mir ein Stück Papier und einen Bleistiftstummel. »Laß dich nicht damit erwischen.«

»Darf ich dich etwas fragen?« Ich denke mir, es ist einen Versuch wert. Wenn jemand weiß, was im Lager die Runde macht, dann eine Blockälteste.

»Was denn?« Es scheint ihr nichts auszumachen, daß ich ihre Zeit in Anspruch nehme.

»Grassiert hier im Lager eine Krankheit, bei der man Fieber und Krusten auf den Lippen bekommt?«

Sie betrachtet mich argwöhnisch aus der Nähe. »Sumpffieber – Malaria«, sagt sie und macht vor meinem verzweifelten Gesicht die Tür zu.[11]

Ich denke über ihre Worte nach, als ich Heniek und Bolek schreibe. Ich streiche unsere Namen durch, wickle die Notiz fest um einen Stein und stecke diesen für morgen in meinen Saum.

Zurück auf unserer Pritsche, gebe ich Danka das armselige Stück Kartoffel, und als wir daran herumknabbern, versuchen wir es größer und schmackhafter zu machen, als es je mals sein kann. »Danke, Rena.« Wie sehr wünsche ich mir, es könnte mehr sein. Ich möchte mich richtig um sie kümmern können, ihr Hühnchensuppe und viel Wasser einflößen, ihr Bettruhe gönnen, alles Dinge, die wir nicht haben dürfen. Ihre Augen glänzen im Dunkeln wie Glas. Ich habe Angst. Die Äußerung der Blockältesten ist keine optimistische Diagnose. Ich sage nichts zu Danka, aber ich habe davon im Lager flüstern hören. In diesem Frühjahr sind die Moskitos eine richtige Plage, und der Sumpf, in dem wir leben, macht unsere Körper zu einem Festbankett, wenn sie sie aussaugen. Es gibt keine Verteidigung: Wir sind vor Hunger zu geschwächt, um die über uns herfallenden Läuse und Moskitos bei ihrem Schlemmermahl zu bekämpfen. Ich schlafe ein, als eine Kältewelle einen lautlosen Muskelkrampf auslöst.

---

[11] »3. Juni [1943] ... 302 weibliche Gefangene, die an Malaria erkrankt sind, werden nach Lublin (Majdanek) überführt« (Czech, 411).

Der Stein landet dicht neben Heniek. Er nimmt ihn schnell auf und wirft einen kühnen Blick auf die Nachricht. Er macht seinen Freund darauf aufmerksam. Wir graben. Es ist keine SS in der Nähe, deshalb werden wir ein wenig langsamer beim Abladen des Lastwagens, um so viele Worte wie möglich wechseln zu können.

Sie graben. Ich mache mir solche Sorgen um Danka, daß ich mich einen Augenblick lang frage, ob einer von ihnen uns helfen kann.

Als läse er meine Gedanken, fragt Heniek: »Können wir euch irgendwie helfen?«

»Ich glaube, meine Schwester hat Malaria.« Ich bin mir nicht sicher, ob ich weiterreden soll. Ich werfe einen raschen Blick auf unser Arbeitsareal; keiner kann uns hören. Meine Schaufel steht nicht still. »Wenn wir ein wenig Tomatensaft und eine Scheibe Zitrone hätten, könnten wir vielleicht die Kruste von ihren Lippen waschen. Das bricht vielleicht das Fieber.« Mir ist das Unmögliche gelungen; ich habe einen ganzen Satz gesprochen, ohne mich unterbrechen zu müssen. Rauh kratzt Metall gegen Stein. Ich kann diese Bewegung stundenlang ausführen, ohne Muskelschmerzen oder Müdigkeit – graben, graben. Wir arbeiten pausenlos. Wir holen eine neue Ladung. Ich arbeite zweimal so schnell, weil ich hoffe, noch eine Ladung hochzubringen, ehe die Männer gehen, vor Einbruch der Dunkelheit. Vor lauter Aufregung zittere ich. Emma gibt uns ein Zeichen, den Waggon zu übernehmen.

»Macht schnell!« ordnet sie an. Wir schieben den Waggon die Gleise hoch. Mit gesenkten Köpfen laden wir aus, ohne einen Blick auf die Männer zu werfen.

»Du brauchst Chinin.« Er hört sich so hoffnungsvoll an.

»Tja, schon ...« Es ist schon lange her, daß ich Hoffnung empfunden habe. Er gräbt. Wir graben. Die Sonne nähert sich dem Horizont. Der Waggon ist fast leer. Wir beenden unsere Aufgabe, bereiten uns darauf vor, den Waggon zu Emma und zu denen, die Erde sieben, zurückzuschieben, weg von den Männern.

»Mach dir keine Sorgen, Rena.« Ich höre seine Stimme über den Zaun fallen und klammere mich daran fest, als wäre es ein kleines Floß auf dem wütenden Meer. Aus irgendeinem Grund glaube ich, daß Heniek uns helfen kann; ich weiß nicht wie, aber einen Augenblick atme ich leichter.

Die Kruste auf Dankas Lippen ist schlimmer geworden, aber sie fühlt sich nicht mehr so heiß an. Ich frage mich, ob die Sprunghaftigkeit des Fiebers womöglich eine seiner Gefahren ist. Wir graben und sieben den ganzen Vormittag bis zum Mittagessen und beladen die Waggons nicht. Ich möchte Emma zuschreien, sie soll uns an die Waggons lassen, aber wir sieben nur und sieben und sieben. Wenigstens werden wir dann morgen genug zu transportieren haben, doch das bedeutet, daß sie uns stärker patrouillieren werden, wenn mehr Gruppen an den Waggons arbeiten. Mittag kommt und geht. In meinem Becher schwimmt ein Stück Fleisch. Ich beiße die Hälfte davon ab und gebe den Rest an Danka weiter.

»Ist das Schweinefleisch?«

»Iß es.« Ich weigere mich, ihr eine Antwort zu geben. Es ist Fleisch, und das ist alles, was zählt. Der Krieg scheint gut zu laufen.

Wir graben und sieben den ganzen Nachmittag. Die Waggons rühren sich nicht vom Fleck.

Vier Uhr morgens.

»Raus! Raus!«

Wir stellen uns zum Appell an, trinken unseren Tee aus und essen das Brot von gestern abend.

»Wie geht es dir heute, Danka?«

»Besser.« Sie trinkt gelassen ihren Tee. Ihre Augen starren auf das Szenarium um uns herum. Ein Meer junger Frauen, die alle Becher voll Wassertee halten und bedächtig das Brot von gestern abend kauen, damit es länger anhält. Das Lager ist überfüllt. Nie habe ich so viele Frauen auf einmal gesehen; ich verstehe nicht einmal mehr die Nummern. Der Appell dauert eine Ewigkeit.

Endlich marschieren wir mit Emma hinaus.

»Nehmt die Waggons«, lautet ihr erster Befehl. Die Sonne durchbricht gerade den Horizont. Wo vorher Nacht gewesen war, tauchen Schatten auf. Ein goldener Glanz fällt auf uns. Danka und ich nehmen unsere Plätze an der Waggonseite ein und schieben den Waggon hoch zum Männerkommando. Ein SS-Mann geht vorbei. Sobald er uns den Rücken zukehrt, fällt ein Stein vor meine Füße. Ich beuge mich lässig hinunter, kontrolliere meinen Schuh und schwinge dann eifrig meine Schaufel und helfe mit, den Sand abzuladen, den wir gestern gesiebt haben. Die Hand mit der Nachricht hält sich an der Schaufel fest. Es ist ein größeres Stück Papier als das Fetzelchen, das ich ihnen geschickt habe, und es ist noch so früh, daß ich überlegen muß, was ich mit dieser Notiz den Rest des Tages anfange. In mein Kleid oder in meine Hand? Die Schuhe sind für einen ganzen Arbeitstag nicht sicher genug, deshalb geht das Überlegen weiter. In meinen Saum oder in meine Hand? Ich frage mich, wo ich den Zettel verstecken soll. Meine Hände sind zu warm, und die Schaufel entgleitet meinem Griff, als ich den Sand auf den wachsenden Haufen kippe. Der Waggon ist leer. Rasch verstaue ich die Notiz im Saum meines Kleides, ohne Gelegenheit, sie zu lesen.

Es ist ein langer Tag, ein langer Appell, aber endlich kommen wir in den Block, begieriger, unseren Brief zu lesen als unser Brot zu essen. Er ist lang und in großer Eile geschrieben. *Ihr habt Rohre gesehen, die nah an euer Arbeitskommando heranreichen. Das Zeug ist im Boden – fünf Schritte von den Rohren entfernt – morgen.* Ich kann den Worten vor meinen Augen nicht glauben.

Den ganzen Tag lassen wir die Rohre nicht aus den Augen. Fünf Schritte vom Rohr entfernt kann ich eine kleine Bodenerhebung erkennen, aber wir müssen geduldig abwarten. Als der Nachmittag schwindet, behalte ich den Himmel im Blickfeld. Unsere Zeitplanung muß perfekt sein. Ich nicke Danka zu. Wir graben langsam und bewegen uns dabei stückchenweise von der Gruppe weg auf die Rohre zu. Wir bohren in den Boden, schleppen schwere Schaufeln voll Erde zu den Siebnetzen und nähern uns bei der Rückkehr jedesmal ein Stück weit den Rohren an. Es ist keine SS in der Nähe. Ich winke, und Danka gräbt eifrig um mich herum, lockert das Erdreich, während sie mich mit ihrem Körper deckt, so daß keiner sehen kann, was ich tue. Mit ihrem Arbeitseifer zieht sie eine gute Schau ab und gibt mir die Deckung, die ich brauche, um unseren Schatz zu heben. Rasch binde ich am anderen Ende der Schnur, die meinen Becher hält, eine Flasche Tomatensaft unter meinem Kleid fest. In einem Läppchen sind eine Zitrone und zu meiner großen Überraschung auch Tabletten eingewickelt.

»Sie haben uns Chinin besorgt«, flüstere ich Danka zu. Sie gräbt tiefer in die Erde, stürzt sich in die Arbeit. Soviel hatte ich nicht erwartet, und ich habe nur den Saum meines Kleides, um etwas zu verstecken.

»Beeil dich«, flüstert Danka und gräbt und gräbt. Es ist sehr schwierig, die Tabletten in meinem Saum glatt zu streichen, so daß die SS keine Ausbuchtungen sehen kann. Ich bete, daß keine herausfällt.

»Geschafft.« Wir graben weiter und machen das Versteck unkenntlich.

»Halt!« schreit Emma. Vor Angst bekommen wir eine Gänsehaut. Wir hören auf und versuchen jede Spur von Angst aus unserem Gesicht zu tilgen. Wir sehen hoch zu Emma.

»Aufstellen!« verkündet sie.

Ich werfe Danka einen Blick zu, als wir unsere letzte Schaufel voll Erde zum Siebenetz bringen und dann die Schaufeln in den Geräteschuppen stellen. Mein Herz lächelt stolz in das glänzende Gesicht meiner Schwester. Sie gibt alles, was sie zu geben vermag, und trotz ihrer Krankheit war sie heute besonders robust.

»Hier, nimm jetzt eine.« Ich schiebe ihr eine Tablette in die Hand.

»Marsch!« Unsere Herzen klopfen so laut, daß die Band hören muß, wie sie den Takt schlagen. Unser Glück dauert an; seit fünf Tagen hat keine Selektion mehr stattgefunden. Wir gehen zu den Gebäuden, nehmen unser Brot und setzen uns auf die Regalbretter. Unter dem Schutz der Decke gebe ich Danka den Tomatensaft und die Zitrone.

»Du auch«, bietet sie mir an. »Du hast auch eine Kruste auf deinen Lippen.«

»Nein, Danka. Du bist diejenige, die krank ist.«

»Ich kann das nicht alles nehmen, Rena. Laß uns teilen.«

»Du vergeudest es, wenn du es mir gibst. Ich werde es nicht nehmen.« Geräuschlos trinkt sie aus der Flasche und saugt an der Zitrone.

»Wasche deine Lippen mit der Zitrone ab, Danka.« Ich zeige ihr, wie ich es meine. Die Kruste löst sich unter den Vitaminsäften auf. Ihre Lippen verändern sich drastisch, als die braune Kruste, die sie seit Tagen umschloß, sich auflöst.

»Nimm doch die Schale.« Sie gibt mir die Zitronenschale. Ich reibe meine Lippen ebenfalls damit ab. Die Rinde schmeckt bitter und scharf, aber meine Geschmacksknospen hüpfen vor Freude.

»Ich wette, da waren zwanzig Leute vonnöten, um dieses Päckchen zu organisieren«, flüstere ich.

»Lies den Zettel«, erinnert Danka mich.

Chinin dreimal täglich, lese ich laut vor. *Achtet auf die Rohre – wenn Hügel, dann ist etwas für euch drin. In ein paar Tagen mehr Saft. Macht's gut. Alles Liebe, Heniek und Bolek. (Bolek ist in Danka verliebt. Ich bin in dich verliebt.)*

Danka wird rot und kichert ein bißchen. Es klingt so seltsam, Fröhlichkeit zu hören. »Dank dir, Gott, daß du uns noch einmal gerettet hast.« Danka drückt mir die Hand beim Einschlafen.

Es wird Morgen, und Danka trinkt den Tomatensaft aus und ißt die Zitronenschale. Ich gebe ihr eine Tablette und beschließe, ihr bei jeder Mahlzeit eine zu geben, bis sie aufgebraucht sind.

Als wir die Waggons zu den Männern hochschieben, mustere ich das Gelände und werfe dann rasch die Notiz hinüber, die ich gestern abend geschrieben habe: *Wir danken euch. Danka geht es schon besser. ›Bóg zapłać‹, möge Gott es euch vergelten. Alles Liebe, Rena und Danka.* Außer diesen Worten haben wir nichts, was wir Heniek und Bolek geben können. Wie uns die Tabletten, hilft ihnen vielleicht die Liebe, zu überleben. An diesem Ort dürfen wir nicht mit Zuneigung und Dankbarkeit haushalten. Wenn wir es heute nicht sagen, könnte nie wieder Gelegenheit dazu sein.

Innerhalb der nächsten drei Wochen ist dreimal die Erde bei den Rohren aufgeworfen. Jedesmal finden wir dort Tomatensaft, eine Zitrone und einen Liebesbrief von Heniek und Bolek. Einmal sind auch Chinin-Tabletten dabei. Eines Tages marschieren wir auf die Sandhaufen zu, und auf der anderen Seite des Zauns arbeiten keine Männer mehr. Unsere Retter sind aus unserem Blickfeld, aber nicht aus unseren Herzen verschwunden. Wir denken oft an sie. Wir sehen sie nie mehr wieder.

»Rena?« Ich drehe mich zu einem vertrauten Gesicht aus meiner Vergangenheit um. Ein Wirbelwind an Erinnerungen fegt durch meine Gedanken. Es ist jemand von zu Hause, eine Nichtjüdin.

»Manka?« Fragend blicke ich in das Gesicht.

»Rena. Wie geht es dir?«

»Ich lebe. Wie kommst du denn hierher?« Ich schaue auf ihr Dreieck. Es hat die Farbe für die politischen Gefangenen, doch es fällt mir schwer, das zu glauben. Mag sein, daß sie achtlos dahergeredet hat; dafür war sie in Tylicz bekannt. Ich merke, wie das Mißtrauen in mir wächst – ihre Augen haben diesen wilden Blick, den man oft hinter diesen Zäunen sieht. Sie verliert den Verstand. Ich bleibe vorsichtig.

»Ich habe gesehen, wie deine Eltern umgebracht wurden«, sagt sie beiläufig. »Das ist die Wahrheit. Sie sind zurück nach Tylicz gekommen. Sie hätten nicht zurückkehren sollen. Eines Tages beschlossen die Deutschen, alle Juden, die übriggeblieben waren – etwa acht –, zu holen, und sie mußten sich auf dem Marktplatz aufstellen ...« Ich verstehe nicht, wie sie das so herzlos daherreden kann. »Dann haben sie ihre Hände mit Stricken an einem Fuhrwerk festgebunden und trieben die Pferde im Kreis herum, bis auch der letzte von ihnen tot war.« Sie hört sich an, als hätte sie das Alphabet aufgesagt.

»Entschuldige ...« Ich will weggehen, aber ihre Stimme verfolgt mich.

»Sie haben geschrien, wir sollen ihnen helfen, aber keiner konnte etwas tun. Sie haben entsetzlich gelitten. Sie hätten nicht zurückkommen sollen, aber das hätte auch nichts geändert, oder? Jeder, der nicht tot ist, ist hier!«

Ich stolpere durch den Schlamm und versuche ihrer Stimme, ihrer grauenhaften Stimme zu entfliehen. Ich hasse dich! möchte ich ihr ins Gesicht schreien. Ich hasse dich.

Die Vision bekommt einen Riß. Er ist lang und tief, verzerrt das geduldige, liebevolle Gesicht meiner Mutter. Als wäre ich ein Maurer, der eine Festung zu sichern hat, repariere ich ihn schnell und schmiere Beton über meine Erinnerung. Mama wartet auf uns. Sie warten im Bauernhaus. Sie sind sicher. Nur der Rest der Welt ist in Gefahr. Manka ist nicht bei Sinnen, sage ich mir. Sie war nicht dort. Sie ist verrückt. Sie ist nicht bei Sinnen, wiederhole ich mir immer und immer wieder.

Die Zäune von Birkenau erstrecken sich vor mir. Ich bleibe weit genug weg, um nicht erschossen zu werden, aber ich stehe da und starre auf das weite Land meiner Heimat. Es kommen keine Tränen, der Wasserverlust erlaubt kein Weinen, aber meine Augen schmerzen, als fielen Tränen.

Manchmal habe ich ernsthafte Zweifel, ob sie noch leben, aber manchmal habe ich das Gefühl, sie sind mir körperlich nah. Ich kann sie riechen. Ich kann ihre Berührung spüren. Ich kann Mama nicht sehen, aber ich weiß, daß sie in der Nähe ist. Es gibt Augenblicke, wo der gesunde Menschenverstand mir sagt, daß diese unsichtbare Anwesenheit ihren Tod bedeutet, aber dann verdunkelt mein umwölkter Geist diese Wahrheit wieder. Mit umwölktem Geist spürt man den Schmerz nicht so sehr, und deshalb erlaube ich mir nur dann, die Dinge klar zu sehen, wenn Klarheit lebenswichtig ist.

In Auschwitz-Birkenau ist nicht viel Zeit für klares Denken, doch als ich vor Danka meinen Eid ablegte, war das ein klarer Moment. Wäre mein Geist umnebelt gewesen, hätte ich nie sagen können: »Meine Hand ist das Heilige Buch, und Mama und Papa stehen hier vor uns.« Ich habe es gesagt, als wären sie in einem Himmel, unsichtbare Wesen, die über uns wachen. Das bedeutet, ich wußte in diesem Augenblick, daß sie tot sein mußten, doch ich erlaube mir nur selten, so weit vorauszudenken. Diese beiden Geisteszustände stehen in symbiotischer Beziehung zueinander, und solange keiner seine Logik verändert, kann jeder Bereich für sich existieren.

Ich verschließe die Tür vor Mankas Bericht über ihren Tod. Mama und Papa leben und warten in Tylicz auf uns, und Mamas warme und unsichtbare Anwesenheit bewacht und führt uns. So ist es. Und es muß für keinen anderen einen Sinn ergeben als für mich.

Wir kommen am Morgen in Emmas Gruppe und treffen dort auf fünfzig Frauen mittleren Alters, die mit uns zur Arbeit gehen. Wir starren sie an, als wären sie Fremde aus einer anderen Welt. Es ist seltsam, Frauen zu sehen, die in den Fünfzigern sind; normalerweise sortieren sie jede Frau aus, die über vierzig ist, fürs Gas. Aber da sind sie, diese fünfzig Frauen, die uns anstarren und aussehen, als wären sie unsere Mütter.[12] In ihren freundlichen, faltigen Gesichter steht die Furcht und die Beklommenheit, die dieser Ort jedem von uns aufzwingt. Womöglich denken sie an ihre eigenen Töchter und Söhne und Enkel. Ich kann mich nicht abwenden von ihren Gesichtern. Es ist schrecklich, ältere Frauen ohne ihre Kopftücher und so kahl wie uns zu sehen. Einen Augenblick überlege ich, was Mama wohl empfunden hätte, wenn man sie ohne ihre Perücke oder eine Babuschka in die Öffentlichkeit gezwungen hätte.

»Schau, Danka!« Ich zeige auf eine Frau in der Reihe.

Danka seufzt. »Sie sieht aus wie Mama.« Wir drücken einander die Hände und lächeln die Fremde an. Sie lächelt zurück.

Ich nehme mein Kopftuch ab und nähere mich der Frau, die Mama so ähnlich sieht. »Sie werden das brauchen können, um Ihren Kopf heute vor der Sonne zu schützen.« Ich gebe es ihr.

»Das kann ich nicht annehmen«, stammelt sie.

»Sie müssen. Ich würde es nicht mehr aufsetzen.« Ich wende mich ab und kämpfe gegen die Tränen an.

»Marschiert los!« Wir gehen los, hinaus durch die Tore. Das Orchester spielt eine verstimmte Polka. Mädchen starren unser Kommando an. Münder werden aufgerissen, als die Mütter vorbeigehen, hinaus zur Arbeit marschieren. Das

---

[12] Der Strom der Konvois kam Ende Juli 1943 plötzlich zum Stillstand, und es gab eine Verschnaufpause. Die Krematorien wurden gründlich gereinigt, die Installationen für den weiteren Gebrauch repariert und instand gesetzt. Am 3. August nahm die Tötungsmaschine ihre Arbeit wieder auf« (Wyman, 18). Sehr wahrscheinlich sind die älteren Frauen in dieser Zeit nach Birkenau gebracht worden.

Schweigen, das uns folgt, ist das unsichtbare Weinen jeden Mädchens, das sich erinnert und betet, ihrer eigenen Mutter möge dieses Ende erspart geblieben sein.

Dies ist das zweite Jahr, und wir sind so viele, daß jeweils eine von der SS ein Kommando bewacht. Die Kommandos sind in separate Arbeitsgruppen aufgeteilt, jedes mit einer Aufseherin. Doch wir haben nicht immer jemand von der SS direkt vor uns, denn sie sind damit beschäftigt, die anderen Arbeitsgruppen zu überwachen.

»1716!« sagt Emma. Ich hebe meinen Kopf, ohne mit dem Schaufeln aufzuhören, um zu erfahren, warum Emma meine Nummer aus allen ausgewählt hat. »Komm hierher.« Ich lege meine Schaufel hin und gehe mißtrauisch zum Rand der Postenkette.

»Stell dich hier am Rand des Grabens auf und halte Wache.« Sie sieht mir direkt in die Augen. »Ich gehe zur Latrine und ich werde länger weg sein als sonst.« Ich nicke und weiß, daß sie dort einen Mann treffen wird. »Du bleibst hier stehen und schaust andauernd nach links und nach rechts, und wenn jemand kommt, stellst du dich in die Reihe und fängst zu arbeiten an. Wenn sie fragen, wo ich bin, sag ihnen, daß ich zur Latrine bin.« Ich nicke.

Ich stehe erhöht über meiner Schwester und dem Rest des Kommandos und schaue nach links und nach rechts. Mein Blick fällt auf die älteren Frauen, und wieder schaue ich nach links und nach rechts. Die Sonne brennt uns heiß auf die Köpfe. Ich wische mir den Schweiß von den Augen. Die Frau, die mein Kopftuch trägt, blinzelt in die grelle Sonne, als sie zu mir hochblickt. Ich ertrage es nicht, sie so hart arbeiten zu lassen, stundenlang, ohne Ruhepause. Diese Frauen sind unseren Müttern so ähnlich, und sie hatten noch keinen Augenblick Unterbrechung und Atempause seit dem Mittagessen.

»Warum setzt ihr euch nicht alle hin«, schlage ich vor. »Legt eure Schaufeln hin und ruht euch aus, während ich aufpasse.« Sie schauen mich alle an. »Macht schon, von hier oben kann ich sehen, ob jemand kommt.« Eine nach der anderen setzen sie sich hin, kauern oder knien auf der Erde. Die Frau, die unserer Mutter so sehr ähnelt, lächelt. Ich schaue nach links. Die Stille der Mädchen und Frauen unter mir erlaubt mir einen Moment der Entspannung. Ich schaue nach rechts. Der Staub neben ihren Füßen und Händen setzt sich. Schweiß-perlen glänzen auf ihren Köpfen, und ich kann sehen, wo der Sonnenbrand ihre zarte Haut rötet. Ich schaue nach rechts. Doch ich schaue nicht nach hinten.

»Was geht hier vor?!« Das Pferd kommt aus dem Nichts angaloppiert. Ehe ich weiß, wie mir geschieht, springt ein SS-Mann von seinem Roß und wirft mich zu Boden. Brutal tritt er mich in den Rücken. Ich halte mir die Hände vors Gesicht.

»Wo ist die Aufseherin?« schreit er und rammt mir die Stahlspitze seiner Stiefel in die Rippen.

»Ohhh!« Ich presse meine Hände auf den Magen. »Sie ist bei der Latrine!« Er stößt mich ins Gesicht. Blut sprudelt mir aus dem Mund.

»Und du läßt sie ausruhen?« Und nochmal in den Magen, und nochmal in die Rippen. »Du, die du hättest aufpassen sol-len? Lügnerin!« Und wieder in den Rücken und wieder ins Ge-sicht. »Dreckiger Scheißjude! Mistbiene! Man sollte euch alle umbringen!«

Ich kann vor lauter Blut in meinen Augen nichts sehen. Er trommelt auf mich ein, als wäre ich verfaultes Gemüse für den Kompost, doch ich weigere mich zu weinen und um Gnade zu betteln.

Die Mädchen und die älteren Frauen sind eifrig am Arbei-ten, sieben den Sand, schaufeln Erde, versuchen mein Ächzen und Stöhnen zu ignorieren.

»Was geht hier vor?!« Emma kommt angerannt.

»Wo warst du?« schreit er.

»Auf der Latrine!«

»Und du hast eine Jüdin auf andere Jüdinnen aufpassen lassen? Du Hure! Du dumme Kuh! Ich möchte, daß über diese Gefangene Meldung gemacht wird, weil sie deine Gruppe hat ausruhen lassen!«

»Jawohl, mein Herr.«

»Mach Meldung an Kommandantin Drexler!«

»Jawohl!«

»Vielleicht überlegst du dir es das nächstemal, ehe du zum Huren gehst.«

Emma übernimmt es jetzt, mich zu schlagen. »Ihr Hunde! Zurück an die Arbeit!«

Ihre Schläge tun nicht so weh wie die gemeinen Tritte des SS-Manns, aber daß sie mich schlägt, verletzt die Gefühle, die ich für sie hatte.

Ich schleiche mich davon und versuche mich unsichtbar zu machen, dabei hoffe ich, daß er mich nicht nochmal schlägt, hoffe, daß er von soviel körperlicher Anstrengung bei dieser Hitze müde geworden ist. Die Hufe seines Pferdes stampfen auf den Boden, als er davongaloppiert. Danka gibt mir eine Schaufel in die Hand. Ihre Hand ist wie Eis. Ich grabe blind in der Erde, unfähig, durch Blut und Tränen Erde und Himmel auseinanderzuhalten.

Wir arbeiten schweigend und schnell. Jede zittert vor Angst. Wir hören nicht auf zu arbeiten, es gibt nicht einmal eine Pause im Rhythmus unseres Grabens.

»1716.« Ich drehe mich Emmas Stimme zu, ohne ihr Gesicht sehen zu können. »Nimm das.« Ich gehe vor dem Schlag in Deckung, aber statt dessen fällt mir ein Stoffetzen in die Hände. »Wisch dich ab.« Ohne ein weiteres Wort kehrt Emma auf ihren Posten zurück.

Ich stütze mich einen Moment auf meine Schaufel und wische mir den Schmutz und das Blut aus Augen und Gesicht. Die Schluchzer in meiner Brust sind eine Qual für meine blaugeschlagenen Rippen. Ich bin so durcheinander, eine elende

Mistbiene, wie sie mich nennen. Ich mühe mich, die aufgewühlten Gefühle, die in meinem Innern hochsteigen, in Zaum zu halten. Meine Schläfen klopfen, mein Mund schmerzt. Ich kann nicht schreien, nicht nur wegen der Arbeit, sondern wegen der Schmerzen. Der Schmerz wäre zu groß, wenn ich nur einen Seufzer laut werden ließe. Statt dessen beschließe ich, an Emma zu denken. Schlagen mußte sie mich, um ihre eigene Haut zu retten; doch der Fetzen sagt mehr als alle Worte, die sie je zu mir sprechen wird. Ich konzentriere mich wieder aufs Graben, trotze der Sommersonne, versuche, den Schmerz wegzudenken.

Wir arbeiten. Die Frau, die meiner Mutter so ähnlich sieht, beobachtet mich den ganzen Nachmittag. Emma sieht darüber hinweg, daß ich nicht so hart arbeiten kann, wie ich es normalerweise tue. Sie läßt die Peitsche über unseren Köpfen knallen und handelt schroff, aber in dieser Hitze arbeitet die Gruppe langsam, und die älteren Frauen schaffen diese harte Arbeit nicht. Ich ertrage den Schmerz so gut es geht, aber es tut weh, wenn ich atme und aufrecht stehe. Endlich ist es Zeit, ins Lager zurückzumarschieren. Der Zwei-Kilometer-Marsch ist eine Qual für sich. Ich konzentriere mich darauf, den Schmerz zu zerstreuen, aber allein das Einatmen geht mir an die Rippen, als hätte ich ein Messer in der Lunge.

Das Marschorchester spielt, doch innerlich sterbe ich hundert Tode und höre nur den Trauergesang: Für mich ist alles vorbei. Emma stellt sich neben das Orchester, als ihr Kommando durch das Tor marschiert.

»Warte hier.« Sie zieht mich heraus. Meine Augen treffen sich mit Dankas Augen: es ist ein schweigendes Lebwohl. Das Orchester spielt mir das Entsetzen in die Ohren. Ich schreie vor Schmerz und muß doch stehenbleiben, wissend, daß ich in ein paar Stunden tot sein werde, wissend, daß ich meine Schwester zum letztenmal durch das Tor des Todes habe marschieren sehen – wissend, daß ich mein Gelübde nicht gehalten habe, wissend, daß ich gescheitert bin. Ich darf meine müden Füße nicht bewegen. Ich darf meinen Kopf nicht umdrehen. Starr nach vorne schauend, als ein Kommando nach dem anderen hereinmarschiert, nehmen meine Augen keine einzelnen Gesichter wahr. Manche, die noch Kraft haben, etwas wahrzunehmen, sehen mich dort; doch keine hat die Kraft, sich um mich zu kümmern. In ihren Augen bin ich verdammt, eine weitere Gefangene, die auf ihr Todesurteil wartet. Man braucht sie nicht daran zu erinnern, wie zerbrechlich unser aller Leben ist.

Zum erstenmal in sechzehn Monaten Gefangenschaft wünsche ich mir, innerhalb der Tore von Birkenau zu sein und neben meiner Schwester zu stehen, um gezählt zu werden, dies jedenfalls bedeutet, daß ich lebe. Von außerhalb der Tore sehe ich zu, wie sie mit dem Appell anfangen, entfernt von aller Wirklichkeit. Ich entschwebe meinem Körper und sehe hinab auf ein Meer von Menschen, die zur Sklaverei verdammt sind, und wünsche mir, ich wäre unter ihnen.

Der Himmel ist dunkel. Ich bin allein. Selbst das Orchester hat mich verlassen.

Die Tür zum Büro geht auf und Emma kommt heraus. Ihr Kopf leuchtet im Licht, das von drinnen kommt. Ihr Haar wird grau.

»Geh ins Lager«, sagt sie sachlich. Unsicher bewege ich mich davon, voller Angst, daß sie scherzt. »Verschwinde!« befiehlt sie mir und fügt kaum hörbar hinzu, »und sieh zu, daß du morgen zum Appell erscheinst.«

»Ja, Emma. Das werde ich, Emma.« Ich gehe durch die Tore, verschwinde im Lager, um mich den Reihen geknechteter Frauen und Mädchen anzuschließen. Man hat mich beim Appell erfaßt. Ich lebe.

Danka wartet mit tränenverschmierten Wangen vor dem Block. »Rena?« Wir fallen einander in die Arme. »Ich war mir sicher, daß du tot bist«, weint sie.

»War ich auch. Emma hat mich gerettet.«

»Wie ist das möglich?«

»Das werden wir nie erfahren.« Ich dachte, es gäbe keine Freude in Auschwitz-Birkenau, doch es gibt sie – ich lebe noch immer, das ist Freude. Es mag keine Präsente und auch keine Feiern geben, aber die Tatsache, daß jemand wieder mit seinen Lieben zusammensein darf, ist ein seltenes Geschenk hinter diesen Mauern. Und dieser Zusammenstoß mit dem Tod gibt mir eher Kraft, als daß er mich besiegt. »Wir müssen zusehen, daß wir für die älteren Frauen in unserer Gruppe ein paar Kopftücher bekommen.«

»Du bist verletzt, Rena. Du solltest dich hinlegen.«

»Ich werde mich besser fühlen, wenn ich diesen Frauen helfen kann.« Wir gehen von einem Block zum anderen, erzählen den Blockältesten und Raumältesten und anderen Gefangenen von den älteren Frauen und bitten um Kopftücher, damit sie sich wenigstens vor der Sonne schützen können.

»Sie können die Hitze nicht aushalten«, erzähle ich ihnen. »Seht, wie man mich geschlagen hat, weil ich sie ausruhen ließ. Sie sind so alt wie unsere Mütter, und sie werden nicht überleben, wenn wir nichts unternehmen.« Jede, die ein Kopftuch besitzt, stiftet es uns. Mit feuchten Augen geben sie Danka und mir einen Schal zu Ehren ihrer eigenen Mütter, die jetzt nur noch Erinnerung in der aschegeschwängerten Luft sind. Wir bekommen zehn Kopftücher zusammen.

»Ich habe dich gesucht.« Die Frau, die meiner Mama so ähnlich sieht, kommt auf mich zu, als ich die Kopftücher einsammle.

»Wie geht es Ihnen?« frage ich.

»Das sollte ich dich fragen. Ich möchte dir etwas geben. Wirst du dies nehmen?« Sie hält mir ihre Brotration hin.

»Nein, das kann ich nicht.« Ich schüttle den Kopf, weiche zurück vor ihrer Geste.

»Bitte, du bist jung. Ich möchte, daß du lebst«, bettelt sie.

»Sie werden es morgen nötig haben. Bitte, bewahren Sie es auf und essen Sie es am Morgen. Es wird wieder ein heißer Tag werden. Sie haben ein Kopftuch. Sie können leben. Ich weiß, daß Sie es können. Sehen Sie, meine Schwester und ich haben noch zehn Kopftücher für Ihre Freundinnen, damit sie etwas für die Sonne haben. Es wird besser werden – wirklich!«

»Das sagst du, nachdem man dich so zusammengeschlagen hat?«

»Ach das. Das nächstemal werde ich mich rundum umsehen und besser aufpassen ... Sie werden sehen, so schlimm ist es hier gar nicht«, lüge ich meiner Mama ins Gesicht. »Versuchen Sie mir zuliebe das Brot zu essen und den Tee zu trinken. Bitte, versuchen Sie zu leben ... Haben Sie Ihren Tee bekommen?«

»Ja, eine Freundin paßt im Block darauf auf. Ich werde den Tee zu mir nehmen, aber nicht das Brot. Nimm es, ich brauche es nicht.«

»Ich kann es nicht annehmen. Es wäre, als würde ich Brot von meiner eigenen Mama nehmen."

»Deine Mama möchte, daß du ihr Brot nimmst, für sie lebst.«

Meine Augen brennen. »Es tut mir leid. Danke, aber ich kann es nicht annehmen. Bitte. Bitte versprechen Sie mir, es zu essen.« Ich halte ihre Hand und drücke sie fest um die Brotkruste, die so kostbar ist, daß viele darum kämpfen würden.

»Wie heißt du?«

»Rena.«

»Du bist eine gute Tochter, Rena.« Sie lächelt mir in die Augen. »Ich weiß, daß es komisch ist, aber ich werde beten, daß du einen meiner Söhne triffst, wenn du freikommst. Jeder wäre dir ein guter Ehemann, und solltest du keinem meiner Söhne begegnen, werde ich zum Herrn beten, daß du einen Ehemann bekommst, der so gut ist wie meine Söhne, und ein gutes Leben hast.« Unser Hände gleiten rasch auseinander, und sie läßt mich allein in der Nacht stehen. Ich drücke weiße und rote Kopftücher an meine Brust.

»Bist du fertig, Rena?« Dankas Stimme holt mich zurück in die Gegenwart. »Wir müssen rein.«

»Sie hat ihr Brot«, sage ich zu meiner Schwester. »Es wird ihr doch gutgehen, oder?«

»Wem, Rena?«

»Mama. Wir sehen sie doch morgen?« Ich schlafe ein.

Vier Uhr morgens.

»Raus! Raus!«

Nach dem Appell kommen wir zu Emmas Kommando, aber die älteren Frauen sind nirgends zu sehen.

»Wo sind sie, Emma?« Ich habe ihr noch zuvor eine direkte Frage gestellt.

»Ich weiß es nicht«, antwortet sie schlicht.

»Bleib hier«, sage ich Danka, um mir damit meinen Platz in der Gruppe zu sichern. Ich laufe quer durchs Lager und halte in den benachbarten Kommandos, die sich zur Arbeit aufstellen, Ausschau nach ihren gebeugten und müden Körpern. Ihr Gesicht ist nirgendwo dabei. Ich rase in ihren Block, wo ich die Blockälteste antreffe.

»Wo sind sie?«

»Wer?«

»Unsere Mütter«, stammle ich. »Die älteren Frauen!«

»Oh.« Ihre Stimme ist sanft. So hart wir auch alle geworden sind, diese Frauen haben unsere Herzen berührt und uns wieder empfinden lassen, doch die Wunden sind tief und schmerzen, wenn man sie anfaßt. »Man hat sie in der Nacht geholt.«

Die Worte bleiben mir im Hals stecken, als würde mich jemand würgen. Die Blockälteste und ich starren einander voll Trauer und Entsetzen an.

»Geh raus hier, ehe man dich erwischt!« Ihre Stimme

schleudert mich zurück in die Wirklichkeit. Ich verlasse den Block. Rennen kann ich nicht mehr, denn meine Beine sind schwer wie Blei.

Emmas Gruppe ist voll. Ich starre sie verloren an, bringe die Selbstbeherrschung nicht mehr auf, die mir normalerweise wichtig ist. Ich rutsche in die Grube, werde verschluckt werden, werde verschwinden.

Emma rollt die Augen und macht eine ruckartige Kopfbewegung. »Komm rein!«

Ich stelle mich neben Danka, schüttle den Kopf und beiße mir auf die Lippen. Mit gesenkten Köpfen marschieren wir wieder hinaus in einen Arbeitstag unter sengender Sonne. Keine mütterlichen Gesichter trösten uns in unserem Verlust, doch Emma läßt ihre Peitsche heute nur knallen, wenn ein SS-Mann vorbeireitet. Der Schmerz in meinem Rücken und den Rippen meldet sich wieder, und ich kann an nichts anderes mehr denken.

Die Taubheit in meinem Herzen erfaßt meinen ganzen Körper. Der Körper schaufelt die Erde. Der Körper siebt den Sand. Der Körper schreit vor Schmerz, wenn die Lunge an die gequetschten, womöglich gebrochenen Rippen stößt. Doch die Augen sind es, die am meisten weh tun. Sie schmerzen so sehr, daß der Kopf zu zerspringen und sich über das unfruchtbare Land zu ergießen scheint, während wir immer mehr Sand sieben, um immer mehr Ziegel und Beton zu machen, um mehr Blocks für mehr Juden zu bauen. Trotz der Sonne ist der Himmel schwarz.

Wir leben nicht in Birkenau. Wir sind immer fast tot.

Stibitz ist mies gelaunt, er stapft vor und zurück, flucht laut in unsere hungrigen Gesichter, während wir auf unseren Tee und unsere Brotration warten. Wir achten nicht auf den Grund für seine Tiraden; diese Gefühlsausbrüche sind nichts Ungewöhnliches. Selbst die SS hat schlechte Tage. Er hebt den Deckel vom Teekessel ab und schleudert ihn wie einen Diskus gegen die Wand. Er prallt ab und fliegt auf uns zu.

»Kopf runter, Danka!« Sie weicht aus. *Klatsch!* Er schneidet sich ihr in den Kopf, bringt sie mit seinem Gewicht und dem plötzlichen Schock zu Fall. Blut rinnt über ihr Gesicht und auf den Boden. Unter der Wunde kommt der Knochen zum Vorschein, doch das ist gut, sage ich mir, denn wenigstens ist ihr Schädel nicht angeknackst. Ich ziehe das Tuch, das ich bei meiner Periode benutze, aus dem Ärmel und presse es fest auf die klaffende Wunde, bete, das Blut möge rasch gerinnen, ehe irgendeiner von der SS mitbekommt, daß sie hier liegt. Danka regt sich. »Halte dir das an den Kopf und drücke fest darauf.« Sie hält es fest, während ich ein Stück aus meinem Slip herausreiße, noch ein Geschenk, das Erna mir vor langer Zeit gemacht hat.

»Steh still, Danka. Rühr dich nicht, bis ich's dir sage.« Ihre Augen zucken vor Schmerz zusammen. Ich drücke ihr diesen neuen Stoffstreifen auf die Wunde und wringe den anderen aus, ehe ich ihn wieder drauflege. Die Mädchen in unserer Reihe geben uns Deckung, als sie nach vorne zu ihrem Brot gehen. In ihrem Schutz habe ich ein paar kostbare Minuten, die Blutung zu stillen, Dankas Atmung zu prüfen und ihre Augen zu untersuchen. Sie hat einen Schock erlitten; die Wunde ist groß und häßlich, zieht sich von der Stirnmitte herunter bis zur Augenbraue. Mir schmerzt der Kopf vor Mitgefühl.

»Es ist gar nicht so schlimm, Danka. Doch wir müssen etwas drauftun, eine Tinktur.« Ich tupfe sanft das Blut von ihrer Braue. Es sickert jetzt langsamer. »Wir werden jetzt aufstehen und uns unseren Tee holen.« Ich dirigiere sie zurück in die Schlange, um uns für Tee und Brot anzustellen. Wir gehen in unseren Block.

»Mir ist schwindlig.«

»Iß trotzdem, Danka. Du brauchst deine Kräfte. Die Wunde

macht dich krank, nicht dein Magen.« Sie schlürft langsam ihren Tee, hält immer wieder inne, als kämpfte sie gegen den Drang, sich übergeben zu müssen. Ich decke sie zu, ehe ich mich vor der Tür der Blockältesten anstelle.

»Salbe für eine Wunde.« Ich gebe ihr mein Brot.

»Laß mich mal sehen, was ich habe.« Sie nimmt mein Brot und verschwindet. Ich warte, versuche dabei von meinem Platz aus Danka im Blick zu behalten. Meine Beine werden müde vom Stehen, und so kauere ich mich gegen die Wand und warte. Die Tür geht auf. Der Lichtschein fällt heraus auf die Dunkelheit des jetzt schlafenden Blocks. Die Blockälteste gibt mir auf einem Stück Papier einen Batzen Salbe und macht dann die Tür vor mir zu.

Sanft wasche ich Dankas Wunde aus. »Werde ich davon sterben?« will sie wissen.

»Ganz und gar nicht. Es ist wirklich nicht so schlimm, Danka. Doch ich weiß, daß es weh tut.« Worüber ich mir wirklich Sorgen mache, ist eine Infektion, eine Narbe, eine Selektion. Die Wunde selbst wird sie nicht umbringen, ihre Wirkung kann das aber wohl. Ich unterdrücke diese Ängste, die meine Aufmerksamkeit und meinen Einfallsreichtum behindern. Als ich ihr die antiseptische Salbe auf die Stirn reibe, versichere ich ihr: »Morgen bekommen wir mehr.«

Vier Uhr morgens.

»Raus! Raus!«

Mein Magen knurrt den ganzen Tagen. Die Suppe schwappt in meinem Bauch wie ein Wellenmeer ohne Halt. Danka ist geschwächt, und ich weiß, daß ihr der Kopf schmerzt, doch sie schafft es zu arbeiten. Ich tausche mein Brot gegen Salbe für ihre Wunde und gehe dann hinaus zu den Latrinen. Bei den Latrinen werden Information ausgetauscht und Dinge gehandelt. Ich vermisse Erna, wünsche mir, ich hätte jemanden zum Reden, jemanden, der meine Last mit mir teilt. »Hast du schon gehört?« flüstert ein Mädchen neben mir. »Es wird eine große Selektion geben. Sie wollen im Lager gründlich aufräumen.« Eine andere Stimme bestätigt die Information. »Wir sind zu viele.«

Benommen gehe ich zurück in den Block. Wie einen Kinderreim, der mir im Kopf singt, höre ich immer und immer wieder das Gerücht: Es wird eine große Selektion geben, wir sind zu viele. Wie ein Stich, an dem ich nicht kratzen kann, frißt sich die Nachricht in mein Schweigen. Es ist ein unheilverkündendes Geheimnis, eine unerträgliche Bürde. Fast wünsche ich mir, sie hätten es mir nicht gesagt. Die Sorge über Dankas Narbe geht mir an die Substanz. Man wird sie aussortieren, wenn sie die Wunde sehen, und sie heilt zu langsam. Mir dreht sich der Kopf, bis ich alles und gar nichts mehr denke.

Wir marschieren hinaus mit Emma, doch die Arbeit wird wie das Wetter immer schlimmer. Es ist unser zweiter Herbst. Wir bekommen nicht frei, wenn es regnet oder schneit, das weiß ich inzwischen. Sie werden immer dastehen und zusehen, wie wir uns abmühen, Ziegel zu schleppen, zu graben, zu bauen. Wir kehren von der Arbeit zurück, und unsere Hände und Füße sind von der ständigen Feuchtigkeit und Kälte immer aufgesprungen; wir warten darauf, gezählt zu werden, warten auf unseren Tee, unser Brot, arbeiten ständig – warten ständig.

Die SS ist aufgeregter als sonst. Sie schwingen ihre Peitschen und Knüppel noch häufiger, schlagen uns grundlos. Die Arbeitskommandos werden strenger und härter. Es ist, als versuchten sie bereits diejenigen auszusondern, die es bei der nächsten Selektion ohnehin nicht schaffen würden. Ich sehe mir die Reihen und Reihen von Frauen an, die mein Schicksal teilen. Noch nie habe ich das Lager so voll gesehen. »Wir sind zu viele.« Ich frage mich, was die Nazis wohl empfinden mögen, wenn sie uns nicht schnell genug umbringen können, indem sie uns zu Tode arbeiten. Ich frage mich, ob sie überhaupt etwas empfinden.

Die SS schreitet unsere Reihen ab, zählt die Abendmannschaft, vermerkt, wer während des Tages zusammengebrochen und wer gestorben ist. Schweigen fällt auf die Reihen von Mädchen herab. Dr. Mengele ist ins Lager gekommen. Wir wissen, wer er ist, es sind Gerüchte über ihn im Umlauf. Er steht vor uns, der glorreiche Engel der Verdammnis. Schwer zu glauben, daß jemand, der so gut aussieht, die Dinge tun kann, die man ihm nachsagt.

Ein SS-Mann weist einen Teil unserer Reihen an, sich von der Hauptgruppe zu trennen. Danka und ich sind in der Gruppe, die beim Anwesenheitsappell von den anderen abgesondert wird. Dr. Mengele wandert langsam an uns vorbei und sucht sich die gesündesten und tauglichsten Exemplare aus. Dies ist der Augenblick, auf den ich gehofft habe; manchmal wählt er Gefangene für Arbeitskommandos in den Gebäuden aus, so eins wie das, in dem Erna und Fela jetzt sind. Das könnte unser Glückstag sein, der Tag, an dem wir eine Möglichkeit haben, Birkenau zu verlassen. Er geht an uns vorbei wie ein Schlachter, der sein Fleisch prüft.

Er zeigt auf mich, aber übergeht Danka. Ich trete aus der Reihe, gehe nach vorne, entferne mich von meiner Schwester. Danka wird mit dem Rest der untauglichen Exemplare verworfen. Der Appell ist zu Ende. Tausende von Frauen eilen in ihre jeweiligen Blocks, um sich ihr Brot zu holen und einen Schlafplatz auf den Regalbrettern zu sichern.

Fünfzig von uns marschieren weg von den regulären Blocks und auf den Quarantäne-Block zu. Ich drehe den Kopf, um einen Blick auf meine Schwester zu erhaschen, und dabei wird die Grube in meinem Magen breiter und breiter. Unerträglich ist die Angst, sie nicht neben mir zu haben. Ich weiß nicht, ob diese Einheit ein Kommando des Lebens oder des Todes ist. Doch ich weiß genau, daß der einzige Weg, mein Versprechen gegenüber meiner Schwester zu halten, der ist, sie immer bei mir zu haben; zuviel kann in einem Augenblick passieren. Keine Sekunde stelle ich die Verpflichtung gegenüber meiner Schwester in Frage; das Gelübde ist die treibende Kraft hinter all meinem Tun. Im Quarantäne-Block gibt man uns ein kleines Stück Brot. Es findet keine Unterhaltung und kein Austausch über das Kommando statt, dem wir zugeteilt wurden. Die Mädchen, die mit mir ausgewählt wurden, gehen wortlos zu ihren Pritschen, während ich mich im Hintergrund halte, damit keiner mitbekommt, daß ich weggehe.

Erika hält draußen Wache. Sie hat eine Liste mit unseren Nummern in der Hand. Das ist Glück, obwohl immer die Gefahr besteht, daß sie unfreundlich zu mir ist. Das ist mir jetzt egal. Ich gehe direkt auf sie zu. »Kannst du mir helfen? Ich gebe dir mein Stück Brot, wenn du es einrichten kannst, daß meine Schwester auch in mein Kommando kommt.« Ich drücke ihr meine einzige Mahlzeit in die Hand.

Erika sieht mich an, als wäre ich verrückt. Doch die Entschlossenheit in meinen Augen überzeugt sie, daß es mir ernst ist. »Wie ist ihre Nummer?« Sie nimmt das Brot und schiebt es flink in ihre Tasche.

»2779.« Ich halte den Atem an. Sie könnte Danka hereinlassen. Sie scheint es ernst zu meinen. Sie scheint besorgt zu sein, aber darüber gibt es nie Gewißheit. »Darf ich sie in den Quarantäne-Block bringen?« frage ich schüchtern.

»Ja.« Erika wirft einen Blick in die Runde, taxiert das Areal. Keiner ist in der Nähe. Sie kreuzt einen Namen auf der Liste aus. »Jetzt hol schon deine Schwester.«

»Doch es werden zu viele sein. Was willst du machen?«

»Das geht dich nichts an«, zischt sie, »hau ab!«

Gehorsam verschwinde ich, werde eins mit den Schatten, schlängle mich zurück zu unserem Block. Danka steht direkt davor und wartet auf mich. Nur ihre Augen verraten den absoluten Aufruhr, den sie durchlebt. Ich nehme sie bei der Hand, wie ich das getan habe, als sie klein war. »Du kannst auch mit in mein Kommando.«

»Wie hast du das geschafft?«

»Nicht jetzt. Folge mir.« Wir treten in die Dunkelheit, schleichen uns übers Lagergelände zurück zum Quarantäne-Block. Die Scheinwerfer schweifen über die elektrischen Zäune, suchen die Kamikaze-Gefangenen, die sich mit Selbstmordgedanken tragen. Wir bewegen uns wie Geister, meiden die Lichter, die Gewehre, die Augen derer in den Wachtürmen.

Erika steht draußen. Wir gehen nicht auf sie zu, sondern warten auf ihr Zeichen. Sie hebt ihr Kinn zu einem angedeuteten Nicken, ehe sie uns den Rücken zudreht. Wir schießen durch die Tür und sind in Sicherheit. Darauf bedacht, keinen zu stören, gehen wir auf Zehenspitzen zu einer Pritsche, die noch nicht voll ist, und kriechen auf die Bretter. Als wir uns die Decke um die Schultern ziehen, lege ich zum erstenmal seit unserer Ankunft im Lager die Arme um meine Schwester. Ich möchte die dämonischen Träume davonjagen, die unsern verwirrten Köpfen den Schlaf rauben. Ich möchte meine müden Knochen ausruhen und die unaufhörliche Angst loswerden, die von innen an meinem Kopf rüttelt.

Zum erstenmal in anderthalb Jahren gibt es für uns keinen Anwesenheitsappell. Man bringt uns am Morgen einen Kessel voll Tee herein, und dann beginnt das Warten.

Mittags bekommen wir Suppe serviert, und den ganzen Nachmittag sitzen wir und warten auf das Abendessen. Das einzige, was wir hören, sind unsere knurrenden Mägen. Ich bin dankbar, daß wir nicht arbeiten müssen, und versuche diese kurze Unterbrechung zu nutzen. Wir haben keine Lust, mit den anderen zu reden, und ihnen ist nicht nach einem Gespräch mit uns. Am ersten Tage in der Quarantäne schlafen wir nur.

Am zweiten Tag sind wir nicht mehr so müde und gehen im Raum umher, stellen Fragen, unterhalten uns, fragen laut, warum wir hier sind und wie lange sie uns hierbehalten werden. Ich habe die Hoffnung, daß es ein Kommando ist, das unter einem Dach arbeitet. Es wäre gut, die kalten und regnerischen Tage nicht im Freien sein zu müssen. Außerdem hoffe ich, daß es kein Kommando wie das von Fela und Erna ist, eine Arbeit, über die man nicht reden darf.

Danka driftet in ihre eigene Welt ab. Ich sehe, daß sie keine Notiz von ihrer Umgebung nimmt – das ist ihre Art zu überleben. Ich achte inzwischen auf jedes bißchen Information, das ich bekommen kann: Das ist meine Art zu überleben – immer wachsam sein.

»Vielleicht werden wir in der Küche arbeiten!« sagt eins der Mädchen.

»Oh, was könnten wir in der Küche alles essen!«

»Ich frage mich, was sie uns machen lassen?«

»Könnte alles sein. Besser, gar nicht daran denken.«

Ein weiteres Mädchen schaltet sich ein, doch ihre Bemerkung richtet sich eher an das Fenster als an jemanden von uns. »Wenigstens sind wir nicht draußen. Das Wetter ist schrecklich heute.«

Wir reden nicht viel miteinander. Die Gespräche sind kurz; wir sind zu erschöpft, und wir haben einfach gelernt, daß es besser ist, sich nicht mit Menschen anzufreunden, die gleich sterben können. Es gibt kein schwesterliches Mitgefühl oder Verständnis. Wenn wir über etwas sprechen, dann darüber, woher wir kommen, aber selbst das ist zu schmerzhaft. Wir schlafen. Wir trinken unseren Tee. Wir schlürfen unsere Suppe. Wir kauen unser Brot. Wir warten.

Am dritten Tag sind wir alle gereizt und gehen einander auf die Nerven. Das Unbekannte zehrt den Rest unserer Moral auf. Mädchen, die sich eine Pritsche teilen, geraten sich in die Haare. Die Ruhe hat uns gut getan; bei dem wenigen, was wir zu essen kriegen, sind wir zwar noch immer hungrig, aber wenigstens verbrennen wir nicht alles bei harter Arbeit. Wir nehmen nicht zu, aber wir verlieren auch nicht an Gewicht.

»Raus! Aufstellen!« Es ist der vierte Morgen. Eine Krankenwärterin kommt zu uns. »Los, raus!« Wir folgen ihr, verlassen den Quarantäneblock und gehen durchs Lager auf ein anderes Gebäude zu. Auf dem Schild über der Tür steht groß SAUNA. Drinnen weist die Aufseherin uns an: »Ihr legt eure alten Kleider hier auf einen Haufen. Ihr braucht sie nicht mehr. Dort auf dem Tisch liegen neue Uniformen. Schnell!«

Nackt treten wir an den Tisch, nehmen uns die neuen Uniformen in Einheitsgröße und ziehen sie uns über. Sie sind genau wie unsere blau-grau gestreiften Kleider rauh wie unbenütztes Sandpapier.

»Zieht auch diese Schürzen an!« Wir binden uns saubere, weiße, gebügelte Schürzen um, als wir uns wieder aufstellen, und verlassen in Zweierreihen das Gebäude. Wir marschieren durch das gesamte Lagergelände, vorbei an den anderen Frauen im Lager, die sich schon zum Morgenappell aufgestellt haben. Das nächste Gebäude, das wir betreten, liegt mitten im Lager; es ist ein kleines Gebäude gegenüber von unseren Blöcken. Sein einziger Raum ist Mengeles Büro. Drinnen befiehlt uns die Schwester, die Arme auszustrecken, damit die Sekretärin jede unserer Nummern in eine Liste eintragen kann. »1716«, wiederholt sie leise, »2779«. Es ist seltsam, daß wir keine Nummern auf unseren Uniformen haben. Als wir wieder draußen sind, stellen wir uns in zehn ordentlichen Fünferreihen auf, formen unsere neue, exklusive Arbeitseinheit.

Ich frage mich, wo Emma ist; ich frage mich, ob ihr überhaupt auffällt, daß Danka und ich weg sind.

Es ist merkwürdig, dem üblichen Anwesenheitsappell zuzusehen, ohne dazuzugehören. Unglaublich, was für ein Meer an Frauen vor uns steht, nie habe ich so viele Menschen auf einem Platz gesehen. Sie sehen so elend aus, so verloren und niedergeschlagen. Die Worte *Wir sind zu viele* hallen wie ein Echo durch meine Gedanken, bis ich den Kopf schüttle, um die Warnung loszuwerden. Aus dem Augenwinkel sehe ich eine Frau mit einer Liste in der Hand, und ich denke mir: Selt-

220

sam, daß sie hier ist. Sie kommt hinter dem Gebäude hervor, schaut nervös hierhin und dorthin, als hätte sie Angst. Sie bleibt einen Augenblick stehen, streicht jemanden von der Liste und nimmt dann vorsichtig eins der Mädchen an die Hand, führt sie aus der letzten Reihe hinter Mengeles Büro. Sie verschwinden.

Als mir diese Wahrnehmung bewußt wird, fängt mein Herz zu rasen an. »Danka, das ist kein gutes Kommando für uns.«

»Was?« Ihre Augen werden ganz groß vor lauter Angst. »Warum sagst du das?«

»Eine von der Elite hat gerade eine Freundin oder Verwandte aus unseren Reihen weggeholt.«

»Wer?«

»Ich weiß nicht, wer sie ist, aber sie ist wichtig genug, um herumzulaufen, während alle anderen zum Anwesenheitsappell anstehen. Sie wird es wissen, wenn das ein schlechtes Kommando ist. Wir werden unter keinem Dach arbeiten. Dies hier ist ein Todeskommando.«

»Das kannst du doch gar nicht wissen.«

»Doch, das weiß ich.« Ich schaue mich um. Meine Gedanken gehen jedes nur denkbare Szenario durch. Ich brauche keine Sekunde, um zu entscheiden, wie wir vorgehen müssen, wenn wir überleben wollen. »Komm mit mir.«

Ihr fallen fast die Augen aus dem Kopf. »Wohin?«

»Zurück in die Sauna.« Ich schaue auf die gefürchteten Kleider, die war tragen. Wie hatte ich die Zeichen übersehen können? Keine Nummern auf der Brust, neue Kleider, saubere weiße Schürzen, genau wie die Versuchsopfer sie getragen haben. »Unsere einzige Chance ist die, uns unsere alten Uniformen zu holen, ehe sie weggebracht werden, und wir für immer verloren sind.«

»Das können wir nicht.«

»Wir müssen.« Ich bin wild entschlossen.

»Wie?« Meine Gedanken haben sich über unsere momentane Situation hinauskatapultiert, befassen sich mit den Einzelheiten, die unser Leben retten könnten.

»Wir werden so tun, als wären wir so wichtig wie irgendeine Blockälteste oder Aufseherin. Ich werde dich bei der Hand nehmen, und wir werden über das Gelände marschieren, und ich werde dich erst loslassen, wenn wir in der Sauna sind.«

»Vor allen?«

»Das ist unser Risiko.«

»Das können wir nicht. Sie werden uns ganz sicher erschießen.«

»Danka! Das hier hat was mit Experimenten zu tun. Erinnerst du dich noch an die Frauen mit den leeren Gesichtern?«

»Die Kräuter sammelten?« Ich nicke.

»Möchtest du zu einer lebenden Toten werden?« Ich schaue ihr fest in die Augen.

»Nein.«

»Nun, das wirst du aber sein, wenn du jetzt nicht mit mir kommst. Wir haben eine Chance zu leben, und eine Chance zu sterben. Wenn wir das Gelände überqueren, können wir leben oder sterben. Wenn wir hierbleiben, ist der Tod uns gewiß.«

Sie will mitkommen, das weiß ich, aber vor Angst sind ihre Füße wie festgewurzelt. »Ich kann nicht«, flüstert sie.

Ich beuge mich dicht an ihr Ohr. »Ich werde mein Gelübde brechen. Ich habe geschworen, mit dir zu sterben, aber nur, wenn du selektiert wirst, nicht, wenn du dich für den Tod entscheidest. Dazu habe ich mich nicht verpflichtet!« Unsere Sache steht auf wackligen Beinen. Die SS ist damit beschäftigt, die Gefangenen auf der anderen Seite der Lagerstraße zu zählen. »Wenn du nicht auf das hören willst, was ich dir sage, dann entscheidest du dich dafür, dein Leben aufzugeben – ich werde das aber nicht. Ich werde zurück zur Sauna gehen, ob du jetzt mitkommst oder nicht.« Ich bete, daß ich ihr genug Angst eingejagt habe, damit sie mit mir kommt.

»Was soll ich tun?« Ihre Stimme schwankt.

»Du gehst einfach mit mir. Das ist alles, was du zu tun hast. Halte dein Kinn hoch und glaube daran, daß du wichtig bist.« Ihre Augen werden glasig. Sie wird tun, was ich ihr gesagt habe. »Jetzt gib mir deine Hand.« Wie kalter, feuchter Fisch schließen sich ihre Finger um meine.

Ich prüfe kurz, in welche Richtung die SS schaut. Taube schlägt jemanden. Seine Aufmerksamkeit ist woanders. Ich nehme meine ganze Selbstachtung zusammen und stelle mir die Wolke vor, die Gott auf meine Schwester und mich herabschickt, wie er es auf dem Berg getan hat, als er mit Moses sprach. Wir machen unseren ersten Schritt aus der Reihe. Am Appell vorbei, vorbei an der wachsamen SS, vorbei an Tausenden von anderen gefangenen Frauen gehen Danka und ich verborgen in den Nebeln von Zion.

Als wir an Stibitz und Taube vorbeigehen, tun wir das mit dem Gesichtsausdruck, genau das zu tun, was uns befohlen wurde. Meine Fingernägel graben sich in Dankas Fleisch; ich lasse die Hand meiner Schwester nicht los. Wir gehen, überzeugt, daß keiner uns aufhalten wird. Wir sind wichtig; man hat uns befohlen, zurück in die Sauna zu gehen. Das wiederhole ich mir wieder und immer wieder. Kinn hoch, Augen nach vorne, nicht umgeblickt.

Die Entfernung scheint immer die gleiche zu bleiben. Die Sauna kommt nicht näher. Die Reihen der Gefangenen scheinen kein Ende zu nehmen. Unsichtbar wandern wir durch die Wüste von Birkenau.

Sekunden weiten sich zu Stunden, als unsere Füße durch den Schlamm waten. Hocherhobenen Hauptes lassen wir unseren Weg nicht aus den Augen. Dankas Hand wird blau, weil ich sie so fest drücke. Kinn hoch, Augen nach vorne, nicht umgeblickt.

Ohne mich umzudrehen, öffne ich die Saunatür. Keine Stimmen hinter uns, die uns zum Stehenbleiben auffordern, keine

Schüsse, die auf unseren Rücken zielen. Nur der Anwesenheitsappell, die Lebensschnur, die wir packen müssen, sobald wir unsere Kleider getauscht haben.

Wir betreten den Raum, schließen hinter uns die Türe. Die Stille in der Sauna ist dicht wie Dampf.

»Schnell, Danka. Wir müssen uns beeilen!« flüstere ich eindringlich. »Zieh dich aus und gib mir deine Kleider, den Rest mache ich.« Nachdem ich mir die Uniform eines Versuchsopfers vom Leib gerissen habe, durchwühle ich in Unterwäsche den Haufen abgelegter Kleider. Danka kann sich nicht rühren. Sie starrt mich an wie ein kleines, vor Angst regloses Tier, unfähig, mir zu helfen, als ich in den Kleidern nach ihrer Nummer wühle und unentwegt »2779, 2779« vor mir hersage. Gegen das Zittern meiner Hände bin ich hilflos, meine Nerven liegen blank.

Wir haben keine Zeit mehr. Unser Leben hängt davon ab, ob wir rechtzeitig zum Anwesenheitsappell zurück sind und gezählt wurden, ehe jemand bemerkt, daß wir im Sonderkommando fehlen. Ich finde ihre Uniform und lege sie auf den Boden.

Der Haufen scheint sich vervielfältigt zu haben, seit ich ihm den Rücken zugekehrt habe. Unkontrolliert zitternd grabe ich in den Kleidern nach dem einen unter fünfzig, das mir gehört. Abgesehen von den Nummern sind sie alle gleich – und wenn ich es übersehen habe, als ich das von Danka gesucht habe? Wenn es nicht mehr da ist? Schließlich entdecke ich den Ärmel 1716. Ich stopfe die neuen Kleider und die Schürzen unter den Haufen alter Uniformen und laufe zu Danka.

»Kannst du deine Arme heben?« frage ich sie sanft. Ihre Arme fliegen hoch. Ich ziehe ihr das alte läuseverseuchte Sackleinen über die Arme und den Kopf. Meine Finger zittern, als ich ihre alte Uniform zuknöpfe, die Nummer 2779 da, wo sie hingehört. Schaudernd ziehe ich mir dann selbst den Trost der Anonymität über den Kopf. Die Nummer, die ich so sehr ge-

224

haßt habe, ist nun mein Zufluchtsort, mein einziges Bindeglied ans Leben.

Ich mache die Türe auf und spähe vorsichtig nach draußen. Die SS ist noch eine Reihe weit weg, kommt in unsere Richtung. Uns bleiben noch ein paar Minuten. Ich schließe die Tür – halte den Atem an, warte, bis sie vorbei sind.

»Fertig?« Ich warte nicht auf eine Antwort, schiebe Danka vor mir her und in die ordentlichen Fünferreihen. »Bitte schließt auf«, flüstere ich den Mädchen um uns herum zu. »Bitte rückt ein Stück. Macht Platz.« Keine drängt uns zurück, keine fängt Streit an. Die Reihen der unglückseligen Frauen, von denen wir abhängen, bewegen sich lautlos wie Wasser, saugen uns auf, bis wir eins mit den Reihen sind. Die SS geht unsere Reihe ab. Wir halten unseren Atem an.

Sie gehen an uns vorbei. Wir sind gezählt worden.

Der Appell ist zu Ende, und Emma wartet auf uns. Ich nicke ihr zu, als Danka und ich uns in ihrem Kommando aufstellen. Sie zieht eine Braue hoch, als sie uns sieht. Ich glaube, auch ihr Mund geht leicht nach oben, bin mir nicht sicher; ich weiß nur, es ist ein gutes Gefühl, bei Emma in Sicherheit zu sein. Trotz der Herbstkälte in der Luft bin ich dankbar, im Freien zu graben und zu bauen, anstatt in Mengeles Händen zu sein. Es tut gut, die kalte Luft zu spüren, am Leben zu sein.

Danka verharrt ein paar Tage lang in einem Nebel. Alles, was sie tut, geschieht automatisch, ohne Gedanken oder Abwägen, doch manchmal sieht sie mich verblüfft und vielleicht auch dankbar an, wie ich glaube; manchmal bin ich mir nicht sicher, wo sie ist.

Gerüchte geistern um die Latrinen. Mehr Stimmen murmeln jetzt: »Es wird eine große Selektion geben.«[13]

---

[13] «1. Oktober [1943] ... Das Frauenlager hat jetzt einen Belegungsstand von 32066» (Czech,497).

Wir sind nicht sicher. Wir sind nie sicher. Wir sind gerade für einen Tag dem Tod entkommen, was wird morgen sein?

Ein Mädchen bei den Latrinen fragt: »Erinnerst du dich noch an das Sonderkommando, das letzte Woche ausgewählt wurde?«

Ich sehe sie mißtrauisch an und frage mich, was sie weiß, wieviel Brot sie von mir erpressen wird, um mir ihr Stillschweigen zu erkaufen.

»Ich glaube schon«, lüge ich ihr ins Gesicht.

»Ich habe von einer, die im Krankenhaus arbeitet, gehört, daß es dabei um Sterilisation und Schockbehandlungen ging. Er nahm die Hälfte der Mädchen und legte ihnen heiße Platten auf den Magen, um Elekroschocks in ihren Bauch zu schicken, einen nach dem anderen, bis sie ohnmächtig wurden. Wenn sie wieder zu sich kamen, fuhr er damit fort, solange, bis sie tot waren.« Ich fühle mich schwach und schwindlig. »Die anderen schnitt er auf, um ihnen ihre Geschlechtsorgane heraus nehmen. Manche sterben jetzt an einer Infektion. Die Glücklicheren sind schon tot.« Ich wende mich ab von der Stimme der Fremden, weil mir das Blut aus dem Gesicht weicht.

»Was ist los, Rena?« Danka taucht hinter mir auf.

»Nichts, Danka, nichts. Ich werde wohl Hunger haben.« Ich gehe zurück in unseren Block.

»Du bist doch nicht etwa krank?« Ich schüttle den Kopf. Sie beobachtet mich besorgt.

Ich spüre einen Druck auf meinen Augen, der nach Erleichterung schreit. Ich weine nicht. Zum Weinen braucht man Zeit, und Zeit haben wir nicht. Ich suche krampfhaft nach einer vernünftigen Erklärung, aber hier gibt es keine Vernunft. Was haben sie gemacht, als sie dahinterkamen, daß im Versuchskommando drei Nummern fehlten? Hat die Frau, die ihre Cousine oder Schwester aus der Reihe geholt hat, einfach jemand anderen an ihre Stelle gesetzt? Warum haben sie nicht nachgeforscht? – sie hatten doch unsere Nummern auf ihrer

Liste. Warum leben wir, und die anderen Mädchen, die mit ausgewählt wurden, nicht? Wird je eine Zeit kommen, wo wir Gott einfach dafür danken können, heute am Leben zu sein, ohne dasselbe Privileg für den nächsten Tag, den übernächsten, erbitten zu müssen? Ist Leben ein Privileg oder ein Fluch?

Die Gerüchte über die große Selektion werden lauter. Mir geht alles mögliche durch den Kopf. Als wären wir nie in Mengeles Fängen gewesen, mache ich mir wieder Sorgen um Dankas Verletzung. Die Narbe ist nicht so schlimm wie vor ein paar Wochen, aber sie ist noch immer so rot, daß sie die scharfen Augen der Selektions-Offiziere der SS auf sich ziehen wird.

»Morgen«, flüstert mir eine Stimme zu. Ich gebe die Information in der Reihe weiter. Das ist unsere Art, Nachrichten weiterzureichen, derselbe Weg, auf dem wir uns Ziegel zuwerfen, von einer zur nächsten. Für gewöhnlich geschieht dies, wenn wir uns für die Suppe anstellen oder aufs Abendbrot warten. »Morgen.«

Ich nehme mein Brot und wende mich an Danka. »Ich gehe nach draußen.«

»Weswegen?«

»Für irgend etwas, das ich finden kann.« Ich bin irritiert. Sie kann nichts dafür. Wir sind beide nervös, müde von der Anstrengung, immer das Äußerste geben zu müssen. Ich muß den Boden absuchen, ich muß etwas anderes tun als immer nur daran denken, daß diese Nacht meine letzte Nacht auf Erden sein könnte. Als ich an der Küche vorbeigehe, suche ich den Boden nach Kartoffelstücken oder sonst irgend etwas Eßbarem ab. Ich wünschte, wir hätten vor der Selektion noch etwas zusätzlich zu essen. Außer Nahrung weiß ich nicht, was ich suchen soll, und heute abend sind mir die Ratten oder andere Gefangene bei den Häppchen, die womöglich hier herumlagen, schon zuvorgekommen. Sehr zu meiner Überraschung streckt sich mir aus dem Schmutz ein hellblau-rotes Einwickelpapier mit der Aufschrift *Zichorie* entgegen. Einen Augenblick lang starre ich es an, weil ich mich einfach über dieses vertraute Etikett freue und über die Erinnerung, die es wachruft. Ich hebe es auf, um meine Nase in das Papier zu stecken, und mich vom Duft entführen zu lassen.

»*Rena, spiel nicht damit herum, deine Finger werden sonst rot*«, schalt Mama mich freundlich. »*Schau dir deine Hände an! Faß nichts an. Geh und wasch es schnell ab. Die Farbe gibt Flecken.*«

»*Wofür ist das, Mama?*«

»*Es sorgt dafür, daß der Kaffee mild wird und nicht mehr so im Magen brennt; Papa schmeckt er so am besten.*«

Ich kann in der Nachtluft frisch aufgebrühten Kaffee riechen.

Ein vertrautes Rot hat meine Finger gefärbt. Ich starre andauernd darauf und lege dann das kostbare Papier gefaltet in die Reste meines Kleidersaums. »Dank dir, Mama.« Ich kehre wieder zu den Blöcken zurück.

Ich zwinge mich zu schlafen, indem ich mir einrede, ich muß frisch sein für jede Aufgabe, die uns gestellt wird. Anfangs ist der Schlaf unruhig, dann tief, bis ich die Geräusche draußen, die Schreie, die Schüsse nicht mehr wahrnehme. Viele, die für morgen keine Hoffnung mehr sehen, werden es auch bei Mondschein riskieren, den Zaun zu erreichen, und morgen wird die SS ein paar Todeskandidaten weniger zu selektieren haben.

Vier Uhr morgens.

»Raus! Raus!«

Der Morgen kommt zu früh. Es gibt keinen Tee. Furcht hat sich dick wie Nebel auf unser Lager gelegt. Die Toten, die wir jeden Morgen hinaustragen, haben mir immer leid getan, heute sehe ich das anders; sie sind im Glück der Bewußtlosigkeit dahingegangen. Die Körper am Zaun stimmen mich normalerweise traurig, aber heute respektiere ich sie für ihre Entscheidung, den Nazis ihre heimliche Freude zu stehlen. Hier ist es eine Gnade, wenn du selbst deinen Tod in der Hand hast.

Es regnet, schüttet manchmal, dann wieder tröpfelt es, als könnte der Himmel sich nicht entscheiden. Aber das Selektionsteam hat keine Probleme, sich zu entscheiden. In Fünferreihen stehen wir stundenlang in der Lagerstraße. Die Reihen ziehen sich über die gesamte Länge des Lagers. Der morgendliche Regenguß geht in ein Nieseln über. Die Mittagszeit geht ohne jede Suppe vorüber – es macht keinen Sinn, Leute zu füttern, die sterben werden. In ihren glänzenden Stiefeln und gebügelten grauen Reithosen stehen die SS-Offiziere da wie Götter des Universums, deren Daumen den Weg zum Tod und den Weg zum Leben weisen, stehen vor ihresgleichen und urteilen über unsere Minderwertigkeit.

Taube und Stibitz wandern die Reihen ab.

»Elende Mistbienen«, schreit Stibitz. »Ihr Scheißjuden, runter auf die Knie!«

Ich bekomme eine Gänsehaut. Ich werfe Danka einen warnenden Blick zu.

Taube wendet sich unserer Reihe zu. »Kniet nieder!« Ich ziehe sie auf die Erde. Seine Keule schwingt in die Kniekehlen eines Mädchens, die nicht weiß, daß sie vor ihm niederknien soll. Ihr Schrei durchschneidet die Luft. Selbstgefällig zieht er mit seiner Kohorte weiter. Unsere Knie schmerzen. Wir regen und rühren uns nicht. Wir knien, ohne zu schwanken.

Taubes Gesicht glüht. Er genießt seine Macht. »Gesicht auf den Boden. Alle. Köpfe runter!«

Wir lassen uns bäuchlings zu Boden fallen. Für diesen Teil der Übung braucht Danka keine Vorwarnung, wir haben oft genug gesehen, wohin Taubes Version der Liegestützen führen.

»Auf! Ab!« Die Gesichter auf dem Boden, stoßen wir unsere hinfälligen Körper in die Luft und wieder auf den Boden, solange er es befiehlt.

»Auf! Ab!« Ich weiß nicht, wie viele Liegestützen wir machen müssen, mein Gehirn setzt aus, solange mein Körper in Bewegung ist.

»Halt!« schreit Taube. Wir brechen auf der Erde zusammen. »Nicht rühren!«

Bitte laß das Mädchen neben mir nicht den Kopf heben, bete ich. Taube entfernt sich von uns und geht ans Ende unserer Reihe. Ich versuche nicht auf die Geräusche zu hören, die jetzt mit Sicherheit folgen werden. Sie warten nicht mehr auf die Entschuldigung, daß eine den Kopf hebt, um ihr das Gehirn zu zermalmen. Sie wählen einfach den Schädel aus, der ihnen gefällt, und zertreten ihn, ehe sie zu ihrem nächsten Opfer weitergehen.

Das Warten ist unzumutbar, das Entsetzen unbeschreiblich.

Meine Augen starren auf den Boden, graben Löcher in Schlamm und Dreck, verankern meinen Blick in der Erde. Wir atmen kaum. Es dauert ewig. Endlich entlassen sie uns von unseren »Übungen«. Wir helfen einander beim Aufstehen und vermeiden den Blick auf die Körper, die sich nicht mehr erheben werden.

Wir schließen auf, machen einen Bogen um diejenigen, die Taubes Übungen nicht kannten, diejenigen, die von einem Fuß selektiert wurden anstatt von einem Daumen. Wir rücken den SS-Göttern immer näher, ohne daran denken zu wollen, was jeder Schritt bedeutet – daß wieder jemand zum Leben oder zum Sterben bestimmt wurde.

Ich schaue Danka ins Gesicht. Der Schmutz darauf bringt mich auf eine Idee. Doch zuerst spucke ich auf meinen Ärmel und wische ihr Schmutz und Ruß aus dem Gesicht.

»Jetzt bin ich dran.« Sie wäscht mein Gesicht, achtet darauf, sämtliche Flecken der Taube-Episode zu beseitigen. Als unsere Gesichter sauber sind, bücke ich mich und nehme eine Fingerspitze voll Schlamm vom Boden.

»Was machst du?« fragt sie alarmiert.

»Ich decke deine Narbe ab.« Ich verreibe den Schlamm über ihrer Stirn. »Das geht gut, Danka. Nicht einmal ich kann sie sehen, und ich weiß, daß sie da ist.« Wir rücken näher und näher.

»Möchtest du als erste gehen?« Wir müssen uns entscheiden, in welcher Reihenfolge wir vor unsere Richter treten wollen.

»Ich weiß nicht.« Ihre Stimme schwankt.

»Wenn du zuerst gehst, und sie dich aussortieren, kann ich dir leichter nachfolgen.«

»Wie denn?« Jetzt sehen wir, daß es einen Graben gibt, über den wir springen müssen.

»Ich kann beim Test durchfallen oder einen schlechten Eindruck machen.«

»Und wenn du zuerst gehst, und sie dich passieren lassen, mich aber aussortieren? Was machst du dann?«

»Ich werde hinter dir herlaufen und sie anflehen, mich mit meiner Schwester sterben zu lassen.«

»Doch das funktioniert nicht immer.«

»Dann werde ich eine Wache angreifen und erschossen werden, und du weißt wenigstens, daß auch ich gestorben bin.«

»Das kannst du nicht machen, das geht bestimmt nicht. Ich kann unmöglich zusehen, wie du erschossen wirst. Ich will, daß wir zusammen sind, sonst gar nichts.«

»Dann gehst du als erste.« Ich schiebe sie vor mich.

Beschämt blickt sie zu Boden. »Ich habe Angst, ich sehe nicht so gut aus wie du.«

»Dann werde ich zuerst gehen, Danka. Ich werde hocherhobenen Hauptes gehen, und du hältst dich dicht hinter mir, so daß sie von mir geblendet werden und glauben, daß du gar nicht so schlecht aussiehst.« Sie sieht nicht schlecht aus, sie hat zwar abgenommen, aber ihr Gesicht ist hübscher als meins; doch sie hat nicht diesen Funken im Auge, der besagt: ich werde leben.

»Okay, du gehst zuerst. Ich werde tapferer sein, wenn ich dich vor Augen habe.«

Ich mache meinen Saum auf und hole den Schatz hervor, den ich gestern abend gefunden und zehn Stunden lang vor der Witterung geschützt habe. »Dreh dein Gesicht zu mir.« Ich öffne das Zichorie-Papier und färbe leicht ihre Wangen. Die Farbe aus dem Papier gibt ihrer Blässe einen rosigen Schimmer. Ich spucke mir auf die Finger und reibe es ein, damit es natürlich aussieht, und bin verblüfft über die auf der Stelle eintretende Verwandlung. »Wunderschön. Jetzt siehst du aus wie die Gesundheit in Person, Danka.«

»Meine Narbe.«

Ich nehme noch etwas Schlamm und fahre mit dem Finger über die Narbe. »Sie heilt sehr gut«, versichere ich ihr.

»Wirklich?«

»Ja. Du siehst wirklich gut aus.« Wir kommen näher. »Sieh nicht auf die anderen, rede dir nur ein, daß du über den Graben in meine Arme fliegen wirst. Das ist alles, woran du zu denken hast.« Ich drehe ihr meinen Rücken zu, lasse ihr aber eine Hand, um sie bis zum allerletzten Moment festzuhalten.

Wir müssen nicht mehr weit gehen; zwanzig, vielleicht dreißig Mädchen stehen vor uns. Das Mädchen vor uns dreht sich um. »Du wirst es schaffen«, sagt sie auf slowakisch.

Ich suche nach Worten der Ermutigung, weiß aber keine. »Du auch.«

»Bitte nimm das.« Sie nimmt meine Hand und legt etwas Kaltes und Rundes hinein. »Es ist der Ehering meiner Mutter. Ich will nicht, daß sie ihn bekommen«, flüstert sie.

»Das kann ich nicht annehmen.«

»Du mußt. Laß nicht zu, daß sie ihn bekommen. Versprich es!« Ihre Blicke sind wie Dolche, die mich zu dem Schwur zwingen, ihre Vergangenheit zu bewahren.

»Ich verspreche es.« Ich kann es nicht glauben, diese Worte gesprochen zu haben. Sie tritt auf die Wachen zu. Ich weiß nicht, was ich mit dem Gold in meiner Hand anfangen soll. Man kann mich dafür umbringen. Ich wische mir über den Mund und lasse den Ring unter meiner Zunge verschwinden, neben dem Elefanten.

Der Daumen zeigt ins Abseits. Das Mädchen, deren Familienerbe in meinem Mund verborgen ist, geht auf die Seite der Verdammten. Wehmütig blickt sie zurück. Unsere Augen besiegeln unser Schicksal über das Gelände hinweg. Nie werde ich ihren Namen erfahren.

Ich steige hoch zu den Tischen.

»Halt!« Mir klopft das Herz bis zum Hals.

Ihre Augen sind auf meinem Unterarm – Nummer 1716 vom ersten Transport. Sie können nicht glauben, daß ich immer noch da bin. Wird mir das zum Vorteil gereichen? Oder wird es mein Untergang sein?

Der Daumen weist mich an, über die Grube zu springen.

Ich gehe an ihnen vorbei, Kinn hoch, Schultern gerade, auf die Grube zu. Es gibt keinen Anlauf, auf beiden Seiten ist gerade Platz für den Absprung und die Landung. Der Graben ist etwa einen Meter breit und einen Meter tief. Wer dort hineinfällt, wird vom regennassen Schlamm zugedeckt und hat seine letzte Lebenschance verwirkt.

Ich fliege hinüber und lande knapp, umarme die Wand auf der anderen Seite, um meiner Schwester genügend Platz für ihre Landung zu geben, doch ich ertrage es nicht, mich umzudrehen und zuzusehen. Sekunden der Ungewißheit ziehen sich über den Abgrund.

Ich warte, halte meinen Atem an und die Augen fest geschlossen, lausche, umarme mit meinem ganzen Sein die Wand und wünsche mir, sie wäre meine Schwester. Ich stelle mir ein Band zwischen uns vor, das sie zu mir herüberzieht. Ich denke nicht, daß sie in die Grube fallen könnte. Ich denke nur daran, daß sie neben mir ist.

Stille ...

Zwei Hände gleiten um meine Taille und drücken mich ein wenig. Ich atme wieder. Ich halte ihre Hände an meinen Bauch und bete, sie nie wieder loslassen zu müssen. Wir sprechen nicht, wir freuen uns nicht, unser Sieg ist so unbedeutend angesichts so vieler Fehlschläge. Endlich bricht die Sonne durch die Wolken. Sie ist blaß und dünn, aber Danka und ich liegen im feuchten Gras und lassen uns wärmen, ausgebrannt von den Stunden quälenden Wartens. Unsere Hände berühren sich leicht, gerade so, um uns daran zu erinnern, daß wir noch zusammen sind.

Ich hole den Ring und den Elefanten aus meinem Mund – zwei Grabsteine, die unter meiner Zunge verborgen waren. Dies ist alles, was von ihrer Familie geblieben ist. Dieser Ring ist ihre in Gold und Erinnerung gehüllte Unsterblichkeit. Lautlos gelobe ich, ihn so lange ich lebe vor den Deutschen zu bewahren. Wir stehen auf, als die Sonne sich am Horizont senkt. Die Schatten werden länger. Noch stehen Hunderte, vielleicht Tausende in der Schlange und warten auf ihre Selektion.

Wir entfernen uns und wandern, unfähig zuzuschauen oder darüber nachzudenken, was heute passiert ist, benommen durchs leere Lager.

Keine wagt es mehr zu sprechen. Ein junges Mädchen ißt eine Zitrone, während ihre Mutter sie um einen Bissen anbettelt. Die Augen des Mädchens starren die Mutter wütend an und sie schlingt das bereits ausgepreßte Fruchtfleisch wie ein wildes Tier hinunter. Ihre Zähne graben sich in die blasse Schale, reißen sie auf. Ich wende mich entsetzt ab. Sie ißt das ganze Ding, ohne mit ihrer Mama zu teilen.

Was haben sie aus uns gemacht? Das Stück Kartoffel, das ich finde, teile ich sofort mit meiner Schwester – wie sonst sollen wir überleben, wenn wir uns nicht umeinander kümmern? Ich begreife diese Selbstsüchtigkeit nicht, aber wen kümmert es schon, was ich begreife.

Es ist spät abends. Wir stehen auf der anderen Seite, bis die letzte Frau in die Grube fällt. Wir werden nicht entlassen. Die letzten Lastwagen fahren ab zu den Gaskammern. Das Todeskommando entfernt sich aus dem Lager, ohne uns wahrzunehmen. Wir erwarten einen Befehl, aber zum erstenmal in anderthalb Jahren, wird uns nicht befohlen, etwas zu tun. Wir gehen in unsere leeren Blöcke. Die Blockälteste ist nicht hier; wir können nur mutmaßen, daß sie unter den Tausenden war, die aussortiert wurden.

Brot wird verteilt. Unsere Mägen sind dankbar dafür, unsere Herzen nicht.

Soll ich beten? Soll ich Gott danken, daß er unser Leben wieder einmal gerettet hat? Wie kann ich einem Schöpfer danken oder ihn preisen, der solches zuläßt? Fünfhundert oder tausend von uns sind noch im Lager. Am Leben zu sein ist kein Wunder – es ist eine Tragödie. Wie kann ich das Wunder preisen, daß Danka und ich leben, während Tausende von unseren Mitgefangenen vergast und verbrannt werden – ein paar hundert Meter von dort entfernt, wo wir leben?

Vier Uhr morgens.

»Raus! Raus!«

Wir nehmen unseren Tee und warten auf den Anwesenheitsappell. Heute wird er nicht einmal eine Stunde dauern. Unaufhörlich steigt Rauch aus den Kaminen. Ein grauer Schleier umhüllt Birkenau. Asche ist in der Luft, legt sich auf die Dächer der Blocks und auf den Boden, auf dem wir stehen. Wir marschieren mit Emma hinaus, arbeiten den ganzen Tag und kehren zurück. Der Abendappell dauert ein bißchen länger; neue entsetzte Gesichter müssen zum Gehorsam geprügelt werden. Eine neue Schar jüdischer Mädchen, die nichts von geraden Reihen, schweigsamer Aufmerksamkeit und Gaskammern wissen. Die Transporte kommen ... Die Deutschen waren sehr fleißig.

Vier Uhr morgens.

»Raus! Raus!«

Das Lager ist voll.

Der Winter bricht über uns herein, und so wie der Herbst unserem Zugriff entgleitet, schwindet auch die Hoffnung aufs Überleben. Jom Kippur ist vergangen, ohne daß wir es bemerkt hätten. Ein paar von den Neuen haben gefastet; wir wissen es besser. Wir stehen in der hereinbrechenden Dunkelheit zum Abendappell. Es fällt mir schwer, all den möglichen Gefahren gegenüber wachsam zu bleiben; die ständige Bewußtheit, die mir so sehr geholfen hat, schwindet nach und nach vor Ermüdung. Ich fürchte, daß Danka und ich mit dem Wintereinbruch bald in großen Schwierigkeiten sein werden. Wie lange können wir so weitermachen? Eines Tages werden wir aus purer Erschöpfung umfallen oder wegen schlimmer Krankheit. Ich bin so hilflos. Unser Schicksal hängt allein von ihren Launen ab.

Mengele ist wieder hier. Er hatte schon andere Auftritte gehabt, aber aus irgendeinem Grund fällt er uns heute auf.

»Danka«, flüstere ich, »der Winter kommt, und im letzten Jahr haben ganz viele Frostbeulen bekommen. Wir haben die Schuhe und Socken von Erna und Fela, aber wie lange werden sie dem Schmutz und dem Schnee standhalten? Wie lange werden wir dieses harte Arbeiten durchhalten?«

Danka weiß, was ich fragen werde, ehe ich die Frage ausspreche. »Bitte, Rena. Ein Spezialkommando halte ich kein zweitesmal durch.«

»Was kann ich schon tun? Ich hoffe nur, daß man uns auswählt. Ich tue selbst gar nichts.« Ich richte meinen Blick nach vorne, aber mir brennt es auf der Zunge. »Denk darüber nach«, flüstere ich. »Wenn man uns auswählt, und es ist eine Arbeit drinnen, sollten wir sie annehmen. Wenn wir nicht unter ein Dach kommen, überleben wir diesen Winter ganz gewiß nicht. Keiner kann so lange überleben, wir wir das hier schon getan haben. Wir brauchen eine gute Arbeit, mit einem Dach über dem Kopf.« Ich streiche mir über die Haarstoppeln und rücke die Streifen meines Kleides zurecht, daß sie in geraden Linien fallen.

»Rena«, zischt Danka mir zu. Sie weiß, was ich tue. Ich mustere uns beide und nicke dann. Wir sind zäh. Wir sehen immer noch ziemlich gut aus. Wir haben immer noch ein wenig Fleisch auf den Knochen, und aus irgendeinem Grund habe ich noch immer Brüste. Ich stehe da mit erhobenem Kinn, die Augen nach vorne gerichtet. Danka, die nicht ein zweitesmal alleingelassen werden möchte, ahmt mich nach.

Seine Alabasterhaut und sein glänzendes schwarzes Haar strahlen vor lauter Pflege. Seine graue Uniform wurde ordentlich gebügelt, und die Falte fällt schnurgerade an seinem Bein herab. Solche Dinge fallen mir auf. Er nähert sich unserer Reihe. Er weiß nicht, wer wir sind. Wir haben diesen einen Vorteil, wir sind anonyme Gesichter in der Masse. Wir haben unsere Anonymität genutzt, um unsichtbar zu sein und seinen Fängen zu entfliehen, jetzt müssen wir hervorstechen. Irgendwie muß er sehen, daß wir gute Mädchen sind, sauber und ordentlich, diszipliniert, alles Qualitäten, die von den Deutschen bewundert werden, selbst bei Juden. Er hat uns während der Lagerselektionen oftmals für das Leben bestimmt. Nur einmal hat er uns für den Tod und für Experimente ausgesucht. Was wird es diesmal sein?

Wieder deutet Mengele auf mich. Kinn hoch, Augen nach vorne, Brust heraus, halte ich den Atem an und trete zögernd vor.

Er deutet auf Danka.

Ich atme aus. Wir stellen uns hinter den anderen Mädchen an, die er bereits ausgewählt hat. Dina ist in unseren Reihen; wir tauschen einen Blick. Geht es hier um Leben oder um Tod?

Mengele beendet seine Selektion und befiehlt einem SS-Mann, uns in die Quarantäne zu bringen. Wir marschieren zum Isolationsblock – wieder. In dem Moment, als wir den Block betreten, fährt mir der Schrecken in die Glieder. Dankas Gesicht ist weiß. Wir gehen zu den Betten, auf denen wir schliefen, als wir das letztemal hier waren. Geht es um Leben oder um Tod?

Ich kann nichts zu unserer Rettung tun. Ich schlafe den ganzen Tag über, ertrage die Schwermut nicht, die sich in mein Gehirn einschleicht. Diesmal steht Erika nicht vor der Tür ... und was machen wir, wenn es wieder um Experimente geht, wie beim letzenmal? Danka und ich sprechen kaum, verhalten uns still, weil wir uns nicht darüber unterhalten wollen, was sein könnte.

»Rena?« Dina weckt mich auf. »Wozu glaubst du, sind wir hier?«

»Ich weiß es nicht, Dina.«

»Wir haben es so weit gebracht. Es muß etwas Gutes sein.« Ihre naive Hoffnung wärmt mir das Herz.

»Das hoffe ich, Dina. Für uns alle.«

»Du bist schon am längsten hier. Du verdienst wirklich eine Pause.«

»Sie lassen keine Pausen zu.«

»Nein ... vielleicht haben wir einfach Glück.« Sie entfernt sich von meiner Koje, um mit einer anderen zu reden.

Am dritten Tag bekommen wir wieder neue Kleider. Diese Kleider sind keine langen Gewänder mit Schürzen, wie die Versuchsopfer sie trugen, sondern einfach eine andere Version der gestreiften Kleider, die wir anhatten. Der einzige Unterschied besteht darin, daß sie sauberer sind.

»Reißt eure alten Nummern ab. Ihr werdet sie später an eure neuen Uniformen nähen!« Hoffnung sickert mir ins Herz.

Ich verstecke den Elefanten und den Ehering unter meiner Zunge, verstecke die Nagelfeile in meiner Hand. Keiner weiß, wohin wir gehen, deshalb muß ich mich darum kümmern, daß sie nicht gefunden werden. Wir ziehen uns schnellstmöglich an und nehmen Aufstellung ein. Wir marschieren ins Schreibgebäude, um unsere Nummern aufschreiben zu lassen. Als man uns wieder nach draußen läßt, geschieht dies unter strenger SS-Bewachung; es gibt kein Entkommen wie beim erstenmal. Wir marschieren sofort durch die Tore von Birkenau, eine Straße entlang, vorbei an den Bahngleisen.

Es kommt uns vor, als marschierten wir endlos – doch wenn man geschwächt ist, kommt einem alles weit vor. Ich weiß nicht, auf welchen Lagerkomplex wir zusteuern. Ich suche nach Dankas Hand. Wir gehen in ein Gebäude, steigen über eine breite Treppe ins Untergeschoß. Der Raum ist groß und ungewöhnlich warm, und es gibt Fenster, die die Sonne hereinlassen. Es gibt richtige Stockbetten in ordentlichen Reihen mit ziemlich sauberen Strohmatratzen, wie wir sie in Auschwitz hatten.

»Das hier ist das neue Wäschekommando«, verkündet die Wache der Blockältesten. Sie wirft uns einen prüfenden Blick zu und schüttelt den Kopf. Trotz unserer neuen Uniformen müssen wir schrecklich aussehen.

»Ich bin Maria«, stellt sie sich vor. »Das ist euer neues Wohnquartier. Die Wäscherei ist auf der anderen Flurseite. Morgen wird man euch eure Posten zuweisen.« Sie läßt uns allein, schließt die Tür zu ihrem Zimmer.

Zögerlich bewegen wir uns auf die Kojen zu, um unsere neuen Betten in Beschlag zu nehmen. Danka und ich belegen eins in der unteren Etage, damit wir nicht mehr hochklettern müssen, falls wir am Ende des Tages müde sind. Auf der Strohmatratze entfährt meiner Brust ein Seufzer der Erleichterung. Jede von uns bekommt eine Decke; sie sind alt, aber keine Fetzen. Dina nimmt das Bett neben uns. Feierlich umarmen wir unsere Decken, wissen gar nicht, was wir mit diesen Luxusgütern anfangen sollen. Die Betten teilen sich zwei Leute und nicht drei oder zwölf, sie sind für Menschen gedacht und nicht für Heringe. Es ist warm. In diesem Gebäude gibt es Zentralheizung. Ich habe vergessen, was Wärme ist.

»Hier gibt es eine Toilette!« verkündet ein Mädchen ganz aufgeregt. »Und einen Spülstein!« Ich drücke Dankas Hand mit ein wenig Hoffnung. Wir sind nicht länger in Pferdeställen untergebracht, wir sind in einem Gebäude für Menschen. »Es gibt sogar eine Dusche!« Wir sind im Himmel.[14]

---

[14] »16. Dezember [1943] ... Männer erhalten die Nummern 168154-169134 und Frauen die Nummern 70513-72019« (Czech,548). »Von 28000 Gefangenen, die 1942 ins Lager gebracht wurden, waren am Ende des Jahres kaum mehr 5400 am Leben. 1943 starben in Birkenau an die 28000 weibliche Gefangene; die höchste monatliche Sterberate wurde im Dezember festgehalten – über 9000 Frauen« (Strzelecka, 401). Rena wurde höchstwahrscheinlich im Oktober 1943 verlegt.

STABSGEBÄUDE

Aus der Ferne lacht uns
durch Eisengitter die Freiheit. ...
Aber die Sonne scheint noch immer
nicht.

Aus einem Lied, der Lagergefangenen

Wir fragen uns, was hier abläuft, aber da alles besser ist als Birkenau, behalten wir unsere Fragen für uns. Wir sind im Souterrain zusammen mit fünfundsiebzig jüdischen Mädchen untergebracht, die für das SS-Büro, das Politische, Sekretärinnenarbeit verrichten.

Unser neues Kommando arbeitet in der SS-Wäscherei, wo wir fünfzig polnische Nichtjüdinnen ersetzen. Man hat sie zurück ins polnische Lager von Birkenau geschickt, weil die Polen, die in der SS-Küche arbeiten, den Mädchen heimlich Essen zukommen ließen. Diese Mädchen tun mir leid, aber zugleich bin ich dankbar für diese Chance im Leben.

An unserem ersten Morgen im Stabsgebäude werden uns die neuen Arbeitsbereiche zugewiesen. Unsere Blockälteste ist Deutsche, und ihr Dreieck ist rot: Sie ist eine politische Gefangene. Bei politischen Gefangenen kann man eher mit Freundlichkeit rechnen, weil sie wegen ihrer Kritik am Dritten Reich gefangen genommen wurden. Unsere Freundin Mania wird zur Schreiberin des Blocks erwählt und ist Marias rechte Hand. Manias Schwester Lentzi kommt in das Nähzimmer. Janka, die wir von Auschwitz her kennen, ist bei der Handwäsche. Sie ist verantwortlich für Waschen und Bügeln der empfindlichen Kleidungsstücke der weiblichen Offiziere. Sie bringt diese Kleider auch in die Quartiere der SS-Frauen, und sie ist Marias Liebling, weil sie so jung ist.

Die einzigen, die nicht zurück nach Birkenau geschickt wurden, sind die Sekretärinnen von Politischen; sie haben Glück gehabt. Man hat sie, als sie ins Lager kamen, gleich am Bahnsteig ausgewählt, und die meisten haben nie in Birkenau gelebt. Edita ist die einzige mir bekannte jüdische Aufsicht im Lager und Vorgesetzte aller Sekretärinnen. Aranka, die ich vom Sehen her aus Bratislava kenne, ist eine der Schreibkräfte. Es geht das Gerücht um, daß die SS-Wachen stehenblieben, als sie vom Transport kam und zum Rasieren und Desinfizieren gebracht wurde, um sie anzustarren – so schön ist sie.

Es gibt noch immer einen Anwesenheitsappell, aber jetzt haben wir ein Dach über dem Kopf, und es müssen nur hundertfünfundzwanzig Mädchen gezählt werden. Am ersten Morgen in diesen himmlischen Gefilden wird der Appell im Flur vor unserem Schlafbereich, gegenüber der Wäscherei durchgeführt. Es ist nicht vier Uhr morgens, als sie uns wecken, sondern fünf Uhr. Wir dürfen eine ganze Stunde länger schlafen, und der Appell findet nicht stundenlang in Regen und Schnee statt und dauert nicht einmal eine halbe Stunde. Auch müssen wir nicht ein, zwei Kilometer zu unserer Arbeit laufen; nach ein paar Schritten sind wir in der Wäscherei.

»Hier werdet ihr arbeiten.« Maria weist uns ein, wie die Wäscherei zu führen ist. »Während der Arbeit werdet ihr diese Schuhe tragen, eure stellt ihr auf dieses Regal.« Die Schuhe, die uns gezeigt werden, sind aus Holz und haben einen Riemen über den Rist, wie die, die wir gleich anfangs in Auschwitz trugen. »Hier ist das heiße Wasser, mit dem ihr waschen werdet.« Sie zeigt uns einen riesigen Kessel auf einem Kohleherd, der bereits dampft. Es gibt Bottiche mit Waschbrettern darauf und körbeweise schmutzige Wäsche.

Aufseherin Bruno betritt die Wäscherei, um uns in Augenschein zu nehmen. Wir stehen auf der Stelle gerade. Sie hat einen strengen Blick und tritt förmlich und militärisch auf. Sie zeigt auf ein Mädchen. »Du bist für das Wasser im Kessel verantwortlich und sorgst dafür, daß die Kohlen brennen.«

So beginnen wir unseren ersten Tag in der SS-Wäscherei. Der Steinfußboden ist kalt, und das Wasser spritzt uns an Waden und Knie. Wir schrubben lange Unterhosen und Unterhemden auf unseren Waschbrettern, reiben sie kräftig, um die Flecken zu entfernen. Es ist harte Arbeit – in Auschwitz-Birkenau wird einem nichts geschenkt –, doch wir sind drinnen. Es fließt soviel Wasser in den Abfluß, daß er überläuft. Wenn wir durch das Wasser waten, sehen wir eher nach Fischerinnen als nach Putzfrauen aus. Dann legen wir die nassen Kleidungsstücke in die Körbe, und jemand trägt sie fort.

»Halt! Anwesenheitsappell!« Wir verlassen die Wäscherei, stellen uns im Flur auf, wo wir gezählt werden und ein Stück Brot bekommen, bevor wir in unser Schlafquartier gehen. Die Portion scheint größer zu sein als in Birkenau. Wir bekommen eine Scheibe Wurst, sie ist klein, aber willkommen. Nach diesem ersten Tag schmerzen unsere Beine entsetzlich, aber keine beklagt sich; es gibt keine Hunde, keine SS-Männer, die uns gnadenlos prügeln, keine plötzlichen Todesfälle.

Ich massiere mir die Waden, ehe ich mich zum Schlafen hinlege. Ich frage mich, ob soviel Wasser gut für sie ist, und mache mir Sorgen, daß sie anschwellen oder sich entzünden. Ich suche meine Haut nach Schürfungen oder Schnitten ab: es sieht alles gut aus. Danka schläft schon. Ich ziehe meine Decke hoch bis ans Kinn und starre auf das Bett über mir. Meine Augen werden schwer unter dem Gewicht der letzten paar Tage. Plötzlich will ich beten, doch mir fallen keine Worte mehr ein.

Ich habe das Gefühl, Mama ist da und deckt mich zu ...

»*Hast du schon gebetet?*«

»*Ja, Mama.*« *Das Federbett, das schon angewärmt ist von dem heißen Ziegelstein, den Mama mir an die Füße gelegt hat, läßt mich den rauhen Wintersturm vergessen, der an unseren Läden rüttelt.*

»*Schlaf süß.*« *Sie küßt mich auf die Wange. Ich kuschle mich in die Daunen.*

Als die Aufseherin Bruno, gefolgt von einer Kapo, die Wäscherei betritt, nimmt jede Haltung an und arbeitet sorgfältiger als zuvor. Ihr Gesicht ist hart, ihr Auftreten ernst; sie geht direkt auf mich zu, als wüßte sie genau, was sie will.

»Sprichst du Deutsch?«

»Jawohl Frau Aufseherin.« Ich stelle mich aufrecht hin und schaue nach vorne, ohne sie direkt anzusehen.

»Du bist dafür verantwortlich, die Wäsche hinaus zum Trocknen zu bringen. Nimm dir zwei Mädchen, die dir beim Tragen der Körbe helfen.«

»Jawohl.« Ich deute auf meine Schwester und Ernas Cousine. »Danka und Dina.« Ich rufe sie namentlich auf.«

»«Du trägst für sie die Verantwortung, Ilsa«, befiehlt Aufseherin Bruno. Als sie geht, ist ein Seufzer der Erleichterung unter den Wäscherinnen zu hören und das Geräusch klatschenden Wassers.

Ilsa ist um die Fünfzig, trägt aber ein schwarzes Dreieck. Ich kann sie mir nur schwer als Prostituierte vorstellen, und ich muß ein Lächeln unterdrücken, das sich mir auf die Lippen schleicht, als ich ihre orangeroten Haare und ihre O-Beine sehe.

»Nehmt diese Körbe. Ich zeige euch den Weg zum Trockenplatz«, sagt sie auf deutsch.

»Danka, du und Dina packt außen an«, weise ich sie an. Ich habe Angst, daß die Körbe für meine kleine Schwester zu schwer sind, und beschließe deshalb von Anfang an, daß ich immer in der Mitte zwischen zwei mit nasser Wäsche schwerbeladenen Körben gehen werde. Wir schauen einander an, nehmen gleichzeitig die Griffe in die Hand und hieven die Körbe hoch, dann folgen wir Ilsa aus dem Keller.

Wir gehen hinaus auf eine Straße und folgen dieser zwischen zwei Gebäuden hindurch. Meine Schultern fangen an weh zu tun. Wir kommen an der SS-Küche vorbei. Ich habe das Gefühl, als würden mir die Arme aus den Gelenken gerissen. Wir biegen links ab zu einem freien Feld neben einem anderen Gebäude. Ich starre und starre auf die Weite vor uns. Als ich tief einatme, beißt die Luft mir in der Lunge. Sie ist rein, kein Geruch brennenden Fleisches ist in ihrem Duft versteckt. Hier sind Leinen gespannt mit einem Säckchen voller Wäscheklammern daran.

»Dies hier ist der Trockenplatz«, verkündet Ilsa. Wir stellen die Körbe ab, ziehen unsere Schürzen an und hängen gehorsam die Wäsche zum Trocknen auf. Dann warten wir.

Ein sehr gutaussehender Mann steht im Freien vor einer Wasserpumpe, die er bedient. Heimlich werfen wir beim Arbeiten alle einen Blick auf ihn. SS marschiert regelmäßig die Straße auf und ab. Ich wühle in der Wäsche, streiche sie glatt, achte darauf, daß sie perfekt und gerade auf der Leine hängt. Ich habe Angst, daß wir etwas vergessen, weswegen wir dann in Schwierigkeiten kommen. Danka und Dina machen es wie ich, ahmen meine obsessiven Handgriffe nach. Ilsa informiert uns, wenn es Zeit ist, zum Mittagessen in den Block zurückzukehren. Wir nehmen die trockenen Wäschestücke mit zurück in die Wäscherei und kehren nach unserer Steckrübensuppe mit frischer nasser Wäsche zurück auf den Trockenplatz. Endlich signalisiert Ilsa uns, daß der Tag vorüber ist. Wir sortieren die nassen und die trockenen Wäschestücke in verschiedene Körbe und bringen über Nacht die ganze Wäsche ins Haus. In der Wäscherei angekommen, lassen wir die halbtrockenen Wäschestücke in den Körben und legen den Rest zum Zusammenlegen auf einen Tisch.

Jeden Tag können wir beim Vorbeigehen die Polen sehen, die in der Küche arbeiten, doch wegen Ilsa und dem, was den nichtjüdischen Polinnen widerfahren ist, wagt keiner mit uns zu reden. Der Mann an der Wasserpumpe jedoch ist so nah, daß es uns gelingt, einander zuzuflüstern.

»Wie heißt ihr?« will er wissen.

»Rena, meine Schwester Danka und unsere Freundin Dina. Wir kommen alle drei aus Tylicz.«

»Da bin ich Ski gefahren. Es ist wunderschön dort. Ich bin Tadziu.«

Wie sehr wünschte ich mir, Ilsa würde weiter weg gehen, damit wir uns unterhalten könnten, aber in diesen ersten paar Wochen werden wir sehr genau beobachtet. Vermutlich haben wir eine Probezeit. Die Tage kriechen dahin, während Ilsa aufpaßt, wie wir auf die Wäsche aufpassen, und wir Tadziu heimlich zulächeln. Ich glaube, er ist sehr schüchtern.

Ich habe das Gefühl, als würden mir gleich die Finger von den Korbgriffen fallen und die saubere Wäsche auf der schmutzigen Straße verstreut werden, mit aller Kraft halte ich die Griffe umklammert. Meine Schultern schmerzen. Ilsa ist weit hinter uns.

»Seht euch mal eure Aufpasserin an«, sagt Tadziu, als wir unsere Körbe abstellen. Wir schauen die Straße hinunter und sehen sie auf ihren extrem O-Beinen auf uns zukommen. Ihr rotes Haar glänzt in der Sonne. Mit ihren gebogenen Gliedmaßen scheint sie einen riesigen Ball zwischen ihren Knien zu halten. Sie kommt angewatschelt.

Tadziu witzelt: »Hier kommt die Unschuld in Klammern!«

Wie ein blubberndes Glucksen steigt aus unserem Innern ein Geräusch auf, drängt sich aus der Brust. Wir sind völlig überrascht. Ich bekomme kaum mit, was geschieht, was wir hören und tun ... wir lachen.

Das Beben in meiner Brust wurde nicht von Furcht und Besorgnis ausgelöst, sondern durch Freude: Gefangene lachen – und das in Auschwitz – wenn auch eher verhalten.

Ilsa kommt näher. Wir versuchen diese seltsamen Geräusche zu unterdrücken, die uns Tränen in die Augen treiben. Und je näher sie kommt, desto komischer sieht sie aus. Wir verstecken unsere Gesichter, doch jedesmal wenn wir einander einen Blick zuwerfen, fangen wir wieder zu kichern an. Es ist furchtbar schwer, streng und ernst aufzutreten, wo wir doch an nichts anderes denken können als an Ilsas gebogene, klammernförmige Beine und ihre gar nicht vorhandene Unschuld. Den Rest des Tages schüttelt es uns insgeheim vor Lachen, wenn wir unsere Aufseherin anschauen. Dankas strahlendes Gesicht verschafft mir ein momentanes Gefühl der Erleichterung. Ich weiß nicht, wie lange wir nicht mehr gelacht haben. Dieses Lachen, das uns so fremd ist, ist so wertvoll wie Brot: es nimmt unseren Herzen ein klein wenig den Schmerz und gibt uns ein heimliches Schmunzeln.

Zwei Wochen später kommt Ilsa nicht mehr mit uns zum Trockenplatz; vermutlich hat sie ihre Strafe beendet oder ist begnadigt worden, oder man hat ihr eine andere Aufgabe im Lager zugeteilt. Ich bin nun diejenige, die für die Wäsche verantwortlich ist, und zum allererstenmal seit wir in Auschwitz sind, ist keiner dabei, der uns beobachtet. Wenn wir jetzt die Körbe hinaus auf den Trockenplatz tragen, halte ich an und lasse Danka und Dina ihre Plätze wechseln, damit sie die andere Hand ausruhen können. Mir erlaube ich das nicht.

Egal bei welchem Wetter – wir hängen die Wäsche auf. Aufseherin Bruno vertritt die Ansicht, daß frische Luft für die Kleidung unabdingbar ist, und so stehen wir selbst bei unfreundlichem Wetter im Regen oder Schneeregen und schauen zu, wie die Wäsche so durchnäßt wird wie wir. Nur wenn es nach Dauerregen aussieht, bleiben wir drinnen und waschen, um die Kleidungsstücke dann am folgenden Tag zu trocknen; an Tagen, an denen es nur hin und wieder regnet, hängen wir die Wäsche auf und hoffen, daß später die Sonne herauskommt. Wenn wir die nasse Wäsche bei Kälte aufhängen, frieren uns fast die Hände ab. Wir stecken unsere Finger in den Mund, um sie zu wärmen, und machen dann weiter. An manchen Tagen schaffen unsere Finger es nicht, die Klammern mit den Federn aufzudrücken, da müssen wir dann die nehmen, die nur geschlitzt sind. Es ist schon seltsam, daß wir bei allem, was wir durchgemacht haben, um an Arbeit in Innenräumen zu kommen, jetzt hier im Freien sein sollen, wo der Winter jeden Tag näherrückt.

Ich fürchte, die Sackleinen-Kleider, die wir anhaben, sind bei weitem nicht warm genug für die Temperaturen, die wir zu ertragen haben werden. Und wir haben auch keine Handschuhe, um unsere Hände zu schützen. Als ich vor mich hinsinne, fällt mir kurz der letzte Winter in Birkenau ein. Ich kann nicht glauben, daß wir ihn überlebt haben.

Eines Abends, als wir vom Trockenplatz heimkehren, öffnet sich das Fenster zur SS-Küche, und ein freundliches Gesicht fragt: »Woher kommt ihr?«

Wir verlangsamen unsere Schritte. »Aus Tylicz in Polen«, antworte ich mit leiser Stimme.

»Ihr alle drei?« Der Mann scheint sich zu freuen, daß wir Polinnen sind.

»Ja, wir sind polnische Jüdinnen.« Ich würde der Person, mit der ich spreche, gerne mein Gesicht zuwenden, aber das ist unmöglich. Ohne mein Kinn zu bewegen, schiele ich seitwärts.

»Ich bin Schauspieler, aus Warschau. Ich heiße Stasiu. Haltet morgen genau hier an, und ich werde euch ein Stück Wurst zuwerfen.« Gerade als er sich vom Küchenfenster wegbewegt, erhasche ich einen Blick auf sein Gesicht Er ist alt, wenigstens für Auschwitz – er muß in den Vierzigern sein. Wir nehmen unseren Schritt wieder auf, als wäre nichts geschehen.

Am nächsten Tag halten wir vor der SS-Küche an, gerade als das Fenster aufgestoßen wird. Danka und Dina tauschen die Plätze, während ich eifrig die Wäsche ordne und eine Vertiefung schaffe. Ein Päckchen landet genau im Korb, und ich decke es zu. Mit Herzklopfen nehmen wir die Wäsche wieder auf und gehen weiter unseres Wegs. Während Dina und Danka im Stabsgebäude die Wäsche ausladen, verschwinde ich mit dem Päckchen und verstecke es unter unserer Matratze. Dabei hoffe und bete ich, daß keiner mich erwischt. Wir warten, bis es dunkel ist, und als alle dann schlafen, teilen wir das Stück

Wurst, das Stasiu uns mitgegeben hat, durch drei und lassen es uns schmecken.

Ein Männerkommando arbeitet auf einem Feld nahe der Nudelfabrik, und mir fällt auf, daß einer von ihnen an mir großes Interesse zu haben scheint. Er sieht ziemlich gut aus. Wir tauschen heimlich Blicke aus. Danka und Dina sind zur Wäscherei zurückgegangen, um ein paar Kleidungsstücke zurückzubringen, die schon trocken sind, und um einen weiteren Korb mit herauszunehmen, während ich auf die Unterwäsche der SS aufpasse.

»Woher kommst du?« fragt der Mann, als sein Aufseher verschwunden ist.

»Aus Tylicz.« Ich hänge ein paar lange Unterhosen auf.

»Warschau.« Er arbeitet. Ich arbeite. »Wie alt?«

Ich muß einen Augenblick nachdenken. Habe ich schon zwei Geburtstage im Lager verbracht? Sie sind unbemerkt verstrichen. »Dreiundzwanzig«, antworte ich. Mehr Worte trauen wir uns nicht zu wechseln.

Am nächsten Tag nicke ich Danka und Dina zu, damit sie ihn sehen können. Danka starrt ihn an und lächelt zaghaft. Wir hängen die Wäsche auf und versuchen so zu tun, als gäben wir nicht viel um ein Gespräch – falls man die über ein Feld ausgetauschten Wortfetzen Gespräch nennen kann.

»Ich heiße Marek.« Seine Stimme dringt durch die Beine der langen Unterhosen.

»Rena«, antworte ich und glätte dabei eifrig die Falten der bereits aufgehängten Unterhemden.

Danka kommt zur Wäscheleine. »Danka. Ich bin Renas Schwester.«

»Dina.« Dina und Danka hängen gemeinsam etwas auf. Eine leichte Brise erfaßt die Wäschestücke und spielt mit ihnen in der Luft. Der Kontakt ist hergestellt, Namen wurden ausgetauscht. Es sind Momente wie diese, die uns das Gefühl vermitteln, zu leben. Es gibt noch ein lebendiges Wesen, das weiß, daß wir hier sind; es hilft sehr, mit jemandem von außerhalb unseres eigenen engen Gefängnisses reden zu können. Die flatternde Wäsche gibt mir einen freundlichen Klaps.

Wir hängen Wäsche zum Trocknen auf, als mir auffällt, daß zum erstenmal ein Fenster im obersten Stock der Nudelfabrik aufgeht und eine Packung Nudeln herunterkommt. Keiner ist zu sehen, keinem können wir danken; es ist eine stille Geste. Rasch decken wir sie mit der Wäsche zu, die bereits im Korb liegt, und schmuggeln sie in unser Quartier. Mit klopfendem Herzen betreten wir den Block.

»Janka«, flüstere ich unserer jungen Freundin zu, »wir haben was zu essen. Kannst du einen Topf Wasser organisieren und ihn nach dem Appell auf die Kohlen stellen?«

Janka zwinkert mir zu. Sie nickt. Jeden Abend bleiben Kohlen im Ofen der Wäscherei, auf dem wir kochen können, wenn wir etwas Entsprechendes finden und aufpassen, nicht erwischt zu werden. Geduldig warten wir den Appell ab, versuchen, nicht herumzuzappeln, versuchen, unseren wässrigen Mündern und knurrenden Mägen Einhalt zu gebieten. Wir gehen in den Schlafraum, nehmen unser Stück Brot und teilen es. Nachdem wir die Hälfte gegessen haben, legen wir uns hin und täuschen Schlaf vor. Tiefer werdende Atemzüge und Schnarchgeräusche dringen durch das Dunkel.

Ich tippe Danka an. Geräuschlos wälzen wir uns aus dem Bett und gehen auf Zehenspitzen zur Türe. Wir sind die ersten, die im Waschraum am Herd eintreffen. Ich leere den Inhalt der Tüte in das sprudelnde Wasser. Wir sitzen und warten. Die Tür zum Waschraum öffnet sich einen Spalt breit. Verstohlen wie eine Katze schlüpft Janka herein, dann Deborah, Mania und Lentzi, Aranka und ein paar andere. Wir sind unglaublich aufgeregt. »Ich habe ein bißchen Salz ergattert«, sagt ein Mädchen und schüttet es in den dampfenden Topf. Trotz der

Gefahr, in der wir schweben, lächeln wir. Wir sitzen um den Kanonenofen und schauen zu, wie es im Topf kocht. Es dauert ewig. Der Boden, auf dem wir sitzen, ist kalt, aber wir warten trotzdem.

Ich nehme meinen Löffel, um eine der Nudeln zu kosten. »Fertig«, flüstere ich meinen Mitverschworenen im Dunkeln zu. Ich verteile die Nudeln gerecht auf ihre wartenden Becher, es sind, wie ich meine, genau fünf Eßlöffel für jedes Mädchen, und gieße dann heißes Wasser darauf, so daß jede etwas bekommt. Danka und mir gebe ich zuletzt. Die anderen warten, bis wir alle bedient sind, dann verzehren wir in schweigender Einmütigkeit die warmen, nahrhaften Makkaroni. Wir lassen uns Zeit. Keiner drängt uns zur Eile, und so verweilen wir bei jeden Löffel, als nähmen wir am festlichen Abendessen im Haus einer wohlhabenden Familie teil. Das Nudelwasser schmeckt köstlich. Es schmeckt nach zu Hause.

Aranka nickt Danka und mir zu, ehe sie sich über den Flur zurück zu ihrem Bett schleicht. Langsam und lautlos leert sich der Waschraum von seinen heimlichen Bewohnern. Janka verstaut den Topf, damit keiner ihn am Morgen findet, und gemeinsam gehen wir auf Zehenspitzen zurück zu unseren Betten. Unsere Mägen knurren nicht mehr, hungrig sind sie immer noch.

Dina und Danka sind in die Wäscherei zurück, um neue Stücke zu holen. Ich stehe Wache und habe die Kleidung und Mareks Arbeitsgruppe gleichermaßen im Blickfeld. Er wirft mir einen Stein mit darumgewickelter Nachricht zu. Es sind nette Kleinigkeiten: *Du bist ein hübsches Mädchen. Schade, daß wir nicht in einer freien Welt leben, aber vielleicht werden wir ja eines Tages frei sein ...*

»Wie viele Freunde hast du gehabt?« Seine Stimme bahnt sich ihren Weg übers Feld.

»Viele«, sage ich und versuche mich daran zu erinnern, wie

man flirtet, dann tut es mir leid, daß ich ihn angelogen habe. Es ist keine schlimme Lüge. Ich hatte drei Freunde; das ist schon viel. »Zwei Wochen, bevor ich hierherkam, hätte ich heiraten sollen.« Ich klammere zwei Unterhosen und ein Paar Socken an die Leine. Als ich wieder zu Marek hinschaue, dreht er mir den Rücken zu – sein Kapo ist in der Nähe.

Marek ist nicht jeden Tag draußen, und ich vermisse ihn, wenn er keine Worte zu mir herüberschmuggelt oder sein Leben riskiert, um mir eine Nachricht zu schicken.

Als der Winter kommt, wird es draußen bitter kalt. »Meint ihr, ich sollte Aufseherin Bruno fragen, ob wir zum Arbeiten bessere Kleidung bekommen können?« will ich von Dina und Danka wissen, als wir im Schneetreiben Wäsche aufhängen.

»Ich habe Angst vor ihr«, sagt Danka. Sie stampft mit den Füßen, um warm zu werden.

»Ich habe auch Angst vor ihr, aber wir sind jetzt schon einige Zeit hier, und es fängt an zu schneien. Wir müssen unser Glück versuchen. Es ist zu kalt für uns, ohne Handschuhe und Jacken zu arbeiten.« Ich reibe meine Hände, um sie wieder bewegen zu können und die Klammern abzunehmen.

»Du mußt das auf deine Kappe nehmen, ich bekomme bei ihr Puddingknie.« Es steht also fest. Ich werde an Aufseherin Bruno mit unserem Anliegen herantreten, sobald ich den Mut dazu habe. Es braucht ein paar Tage.

»Aufseherin Bruno?« Vor lauter Nervosität plappere ich drauflos. Ihr schwarzes Haar und ihr scharf geschnittenes Gesicht machen mir Angst, ihre blauen Augen sind ernst und sehen aus, als könnten sie gemein werden, aber ich muß weiterreden. »Ich würde gerne Meldung machen, daß es auf dem Trockenplatz jetzt ziemlich kalt wird. Könnte ich für mich und die beiden Mädchen, die mir helfen, wärmere Kleidung bekommen?«

»Ja, ich werde das in die Wege leiten«, antwortet sie. »Ich

hole euch nach dem Appell.« Sie entläßt mich. Wie ein Affe bleibe ich mit offenem Mund zurück. Ich kann mein Glück nicht fassen. Sie ist überhaupt nicht gemein.

Wie versprochen nimmt uns Aufseherin Bruno am nächsten Morgen nach dem Appell mit in ein anderes Gebäude. Sie führt uns hoch zu einem Speicher, wo wir uns mit Röcken, dicken Strümpfen mit Gummibändern, um sie obenzuhalten, Jacken, Stiefeln und Handschuhen eindecken. Ich nehme mir eine schwarz-weiß karierte Jacke, ein Männerhemd und einen Wollrock, und versuche nicht daran zu denken, woher diese Kleidungsstücke kommen. Ich sage mir aber, daß es besser ist, wenn wir diese Kleider anhaben, als daß sie weggeschickt werden, um deutsche Körper zu wärmen. Auf diese Weise sind wir für draußen richtig ausstaffiert, sehen bis auf die weißen Kreuze auf den Rücken unserer Mäntel und unserer auf die linken Ärmel genähten Nummern ganz wie Menschen aus.

Mareks Gruppe arbeitet fleißig den ganzen Tag über. Wir haben keine Gelegenheit, miteinander zu reden, aber endlich kommt er in meine Richtung und wirft mir einen Stein zu. Die Worte zwischen uns müssen wir uns stehlen, tun dabei, als würden wir arbeiten, für den Fall, daß einer von der SS uns aus dem Fenster der Nudelfabrik beobachtet oder sie auf ihren Fahrrädern die Straße entlanggeradelt kommen.

Hast du jetzt einen Freund? steht auf der Notiz. Ich schüttle den Kopf – nein.

Am nächsten Morgen wird unser Gespräch fortgesetzt. »Hattest du mit deinen Freunden auch intime Beziehungen?«

»Nein.« Er wird mich noch ganz verlegen machen, wenn er weiterhin solche Fragen stellt.

»Du bist noch Jungfrau?« Er hört fast zu arbeiten auf. Er schaut mich an, als wäre ich ein Phantom.

»Ja!« flüstere ich stolz. Er erstickt fast vor Lachen; er bemüht sich, weiterzuarbeiten, schüttelt sich aber vor Lachen.

»Ich komme aus Warschau, wo mir nie eine Jungfrau begegnet ist.« Er muß gehen, um sich wieder zu fangen.

»Ich glaube, du übertreibst!« Ich verstecke mich in der Wäsche, mein Gesicht ist heiß wie ein Bügeleisen. Männer! Ich beschließe, ihn den Rest des Nachmittags zu ignorieren.

Ich entziehe mich seinen Blicken, indem ich rasch die Wäsche aufhänge und mich hinter die langen Unterhosen ducke, die in der Wintersonne bleichen.

Fleißig grabend kommt er näher. »Du bist ja rot geworden!« Wie beim Versteckspiel höre ich seine Stimme über die Leinen. Ich schüttle den Kopf und gehe weiter, hänge ein Unterhemd zwischen sein Gesicht und meins.

»Wir sind hier in Auschwitz, und du bist verlegen?« sagt er lachend.

Ich lächle insgeheim, erlaube ihm aber nicht zu sehen, daß auch mich dieser Gedanke belustigt. Nach allem, was wir durchgemacht haben, nach allem, was wir gesehen haben, bin ich noch immer gehemmt.

»Ich bin froh, daß ich dir etwas gegeben habe, worüber du lachen kannst.«

»Das glaubt keiner«, sagt er. »Warte nur, bis ich wieder im Block bin – eine Jungfrau von dreiundzwanzig Jahren!«

Am nächsten Nachmittag wirft er mir die dritte Nachricht zu. Ich stecke sie in den Saum meines Rocks und warte mit dem Lesen aufgeregt bis nach dem Appell. Auf dem Bett sitzend, lese ich: *Als ich fünfzehn war, verlor ich meine Unschuld. Ich traf in einem öffentlichen Schwimmbad eine verheiratete Frau, die mich bat, in ihre Wohnung mitzukommen. Sie hat mich eingeführt.*

»Er übertreibt!« Danka kichert.

»Was soll ich morgen tun, wenn er da ist?« Wir ersticken unser Gekicher unter den Decken und versuchen einzuschlafen. Ich kann es kaum erwarten, ihn wiederzusehen, aber ich bin zu schüchtern, ihn anzuschauen.

In unseren neuen Kleidern läßt sich das Wetter besser aushalten. Die Handschuhe helfen uns ganz entschieden, die Wäsche aufhängen zu können, aber manchmal weicht der Regen uns bis auf die Haut durch. Es kommt mir so lächerlich vor, im strömenden Regen zu stehen und auf Wäsche aufzupassen, aber uns bleibt nichts anderes übrig. Neidisch werfe ich einen Blick auf das Vordach über dem Hintereingang zur SS-Küche; wenn wir dort stehen dürften, wären wir nach einem Tag im Regen oder Schnee nicht ganz so naß.

»Soll ich Aufseherin Bruno fragen, ob wir uns dort bei schlechtem Wetter unterstellen können?« frage ich.

»Warte noch eine Woche, Rena«, schlägt Danka vor.

»Das ist eine gute Idee. Wir haben jetzt erst die Kleider bekommen, wir wollen nicht, daß sie denkt, wir würden sie ausnutzen.« Der Beschluß steht fest, doch mir ist bang, sie nochmal um etwas zu bitten.

»Aufseherin Bruno? Ich möchte Meldung machen.« Ich stehe vor der SS-Frau, die so unnahbar aussieht.

»Jah?« Sie sieht mich halb interessiert an, als wäre ich mehr als nur eine Nummer. Nachdem ich so lange eine Nummer gewesen bin, ist das entmutigend, und ich muß mich daran erinnern, daß man der SS nicht trauen darf. Binnen einer Sekunde könnte sie ihre Meinung über mich ändern. Sie hat die Macht über Leben oder Tod.

Ich beginne mit meinem Bericht. »Wir hängen die Wäsche wegen der frischen Luft jeden Tag, bei Regen, Sonnenschein oder Schnee hinaus.«

»Jah?«

»Hinter der SS-Küche gibt es ein Vordach. Ich kann von dort aus den ganzen Trockenplatz überschauen. Würden Sie uns bitte erlauben, uns bei schlechtem Wetter unter das Vordach zu stellen?«

»Ja, das könnt ihr.« Sie entläßt mich. Ich atme erleichtert

auf. Ich überbringe Danka und Dina die gute Nachricht – wir haben ein Dach. Gerade rechtzeitig. Der Winter ist gekommen.

Wie seltsam es auch sein mag, nach all meinen Hoffnungen, eine Arbeit drinnen zu finden, nun doch im Freien zu stehen, bin ich doch ganz einfach dankbar, mit meiner Schwester von Birkenau weg zu sein und noch zu leben.

Am ersten Regentag nach meiner Anfrage stehen wir den ganzen Tag unter dem Vordach. Manchmal stütze ich meine Hände auf das Geländer und lasse meine Augen über die Felder wandern, wo es keine Zäune gibt. Ein Zug fährt in der Ferne vorbei. Ich achte darauf, mit keinem in der Küche Kontakt zu knüpfen. Das ist mein erster Tag, an dem ich die Veranda als Unterschlupf benütze, und da ich dieses Privileg nicht verlieren will, halte ich mich zurück und hänge meinen Gedanken nach.

Als wir am nächsten Tag die Wäsche vom Trockenplatz zurückbringen, landet ein Stein vor unseren Füßen. »Tauscht die Plätze«, flüstere ich. Danka und Dina halten an. Wir stellen die Körbe auf den Boden und nehmen geschickt die Nachricht an uns.

Ungeduldig warte ich bis zum Ende des Appells, um die Nachricht lesen zu können. Danka lugt mir über die Schulter, als ich das Papier anschaue, aber dort stehen keine Worte – es ist eine Bleistift-Zeichnung. Uns ist ein wenig schwindelig davon, und ich fühle mich geschmeichelt, daß jemand sich die Zeit nimmt, mich zu skizzieren: Ich beuge mich nach vorne, und mein Rock ist ein wenig zu hoch über die Rundung meiner Beine gerutscht.

»Rutscht mein Rock so weit hoch?« frage ich Danka.

»Nein, Rena, tut er nicht.« Wir kichern.

»Er macht meine Beine auch hübscher als sie sind!« Ich wünschte, ich könnte die Zeichnung aufhängen oder an einem sicheren Ort verstecken, aber es gibt nichts, wo sie sicher genug wäre. Sie ist außerdem signiert: *Stasiu Artista*. Außerdem hat er in die Ecke geschrieben: *Wenn du morgen am Fenster vorbeigehst, lehne dich ein wenig zurück und geh langsamer. Ich werde dir dann etwas zuwerfen.*

Am nächsten Tag machen wir vor der Küche Halt, und Dina und Danka tauschen ihre Plätze, während ich eifrig die Kleidungsstücke ordne. Reibungslos wie bei einem Uhrwerk landet das Päckchen in der Unterwäsche. Ich decke es zu, und wir nehmen die Körbe hoch, ohne uns umzublicken.

Nach dem Appell stellen wir fest, daß das Päckchen, das Stasiu geschickt hat, eine Tüte Zucker ist. »Laß es uns aufteilen«, schlägt Danka vor. Dina und ich nicken zustimmend; das ist zu kostbar, um es selbstsüchtig zu horten. Flüsternd informieren wir zwanzig unserer nächsten Freundinnen, sich bei unserem Bett einzufinden, wenn die anderen alle schlafen.

»Wir haben eine Überraschung für euch«, erzählen wir ihnen. »Bringt eure Löffel.«

Die Tüte Zucker im Schoß, sitze ich auf meinem Bett, nehme den Löffel des Mädchens, das vorne in der Reihe steht, streiche den Zucker darauf sorgfältig glatt, damit jeder wirklich die gleiche Menge bekommt. Als die Tüte aufgebraucht ist, ruhen wir uns in unseren Betten aus und lecken unsere Löffel immer und immer wieder ab, um auch das letzte Körnchen dieser leckeren Süße herauszuholen.

Wir haben Schneeregen. Inzwischen freue ich mich auf unfreundliches Wetter, denn dann kann ich mich mit Stasiu Artista, meinem neuen Freund, unterhalten. Manchmal ist mir nach einem Gespräch unter vier Augen zumute. Einem wirklichen Gespräch, ausführlich und ohne Gefahr. Es ist dumm, sich nach etwas Unmöglichem zu sehnen, aber ich vermisse die Tage, als ich flirten und mit einem Verehrer die Straße entlanggehen konnte, und wir einfach aussprachen, was uns bewegte. Das sollte kein Verbrechen sein, ist es aber.

»Wie hat dir das Bild gefallen?« erkundigt Stasiu sich durchs Fenster.

»Ich fand es hübsch, aber den Rock hast du zu kurz gemacht. Da hast du wohl geträumt.«

Ich höre so etwas wie verhaltenes Lachen. »Du bist wunderbar.«

»Ich lebe, mein Freund, und das ist hier etwas Wunderbares. Doch ich danke dir trotzdem für das Kompliment.«

»Wie lange bist du schon hier?« will er wissen.

»Seit März 1942.«

»Das ist zu lang ...« Er klingt auf einmal sehr traurig.

»Und du?« Ich höre, wie er vom Fenster weggeht, und schweige.

Manchmal, inbesondere bei Schneeregen, kommt es mir dumm vor, Wächterin der Wäsche zu sein, doch ich habe meine Anweisungen. Der Nachmittag schleppt sich dahin. Das sanfte Klopfen auf dem Blechdach über meinem Kopf hört sich an wie ein Schlaflied. Die frische Luft scheint die Gerüche aus der SS-Küche aufzufangen und vor meiner Nase schweben zu lassen. Ob es am Duft gebratenen Fleisches liegt, oder am Geräusch des Schneeregens, weiß ich nicht, aber plötzlich finde ich mich in der Vergangenheit wieder. Wie herrlich hat unser Haus immer am Abend vor Sabbat geduftet – die Gans, der Kugel, die Kartoffelkuchen. Ich sehne mich nach richtiger Hausmannskost und wirklichen Mahlzeiten, die an einem weißgedeckten Tisch mit Besteck eingenommen wurden, Mahlzeiten, die stundenlang dauern, weil es so viel zu essen gibt. Ich sehne mich danach, Freunden und Verwandten am Tisch gegenüber zu sitzen und sich an einem wirklichen Gespräch und Zusammensein zu erfreuen. Ich sehne mich danach, Mama mit ihrem weißen, um den Kopf drapierten Seidenschal zu sehen, wie sie im Wohnzimmer den Kandelaber für Sabbat entzündet.

Laut spricht sie das Sabbatgebet, zweimal streckt sie ihre

Arme nach vorne über die Flammen und führt sie wieder zurück zu ihrem Herzen. Dann, die Hände vor beiden Augen, betet sie still. Danka und ich sehen ihr voll Ehrfurcht und Erwartung zu. Es ist ein weihevoller Augenblick, wenn auf Mamas verborgenem Gesicht nur das goldene Licht flackert, um anzudeuten, daß die Zeit vergeht. Langsam senkt sie ihre Hände, Tränen glänzen auf ihren Wangen. Nach dem Sabbat-Gebet glänzen immer Tränen in ihren Augen. »Git Shabbes«, wünscht sie uns strahlend. »Einen guten Sabbat, Mama.« *Danka und ich laufen in ihre geöffneten Arme. Papa kehrt vom Tempel zurück, und wir setzen uns zu einem Festmahl nieder; wir fühlen uns so gesegnet, so geliebt.*

Beim Gedanken an das zarte Fleisch der gebratenen Gans läuft mir das Wasser im Mund zusammen. Ich seufze.

Die Notiz fällt mir direkt vor die Füße. Ich bücke mich und tue so, als rückte ich meinen Strumpf zurecht, während ich nach der Botschaft greife. Ich wünschte, ich könnte sie auf der Stelle lesen, ohne mich durch den Rest des Nachmittags kämpfen zu müssen, bis wir ins Stabsgebäude zurückkehren. Sie juckt mir in der Hand, aber ich stecke das Briefchen schnell in meine Jacke und unterdrücke den nagenden Wunsch, es zu lesen. Bei einem raschen Blick auf das Fenster, sehe ich Stasiu davonschlurfen. Wieder einmal bin ich allein mit dem Platschen des Schneeregens.

An diesem Abend lesen wir Stasius Nachricht, als wäre es die Tageszeitung; so wichtig ist diese Kommunikation für uns. *Ich bin seit 1939 hier. Der Chef hat Nummer 45. Er ist von denen, die noch am Leben sind, am längsten hier.* Wir starren auf seine Worte und erfassen die nackte Wahrheit. Es ist unmöglich, zu glauben, die Jahre könnten vergehen und wir wären immer noch da, aber Stasiu ist der Beweis dafür. Wir sind der Beweis. Ich knülle seine Notiz zusammen und gehe langsam zur Toilette. Die Papierfetzen wirbeln nach unten und ziehen alle Aussicht auf ein Leben in Freiheit mit sich.

Nach dem Appell bekommen wir zehn Päckchen vom Roten Kreuz. Es stehen keine Namen darauf wie in Birkenau, aber Maria sagt uns: »Teilt das unter euch auf so gut ihr könnt.« Wir starren unentwegt auf diese Päckchen, ganz wild darauf, die braune Verpackung abzureißen, um an die Leckereien zu kommen.

»Ich denke, wir sollten abstimmen, wer die Sachen aufteilt«, schlägt Mania vor.

»Ich denke, Rena sollte das tun«, meint Janka. »Sie ist sehr pingelig und ehrlich.«

»Alle, die für Rena sind, heben ihre Hand.« Ich kann meinen Augen nicht glauben; jede Hand im Raum ist oben. Alle einhundertfünfundzwanzig Mädchen stimmen für mich. Wir machen die Päckchen auf, als wär ein Feiertag, wenn es für so viele auch nicht zum Festschmaus reicht. Ich lege alles auf separate Häufchen: zwanzig Dosen Ölsardinen, zehn Kuchen, zehn Laib Weißbrot und Tüten voll Zuckerwürfel.

»Eine holt sich bei Maria ein Messer und eine andere holt ein Maßband aus dem Nähzimmer, damit ich ganz genau sein kann.« Meine Hände zittern. Dies ist die größte Ehre, die mir je zuteil wurde, wichtiger als damals, als ich mit elf Jahren vor unserem ganzen Dorf an Polens größtem Nationalfeiertag ein Gedicht vortrug, die erste Jüdin und das erste Mädchen, das dafür ausgewählt wurde.

Wir legen das Maßband auf die Kuchen; jeder ist um die sechzehn Zentimeter lang. Ich teile die Länge der Kuchen durch einhundertfünfundzwanzig und komme zu dem Schluß, daß jedes Stück eineinviertel Zentimeter dick sein darf. Zwei Mädchen halten das Maßband gerade, während ich dreizehnmal einen Schnitt mache und dann vorsichtig jedes Stück an der markierten Stelle abschneide. Uns läuft das Wasser im Mund zusammen. Das Weißbrot messen wir genauso ab.

Meine Hände zittern, als ich die einzelnen Kuchenstücke abschneide. Dies sind hungrige Menschen; jede muß genau die gleiche Portion bekommen. Ich darf keine begünstigen, nicht einmal meine Schwester – doch ich würde nicht einmal daran denken, einen anderen hungrigen Menschen um so kostbare Nahrung zu betrügen.

Es gibt zwanzig Sardinendosen, und in jeder liegen zwischen sechs und acht Stück, und ich überlege, daß das ausreichen müßte, um jedem Mädchen einen Löffel voll zu geben. »Es wird leichter sein, die Sardinen mit unseren Löffeln zu teilen, damit kein Öl verloren geht«, teile ich den Mädchen mit. Sie stehen Schlange und halten mir ihren Löffel hin, während ich peinlich genau den Fisch herauslöffle, so daß jeder Löffel gleich ist. Auch die Zuckerwürfel werden ausgezählt. Als alles erledigt ist, nimmt jede ihr Stück Brot, den Löffel Sardine und ihr Stück Kuchen und geht zu Bett, um es dort in dankbarem Schweigen zu verzehren.

Wenn wir wüßten, es gäbe irgendwo eine Million Dollar, und wir könnten sie uns nehmen, würden wir das tun? Diese Stücke Brot und Kuchen sind weit mehr wert als diese Geldsumme. Ich habe nie jemandem im Lager bestohlen. Jedes Häppchen zu essen ist eine Frage über Leben und Tod, doch ich brächte es nie über mich, einen anderen Menschen zu betrügen. Ich erinnere mich wieder, wie es in Birkenau war – als ich jedes winzige Bröckchen, und wenn es nur eine Kartoffelschale auf dem Boden war, auflas und mit meiner kleinen Schwester teilte. Obwohl es mir vor lauter Hunger in der Hand brannte, brachte ich es immer zu ihr und teilte es. Ich halte mich für einen intelligenten Menschen, aber was Essen angeht, bin ich so besessen und haushälterisch, daß es lächerlich ist. Das ist es, was der Hunger aus einem machen kann.

Die Mädchen in den SS-Büros beklagen sich ständig über ihre jüdische Aufseherin Edita. Sie macht bei der geringsten Kleinigkeit Meldung und bestraft sie dann zu heftig. Sie ist eine Tyrannin und behandelt sie schlechter als manche deutschen

Aufseherinnen. Keiner von uns begreift, warum sie so gemein ist, aber die Sekretärinnen haben sich etwas einfallen lassen, es ihr heimzuzahlen.

»Wir haben eine Geheimmission«, erzählt mir Aranka. »Willst du mitmachen?«

Ich sehe in die Gesichter der sieben Schreibkräfte. »Wobei?« frage ich.

»Das können wir dir nicht sagen. Hast du Mumm und Kraft?«

»Ja, ich habe beides. Ist es etwas, was das Leben meiner Schwester in Gefahr bringt?«

»Nein«, versichern sie mir. »Wir werden über Edita herfallen, wenn sie schläft, und sie verprügeln.« Ich nicke. Es hörte sich nach ehrenwerter Absicht an. »Willst du sie schlagen oder ihr den Mund zuhalten?«

»Ich halte ihr lieber den Mund zu. Ich habe nicht die Chutzpe einen Menschen zu schlagen«, erkläre ich ihnen.

»Dann bis heute abend.« Wir schütteln uns die Hände.

Während der Rest im Block schläft, schleichen wir uns in Editas Zimmer und versammeln uns schweigend an ihrem Bett. Dann, auf das Signal der Anführerin hin, packen zwei Mädchen ihre Arme und zwei ihre Beine, während ich ihr gleichzeitig den Mund zuhalte und ein anderes Mädchen die Augen. Die zwei, die das Verprügeln übernommen haben, schlagen sie immer wieder in den Bauch, wo keiner die blauen Flecken sehen kann. Es ist nicht leicht, den Druck auf ihren Mund beizubehalten, als sie sich freizustrampeln versucht, doch ich presse meine Hände auf ihr Gesicht, um jedem Stöhnen, jedem Laut zuvorzukommen. Als sie mit dem Verprügeln fertig sind, nicken sie uns zu, und wir lockern unseren Griff und eilen zurück in unsere Betten. Unsere Decken sind bereits zurückgeschlagen, so daß wir gleich hineinspringen und sie zum Kinn hochziehen können, unsere Augen schließen und so tun wie alle anderen Schlafenden auch.

Ich zwinge mich so langsam und gleichmäßig wie Danka zu atmen, doch ich bin mir sicher, man hört mich. Was passiert, wenn sie in unser Zimmer kommt? Was ist, wenn sie das Licht anmacht und uns auffordert, die Schuldigen mögen vortreten? Ich versuche meine Gedanken auszusperren. Was ist, wenn wir erwischt werden? Doch Edita kommt nicht in unseren Schlafraum. Am nächsten Morgen stolziert sie steif aus ihrem Zimmer, ohne jemanden anzuschauen. Die SS erfährt nichts davon, und keiner forscht nach, weil sie es keinem erzählt. Sie hat ihre Lektion gelernt. Sie hört auf, ihre Schreibkräfte herunterzuputzen, und fängt an, ihren Mitgefangenen gegenüber ein wenig Menschlichkeit zu zeigen.

Danka trägt den Korb an der Außenseite und lehnt sich zurück, als Stasiu ihr ein Stück Wurst und etwas Brot zuwirft. Aus dem Augenwinkel heraus sehe ich einen SS-Mann auf seinem Fahrrad vorbeifahren. Ich könnte schwören, daß er uns gesehen hat, aber wir halten nicht an und schauen nicht schuldbewußt drein oder tun sonst etwas, was Verdacht erwecken könnte. Wir vergraben das Essen tief in der Wäsche und gehen so schnell wie möglich zurück in die Wäscherei. Auf dem ganzen Weg zurück glauben wir, daß der SS-Mann kommen und sich uns schnappen wird, und das wäre dann unser Ende. Wir sind schreckhaft und leicht durcheinanderzubringen, unsere Nerven dünn vor Furcht. Erst freut man sich, daß es zusätzliches Essen gibt, dann ist da die Gefahr, deswegen wieder nach Birkenau zu kommen oder Schlimmeres. Gern verzichteten wir auf unsere Mahlzeit, um diesem Ende zu entgehen.

Wir verstecken das Essen, sobald wir die Treppe zu unserem Block erreichen, und, wie zu erwarten, werden die Körbe gründlich durchsucht, aber keiner beschuldigt uns. Nach dem Appell schleiche ich mich zurück zu unserem Versteck und teile die Wurst und das Brot mit ein paar anderen Mädchen. Es schmeckt nicht mehr so gut wie bisher; unsere Angst hat es anders gewürzt.

Am nächsten Morgen flüstert mir einer der Polen, die uns den Tee bringen, zu: »Stasiu Artista hat gerade fünfundzwanzig Peitschenhiebe bekommen, weil er eine Wurst für eine von euch Mädchen gestohlen hat.« Ich versuche mir nichts anmerken zu lassen. Ich bin froh, daß er mir diese Information gegeben hat, denn so kann ich verhindern, daß dieses Gerücht die Runde macht und uns in Gefahr bringt. Ich weiß auch, daß Stasiu unsere Namen nicht an den SS-Offizier weitergegeben hat, von dem er erwischt wurde. Wir sind sicher.

Drei Tage später, als wir von der Arbeit zurückmarschieren, gibt Stasiu mir ein Signal durch das Fenster.

»Plätze tauschen«, flüstere ich. Wir halten an. Danka ist unterwegs, als die Wurst in unserem Korb landet, und Dina nimmt ihren Platz ein.

»Du wirst noch größere Schwierigkeiten bekommen als beim letztenmal«, schelte ich ihn. »Du solltest das lieber nicht mehr tun!« Doch es ist ihm egal. Alle paar Wochen kommt ein kleines Stück Wurst, etwas Brot – Manna vom Himmel.

Es ist Frühling. Wir erlauben uns keine Frühlingsgefühle, aber wir können die Tatsache nicht leugnen, daß er wieder da ist. Dies ist unser dritter Frühling in Gefangenschaft; bis auf den Duft in der Luft hat er für uns keine Bedeutung mehr. Frühling bedeutet in Wirklichkeit, daß wir noch einen Winter überlebt haben. Marek und seine Gruppe arbeiten wieder entlang des Zauns, und Züge rasen durch das Land. Ich mag das Geräusch, wenn sie vorbeifahren; es erinnert mich an Freiheit und weitentfernte Städte.

Danka und Dina hängen schweigend die Wäsche auf, als ein Zug in der Ferne passiert. Ich wende mich von meiner Arbeit ab, um seine Reise zu verfolgen, und einen Augenblick lang wird mein Geist über die Wände und das Arbeitsgelände von Auschwitz-Birkenau hinausgetragen. Da steht eine Frau, geschmückt mit einem weißen Hut und weißen Handschuhen, das Kinn auf ihrem makellosen Handgelenk, am Fenster und schaut hinaus, sieht zu mir herüber und durch mich hindurch, als gäbe es mich nicht. Sie ist sauber und vornehm. Sie sieht aus, als würde sie jemanden besuchen und als wäre ihr größtes Problem, zu überlegen, was sie am Abend auftischen soll.

Ich habe mich immer so sehr in der Gewalt, lasse nicht zu, daß die Gefühle mich einholen, aber ich kann nichts gegen die Tränen tun, die mir über die Wangen laufen. Wohin fährt sie? frage ich mich. Warum hat sie ein Leben, und ich habe keins?

»Es gibt eine Welt da draußen«, seufze ich und lasse der Sintflut in mir freie Bahn.

Es gibt ein Lied, das wir im Lager singen. Es läßt mich keinen Augenblick los, ich singe es unaufhörlich in Gedanken:

Es gab Tangos, Foxtrotts und Fanfaren
gesungen von tanzenden Paaren.
Es gab Tangos von Träumen und Liebesgeschichten,
doch jetzt ist Krieg, keiner wird Lieder dichten.
Vergeudet ist unser junges Leben.
Singt dieses neue Lied, erhobenen Haupts.
Sing, Schwester, hinter deutschen Gittern
diesen Tango aus Tränen, Leid und Verzweiflung –
das ist für uns der Krieg.
Unsere Herzen weinen heiße Tränen.
Werden wir je die Sonne wiedersehen?
Werden wir je die wunderschöne Welt wiedersehen?
Aus der Ferne lacht uns durch Eisengitter die Freiheit
und von der Freiheit träumen wir allezeit.
Aber die Sonne scheint noch immer nicht.

Es ist so unglaublich, aber da ist es, nur ein paar Kilometer weit weg. Selbst am Stabsgebäude, von wo aus ich die Krematorien nicht sehen kann, wird der Rauch in die Luft gestoßen. Wir sind nicht außerhalb, und die Deutschen sind so effizient und sie gewinnen den Krieg. Wir überleben, weil wir die Hoffnung haben zu leben, aber sich auf diese Hoffnung einzulassen, ist Wahnsinn! In meinem Herzen würde ich gerne glauben, daß ich eines Tages frei sein werde, denn ich habe nicht die Kraft, aufzustehen und ohne diese Hoffnung zu leben. Aber der Tod ist so allgegenwärtig, die Krematorien sind so erdrückend. Die Hoffnung gibt es nur, weil wir ohne sie nicht überleben könnten.

»Ist was?« Mareks Stimme durchdringt mein Leid.

»Dieser Zug, ...« antworte ich und meine Stimme ist schwankend und unsicher, »es waren Leute darin, alle schön angezogen, sie saßen da, als gäbe es keinen Krieg ... als gäbe es nicht einmal uns.« Ich verstecke mich hinter der Wäscheleine und wische meine Tränen an der SS-Unterwäsche ab, damit keiner merkt, daß sie mich wieder erwischt haben.[1]

Der Stein landet ein paar Schritte weit entfernt. Es ist eine einfache Botschaft, nur ein paar Worte: *Warum versuchen wir nicht zu fliehen?*

Und wohin gehen, Marek? frage ich mich. Wir sind Juden, und keiner tritt mehr für uns ein. Obwohl Frühling ist, ist meine Jugend dahin. Wir arbeiten, wir sind vorübergehend sicher, doch ich verspüre keinen Lebensdrang mehr. Ich sitze im Dunkeln und kämpfe gegen den überwältigenden Drang an, zu weinen. Ein gutes, langes Huh-huh – nicht einmal das ist er-

---

[1] Geschrieben im April 1944: »Die jüdischen Mädchen, im März und April 1942 aus der Slowakei deportiert, [es waren] über 7000 ... Jetzt sind nur noch 700 dieser Mädchen übrig, und die meisten haben es geschafft, sich eine Bürotätigkeit im Frauenlager zu sichern. Über hundert Mädchen arbeiten im Stabsgebäude von Auschwitz, wo sie sämtliche Verwaltungsaufgaben erledigen, die in den beiden Lagern anfallen. Dank ihrer Sprachkenntnisse können sie auch als Dolmetscherinnen eingesetzt werden. Andere sind in der Hauptküche oder der Wäscherei untergebracht« (Wyman, 5,32).

laubt. Ich presse meine Hände und Zähne zusammen, bis der Wunsch zu weinen verebbt wie die Meeresflut. Wenn ich überlebe, werde ich einmal eine Woche lang weinen, vielleicht auch länger. Aber nicht heute, nicht hier.

Mareks Arbeitsgruppe ist nicht mehr bei der Nudelfabrik. Sein Fehlen registriere ich wie das Verschwinden von allen anderen im Lager: Ich habe Angst, daß er tot ist.

Es ist ein warmer Tag. Der Sommer kommt, und die Wäsche wird schnell trocken. Wir haben die Hemden durchgesehen, um festzustellen, welche gefaltet und in den Korb gelegt werden müssen. Ich bücke mich, um ein paar zarte Grasschößlinge herauszuziehen und daran zu knabbern, als ein Schatten auf mich fällt. Blinzelnd schaue ich hoch zum Roß und seiner Reiterin. Ihr blondes Haar lockt sich anmutig und fällt ihr über die Schulter. Wie Spiegel reflektieren ihre Stiefel die Sonne. Ich habe sie schon früher über das Lagergelände reiten sehen. Sie ist ziemlich hübsch, und im Vergleich zu ihr fühle ich mich klein und unbedeutend. Sie läßt ihrem Pferd freie Zügel. Es schüttelt begeistert den Kopf und nähert ihn den Schößlingen, die ich gerade gesammelt habe. Sie wirft einen prüfenden Blick ins Gelände und erlaubt ihm dann zu grasen. Dann zieht sie die Zügel an und schnalzt ihrem Pferd zu. Sie galoppieren über die Felder, ihr Haar wippt auf ihrem Rücken. Wie Hiebe fällt die Erinnerung über mich her: ich hatte lange Haare ... ich hatte Locken ... ich bin auf unserem Pflugpferd gesessen ...

Danka und Dina kehren auf den Trockenplatz zurück. »Aufseherin Grese war hier«, sage ich ihnen. Wir haben sie oft über die Felder reiten sehen, und seit sie ins Lager kam, hat man immer über sie geflüstert, weil sie so hübsch ist.

»Was wollte sie?« will Danka aufgeregt wissen.

»Weiß ich nicht. Sie wird bestimmt nicht mit mir reden.«

»War sie zu Pferd?«

»Ja.« Wir hängen eine neue Ladung Wäsche auf.

Marek kehrt in die Arbeitsgruppe an der Nudelfabrik zurück und wirft mir eine Nachricht zu, die sehr lang ist. Ich nehme sie und stecke sie in meine Tasche. Es dürfte nicht leicht für ihn gewesen sein, ein so großes Stück Papier zu organisieren. *Ich bin Offizier der polnischen Armee. Ich machte in Belgien meine Ausbildung zum Arzt und kehrte dann nach Warschau zurück, wo ich einen Posten als Offizier bekam. Ich habe ein paar Kontakte zur Untergrundbewegung, und es ist beabsichtigt, einen doppelten Boden in den Zug einzubauen, in dem Kleider von Auschwitz nach Deutschland transportiert werden. Wir können uns darin verstecken, es wird eng sein, aber wir können entfliehen. Du müßtest deine Schwester zurücklassen, denn wir können das Risiko einer weiteren Person nicht in Kauf nehmen, da jeder Schrei oder jedes Weinen für uns alle den Tod bedeuten würde. Ich würde gerne mit dir zusammen fliehen und leben. Ich glaube, daß wir das schaffen können.*

Ich knülle die Nachricht zusammen, reiße sie in kleine Fetzen und gehe auf die Toilette, wo ich sie runterspüle. Marek. So lieb, so eifrig, so naiv. Ich schlucke den Kloß in meinem Hals hinunter. Ich schlucke die Worte meines Freundes hinunter.

Ich kann das nicht, schreibe ich ihm zurück. *Ich kann meine Schwester hier nicht allein zurücklassen. Außerdem bin ich nicht mutig genug. Doch danke, daß du an mich gedacht hast.* Als keiner hersieht, werfe ich den Stein über das Feld, und wende mich dann dem Berg Unterwäsche zu, den ich pflichtgemäß zu bewachen, sauberzuhalten und ordentlich zu falten habe.

Ich sehe Marek nicht mehr so häufig, aber ich höre gelegentlich etwas von ihm über die Küchenarbeiter, die uns den Morgentee bringen. Ich vermisse unseren Briefkontakt und seine im Wind zwischen der Wäsche treibende Stimme. Ich vermisse sein freundliches Gesicht auf der anderen Seite und seine Besorgnis um mein Wohlergehen. Die Züge fahren noch immer in der Ferne vorbei, aber ich weigere mich, ihnen nachzuschauen.

Mala ist das Nachrichtenmädchen für das Lager Birkenau. Wir haben sie viele Male von einem Büro zum anderen und durch die Tore hinausgehen sehen, um eine Nachricht in die anderen Teile des Lagers zu bringen. Wir bewundern sie alle, nicht nur, weil sie schön ist, sonder weil ihre Position höchst bedeutend ist. Trotz der Tatsache, daß sie Jüdin ist, haben sie ihr praktisch freien Zugang zu den Gebäuden gegeben und ihr erlaubt, ihre Haare zu behalten. Sie spricht sieben oder acht Sprachen und bringt Nachrichten von der Aufseherin Drexler zum Krankenhaus, zu den SS-Büros – wo immer sie sie hinschicken. Wir sind immer stolz auf ihren Job gewesen; sie ist für uns ein Symbol, daß wir wertvoll sind, Menschen sind. Doch selbst für sie mit all ihren Privilegien war das Lagerleben zu viel.

Die Männer, die uns morgens den Tee bringen, haben es uns erzählt. Mit gedämpfter Stimme flüstern wir uns den ganzen Tag Klatsch und Zusammengereimtes über Mala zu, die mit ihrem Geliebten aus Auschwitz geflohen ist.[2]

Wir malen uns aus, wie sie es geschafft haben. »Sie muß Kontakte zur Außenwelt gehabt haben.«

»Ja, sicher. Wie hätte sie sonst rausgekonnt?« Spät abends, nachdem wir unser Brot gegessen haben, unterhalten wir uns über die Schicksale von Mala und ihrem Geliebten.

---

[2] »24. Juni [1944] ... Mala Zimetbaum (Nr. 19880) flieht aus Auschwitz II gemeinsam mit dem polnischen politischen Gefangenen Edward Galinski (Nr. 531) ... der mit dem ersten Transport polnischer Gefangener am 14. Juni 1940 ins Lager kam. [Ebenfalls an diesem Tag] erhalten sechs (männliche) Gefangene die Nummern 189229–189234. [Und] zwei weibliche Gefangene erhalten die Nummern 82064 und 82065« (Czech, 650).

»Er war Pole. Er hatte die Kontakte.«

»Ich habe gehört, er heißt Edward.«

»Ich habe gehört, sie haben aus der Wäscherei deutsche Uniformen gestohlen, und jemand hat unter einem der Waggons, mit denen sie die Kleidung abtransportieren, einen doppelten Boden eingebaut, damit sie sich darin verstecken können.« Mareks Plan fällt mir wieder ein.

»Du weißt viel.« Wochenlang flüstern und beten wir, daß diese beiden mutigen Seelen nie gefaßt werden. In unseren Herzen leben sie glücklich und zufrieden, entkommen Nazi-Deutschland und schaffen es nach England oder der Schweiz oder nach Amerika oder irgendwohin, wo eine Jüdin und ein Nichtjude in Sicherheit sind. Wir schüren die Flammen unseres Mutes, und Mala wird unser Leuchtfeuer. Wenn sie die Freiheit erlangen kann, können wir das eines Tages vielleicht auch. Wenn sie tapfer ist, können auch wir tapfer sein. O ja, von hier zu fliehen und mit dem Geliebten zusammensein. Davon träumen wir. Daran klammern wir uns. Es läßt die freie Welt für uns wieder Wirklichkeit werden. Es erinnert uns daran, was Freiheit war. Und dann macht es uns traurig.

»Die SS bestraft die Lager für Malas Flucht«, flüstern uns die Männer am Morgen zu, als sie den Teekessel bringen. »Die Gefangenen in Birkenau wurden gezwungen, vierundzwanzig Stunden lang Anwesenheitsappell zu stehen. Viele fielen vor Ermüdung um.«

Ich danke Gott, daß wir nicht mehr in Birkenau sind.

Wir haben gerade die Wäsche aufgehängt, als Irma Grese wieder auftaucht. Diesmal kommt sie zu Fuß und trägt eine Strandjacke. Ohne auch nur das leiseste Anzeichen des Wiedererkennens tänzelt sie an uns vorbei, wirft eine Decke auf den Boden und fängt an, die Jacke über ihrem Badeanzug abzulegen. Nervös kontrolliere ich die Kleidungsstücke, die im Wind flattern. Sie legt sich hin und fängt an, sich Arme und

Beine einzucremen. Dankas Augen werden groß vor Unruhe. Dina geht zurück. Ich entferne mich zaghaft.

»Du da!« Ich erstarre beim Klang ihrer Stimme. »Würdest du mir meinen Rücken eincremen?«

Ich bin schockiert. Nie hat jemand von der SS mich *gefragt*, ob ich etwas tun kann, immer haben sie uns wie Sklaven herumkommandiert. Und nicht nur das, sie hat mich, eine Jüdin, gebeten, sie zu berühren! Ich gehe zu ihr, habe Angst etwas falsch zu machen, Angst ihre fantastische Haut zu berühren. Mit aller Kraft versuche ich meine zitternden Hände ruhig zu halten und verreibe zaghaft die Creme auf ihren Schultern und dem Rücken. Dann stehe ich auf, gehe zurück zu unseren Wäscheleinen, der Sicherheitszone, dem Ort, von dem ich weiß, daß ich da hingehöre. Eifrig prüfen wir die Wäschestücke auf Feuchtigkeit, hantieren herum und denken nicht weiter nach, tun so, als würde uns die Anwesenheit der SS-Frau nicht aus der Ruhe bringen.

Ich erinnere mich:

Danka und ich wachen am Sonntag frühmorgens auf. Mama hat Käseplunder in einen kleinen Beutel für uns gepackt. Wir ziehen unsere Röcke an, um die Shorts darunter zu verbergen, denn Papa verbietet uns, Shorts zu tragen. Sie küßt uns an der Tür, gibt uns unser Picknick mit und wünscht uns viel Spaß. Wir radeln in die Berge, bis wir an einen Fluß kommen. Da ziehen wir die Röcke aus. Wir falten sie ordentlich zusammen und legen sie an einen Platz, wo sie nicht naß werden können, wenn wir im Wasser plantschen und sonnenbaden. Um die Mittagszeit packen wir Mamas Plundergebäck aus, das noch warm vom Ofen ist, vielleicht aber auch von der Sonne angewärmt, und essen es, während wir in der Sonne faulenzen.

Ein Welle von Heimweh dreht mir den Magen um. Wie sehr ich es vermisse, in den verbotenen Shorts dazuliegen und Mamas hausgemachte Leckereien zu essen.

Aufseherin Grese sonnt sich den ganzen Nachmittag, zieht sich dann plötzlich an, legt ihre Decke zusammen und verschwindet die Straße hinunter. Wir schauen ihr nach, während wir schweigend die Wäsche in unsere Körbe legen, jede in ihre ganz privaten Gedanken versunken.

Der Morgentee kommt, und mit ihm die Neuigkeiten. »Mala und ihr Geliebter sind gefaßt worden.« Die Gerüchte überschlagen sich im Lauf des Tages; jede flüstert über das Geschehene. An diesem Abend sprechen wir, nachdem die Lichter aus sind, im Dunkeln über ihr Schicksal.

»Man hat sie erwischt, als sie in einem Restaurant beim Essen saßen.«

»Sie hatten sich Zivilkleider angezogen, aber einer von der SS aß dort und hat Mala erkannt.«

»Sie ist zu schön, um nicht erkannt zu werden.«

»Sie hätten nicht in Polen bleiben sollen.«

»Sie hätten das Land verlassen sollen.«

»Und wohin hätten sie gehen sollen?«

»Man wird sie hängen.«

»Zuerst wird man sie foltern.«

»Arme Mala.« Mich schaudert unter meiner Wolldecke. Unsere Träume sind zerstört.[3]

Grese kommt oft zum Trockenplatz und bittet mich jedesmal, ihren Rücken einzureiben, während sie Danka und Dina keines Blickes würdigt. Manchmal spricht sie mit mir, erzählt mir vom Krieg und erkundigt sich nach mir. Sie behandelt mich so ebenbürtig. Freundlichkeit ist man bei jemandem von der SS nicht gewohnt. Es ist nicht nur eine Seltenheit – es ist unmöglich. Ich weiß nicht, was ich mit Greses Freundlichkeit anfangen soll, doch ich denke mir, daß sie vielleicht einsam ist.

»Wie alt bist du?« erkundigt sie sich, als ich langsam und

---

[3] Mala und Edward wurden am 6. Juli 1944 gefaßt. (Quelle: Czech, 710.)

bedächtig die Lotion auf ihre Schultern streiche und darauf achte, daß sie gleichmäßig verteilt ist.

»Dreiundzwanzig, Frau Aufseherin«, antworte ich bereitwillig.

»Ich auch.« Mir bleibt das Herz nicht stehen. Und obwohl ihre Worte mich verblüffen, fahre ich gelassen in meinem Tun fort. Wir kommen aus so verschiedenen Welten, und leben unter derart unterschiedlichen Bedingungen – doch wir sind gleich alt.

»Woher kommst du?«

»Aus Tylicz.«

»Nie gehört.«

»Es ist sehr klein ... liegt in den Karpaten.« Sie schweigt. Ich unternehme nichts, um das Gespräch in Gang zu halten. Ich kenne meinen Platz. Ich bin nur eine Sklavin, egal wie freundlich sie zu sein scheint.

»Weißt du denn, was passieren wird, wenn der Krieg vorbei ist und wir die Welt erobert haben werden?«

»Nein, das weiß ich nicht.« Trotz der sengenden Sonne wird meine Haut kalt.

»Ihr Juden werdet dann alle nach Madagaskar geschickt.« Sie sagt das nicht boshaft, sie sagt es sachlich, als wüßte sie mit hundertprozentiger Sicherheit, daß es so sein wird. »Für den Rest eures Lebens werdet ihr Sklaven sein. Ihr werdet den ganzen Tag in den Fabriken arbeiten, und man wird euch sterilisieren, damit ihr keine Kinder mehr bekommen könnt.«

Mir wird das Herz schwer. Ich stehe langsam auf und versuche mich davonzuschleichen, ehe ich noch mehr hören muß, denn ich möchte nicht, daß sie die Verwirrung in meinem Gesicht sehen kann. Ich habe das Gefühl, sie lehnt gezeigte Emotionen ab – das tun alle von der SS –, und deshalb verstecke ich mich hinter der im Sommerwind schaukelnden Unterwäsche.

Es dröhnt mir in den Ohren, ein Zug rauscht durch meinen Kopf. Warum sterbe ich nicht gleich jetzt, bevor ich für den

Rest meines Lebens eine Sklavin sein muß? Blind stolpere ich weg von ihrer Stimme, kämpfe gegen die in meinen Augen brennende Trockenheit an. Warum sollte ich weitermachen, wenn alles so bleibt wie es ist? Ich verberge mein Gesicht zwischen sauberen weißen Unterhemden und Shorts. Ich möchte sie von ihren Leinen reißen und die heranrückenden Wolken anschreien, die den Himmel über uns verdunkeln. Ich möchte allem ein Ende bereiten, diese endlose Monotonie beenden ... alles anhalten. Ich möchte ewig schlafen und nie wieder aufwachen. Dann höre ich mich sagen, »Komm schon, Rena, du weißt nicht einmal, ob du den morgigen Tag überlebst – warum sorgst du dich darüber hinaus«?

Der durch meinen Kopf donnernde Zug hält an. Meine Gedanken beruhigen sich. Der Himmel ist noch der gleiche, die Sonne brennt noch immer hell herab, und Aufseherin Grese liegt noch immer auf dem Bauch, als hätte sie nichts gesagt, was meine Welt zerstört. Ich könnte morgen sterben – über alles andere werde ich mir den Kopf zerbrechen, wenn und falls ich soweit komme. Ich hänge ein Unterhemd auf, streiche die Falten in der Baumwolle glatt und bemühe mich mit aller Kraft, nicht an Madagaskar zu denken, als ich mir ihren schönen Teint ansehe.

Es ist Erntezeit. Ich muß bald Geburtstag haben, vielleicht ist er auch schon vorbei. Ich weiß es nicht. Ich weiß nur, daß ein Bauer mit seiner Ladung Kohl über das Feld fährt, also muß es Ende August sein. Er läßt sein Pferd ein wenig langsamer laufen, als er an uns vorbeikommt, schnalzt dann mit der Zunge und reißt an den Zügeln. Das Pferd rennt ruckartig los, und es rollen fünf Kohlköpfe herab. Danka packt meinen Arm und drückt ihn.

»Dina«, sage ich. »Du und Danka, ihr paßt auf, während ich mir einen Kohlkopf grapsche. Dann gehst du, und dann Danka.« Sie nicken zustimmend, drehen mir ihre Rücken zu, hängen Wäsche auf und halten ihre Augen offen nach der SS. Ich gehe auf den Schatz zu, den der freundliche Bauer uns dagelassen hat, packe ihn schnell und trage ihn versteckt in meiner Kleidung zurück, wo ich ihn in einem der Körbe verstaue. In kürzester Zeit haben wir drei riesige Kohlköpfe geholt, deren Blätter warm von der Sonne und zum Reinbeißen sind.

»Was wird aus den anderen beiden?« fragt Dina.

»Wir haben genug. Man könnte uns erwischen, wenn wir zu gierig sind. Außerdem bin ich mir sicher, daß ein anderer, der auch Hunger hat, sie finden wird.«

An diesem Abend verteilen wir einige Blätter an unsere besten Freundinnen, während die anderen schlafen. Sie sind süß und knackig. Ihr Saft läuft uns beim Essen die Kehle hinunter. Sie sind so frisch, daß man fast die Erde schmeckt, aus der sie kommen, und so vitaminhaltig, daß unsere Körper sich sofort erholen, wenn auch nur vorübergehend. Wenigstens einmal ist dieses permanente Loch in unseren Mägen teilweise gefüllt.

Am nächsten Tag fällt mir auf, daß die beiden anderen Kohlköpfe verschwunden sind. Ein paar Tage später sehen wir den Bauern und seinen Wagen wieder übers Feld kommen. Mit gesenktem Kopf läßt er das Pferd langsamer laufen, schnalzt dann wie beim letztenmal. Wieder rollen ein paar Kohlköpfe herunter. Ich kann ein Lächeln nicht unterdrücken, als ich für diesen Mann ein Dankgebet sage, ehe ich Danka und Dina ein Zeichen mache. Dieser einfache Bauer tut dies während der Erntezeit noch einmal für uns, und jedesmal teilen wir den Schatz mit unseren Freundinnen.

Als der Herbst erneut hereinbricht, werden die Nachrichten immer besser, Hoffnung sickert wieder in unsere Poren und unsere Träume. Der Morgentee ist unsere liebste Tageszeit, denn die Männer aus der Küche, die uns den Kessel bringen, flüstern einer oder zwei von uns Neuigkeiten über den Krieg zu. Wir schlürfen unseren Tee und tauschen die neuesten Informationen aus: Die Alliierten schlagen die Deutschen zurück; die Russen sind näher; die Alliierten werden die Bahngleise zerbomben.

Jeden Morgen warten wir auf weitere gute Nachrichten, mehr Hoffnung kommt über die ins Lager geschmuggelten Radios herein. Dies ist Seelennahrung, und selbst diejenigen, die vom Hunger geschwächt sind, feiern an diesem kostenlosen Informationsmahl mit, drücken es sich fest ans Herz, wie man das auch mit einer zusätzlichen Brotration tun würde. Das ist gut, denn die Portionen werden wieder einmal kleiner, und Stasiu wirft uns seltener und weniger Essen zu. Die SS scheint sehr angespannt und gereizt zu sein, und wir sind voller Vorsicht, sie nicht zu verärgern. Gerüchte sprechen davon, daß die Wäscherei verlegt werden soll. Wir haben Flugzeuge am Himmel gehört.

Es muß September sein, und die Luft verändert sich. Der Bauer kommt nicht mehr mit seinem Kohl über den Trockenplatz. Die Erntezeit ist vorüber. Wir hängen die Wäsche zum Trocknen in den kühlenden Wind und unterhalten uns flüsternd über die Ereignisse außerhalb unserer Welt, fragen uns, wohin die Wäscherei wohl verlegt werden soll, fragen uns, ob der Krieg jemals enden wird.

Beim Morgenappell befiehlt man uns Aufstellung zu nehmen und loszumarschieren. Anfangs haben wir Angst; nervös werfen wir einander heimlich Blicke zu. Danka ergreift meine Hand zu einem bestätigenden Händedruck. Wir verlassen das Souterrain unter der Bewachung von der SS. Bitte laß es nicht Birkenau sein, lautet das Gebet, das jedes Mädchen in seinem Herzen wiederholt. Alles außer Birkenau. Wir gehen die Straße hinunter und beten, sie mögen einen anderen Weg einschlagen. In der Ferne sind ein Zaun und Wachtürme zu sehen, aber es ist nicht Birkenau. Unsere Ängste werden rasch zerstreut. Wir mustern unser neues Gelände; der Zaun ist nicht elektrisch geladen, es gibt elf Blocks.

Wir marschieren in Block Vier. »Hier werdet ihr schlafen.« Zögernd betreten wir unser neues Wohnquartier. Ich habe eine Gänsehaut: Dies hier sind die neuen Blocks, die Gebäude, bei deren Bau Danka und ich mitgeholfen haben, als wir in Auschwitz und Birkenau waren. Der Mörtel, der die Ziegel zusammenhält, wurde von uns eigenhändig gesiebt und angeliefert. Wir haben uns unser eigenes Gefängnis gebaut.

Der Appell in den neuen Blocks findet draußen statt, und danach werden wir durch die Tore zu einer Lederfabrik geführt, wohin man die Wäscherei verlegt hat. Mullenders ist unsere Aufseherin. Sie ist Dänin, spricht aber sehr gut Deutsch. »Hier in der Lederfabrik arbeiten Männer«, erklärt sie uns. »Ihr werdet nicht mit ihnen sprechen oder irgendwelchen Umgang mit ihnen pflegen. Wenn ich eine von euch erwische, die's mit ihnen treibt, werdet ihr bestraft – und zwar hart!« Ihre kalten Augen starren uns an, und wir haben verstanden.

Man flüstert darüber, daß in Block Elf Experimente durchgeführt werden. Neben uns, in Block Fünf, halten sich deutsche Soldaten auf – Braunhemden – versteckt für den Fall, daß der Feind das Lager angreift. Wir können sie durch das Fenster in unserem Block sehen, wenn wir von der Arbeit zurückkommen.

»Sie erwarten die Russen«, läßt ein Mädchen mich wissen.

Eine Bombe fällt auf ein Feld und hinterläßt dort einen riesigen Trichter, aber niemand kommt dabei zu Schaden. Die Transporte rollen unentwegt an, die Gaskammern töten pausenlos, die Krematorien brennen andauernd. Die ersten paar Tage sind deprimierend. Wir haben unsere geheimen Essensrationen verloren und vermissen den Kontakt zu Stasiu Artista. Die Männer aus der Küche, die uns den Morgentee bringen, trauen sich nicht mehr, uns Nachrichten zu übermitteln, bis die Situation als sicher eingeschätzt werden kann. Ohne unser alltägliches Ritual sind wir verloren. Wir hungern und dürsten nach Neuigkeiten vom Krieg.

Der alte, nur allzu vertraute Trott fängt wieder an. Wir werden um vier Uhr morgens geweckt. Wir stehen auf zu den schroffen Befehlen: »Raus! Raus!«

Der Tee kommt. Ich stehe in der Schlange, um mir meinen Becher füllen zu lassen, doch als ich an der Reihe bin, flüstert der Servierer: »Marek wartet unten auf dich.« Er schenkt mir Tee ein und macht weiter. In meinem Kopft hämmert es so heftig, daß mir die Ohren klingen. Danka schaut in mein gerötetes Gesicht, als ich nach unten eile.

Er lehnt im Flur an einem Tisch und breitet die Arme zu einer Umarmung aus.

»Marek! Was machst du?« flüstere ich kaum vernehmbar, so nervös bin ich.

»Du wolltest nicht mit mir weglaufen, also muß ich zu dir kommen.« Er zieht mich dicht an sich heran. »Schon so lange sehne ich mich danach, dich festzuhalten.«

»Ich bin wohl nicht mehr ganz bei Verstand, hier mit dir zusammenzusein. Man könnte uns beide erschießen.«

»Das wäre es wert, und wenn auch nur für einen Kuß.« Er beugt seinen Kopf und küßt mich, doch ich bin nicht in der Stimmung, seinen Kuß zu erwidern. »Das war schön.« Er sitzt auf dem Tisch, zieht mich auf seinen Schoß und hält mich fest. Ich kann der beruhigenden menschlichen Wärme nicht widerstehen, dem Verlangen, fest und zärtlich umfangen zu werden. Ich küsse ihn lange und liebevoll.

»Das war's wirklich wert!« Er lächelt. »Und jetzt mußt du nach oben gehen, ehe jemand dich vermißt, und ich muß mich von hier wegschleichen.«

»Sei bitte vorsichtig. Ich würde sterben, wenn dir etwas zustößt.«

»Mir wird nichts passieren. Ich bin von der Gestapo gefoltert und geprügelt worden – was kann da noch kommen?« Ich sage nichts darauf. Ich nehme seine narbigen Hände und streiche über die Stellen, wo einst seine Fingernägel gewesen sind.

»Wirst du mich heiraten, wenn wir frei sind?«

»Marek, woher sollen wir wissen, was sein wird?« Wir küssen uns noch einmal, ehe ich nach oben flüchte. Danka und Dina warten schon auf mich, und gemeinsam laufen wir drei aus dem Block und nehmen unsere Positionen für den Anwesenheitsappell ein. Mein Gesicht glüht, mein Bauch ist so zugeschürt, daß ich nicht einmal das Stückchen Brot runterbringe, das ich vom letzten Abend aufgespart habe.

Vier Uhr morgens.

»Raus! Raus!«

Wir werden mit dem Befehl geweckt, uns zum Appell aufzustellen, dann müssen wir losmarschieren. Verwirrt, aber gehorsam bewegen wir uns in ordentlichen Fünferreihen durchs Tor. Aus den Augenwinkeln werfen wir uns mißtrauische Blicke zu, senden mit unserem Blinzeln Warnungen wie einen stillen Morsecode.

Als wir uns den elektrischen Zäunen von Birkenau nähern, verläßt uns der Mut. Das Orchester spielt, als wir unter der Inschrift ARBEIT MACHT FREI durchmarschieren. Das ganze Frauenlager steht still und blickt auf eine Plattform.

»Halt!« Wir halten an und drehen uns dem Galgen zu.

Wir warten. Das Lager wartet.

Drexler betritt die Plattform. »Heute werden wir der Hinrichtung einer Gefangenen beiwohnen, die zu fliehen versucht hat. Das erwartet euch alle, wenn ihr je daran denken solltet, aus Auschwitz zu fliehen!«

Man bringt Mala hoch auf die Plattform. Sie ist ruhig, gelassen.

Drexler redet weiter, wie dumm Mala doch war, zu glauben, sie könne dem Dritten Reich entfliehen. »Wir werden die Welt regieren«, erinnert sie uns. Mir fällt Aufseherin Grese ein, die mir von Madagaskar erzählt hat. Wir werden immer Sklaven sein, es gibt keine Hoffnung. Es macht keinen Sinn, sie zu bekämpfen. Sie sind überall. Drexlers Stimme dröhnt weiter, flößt uns Angst und Bangen in die Venen.

Mala steht da und hält ihre Hände leicht nach vorne, hat ein zartes Lächeln im Gesicht. Sie ist siegesbewußt. In ihren Augen ist kein Bedauern. Ihr Kleid ist äußerst schmutzig. Ich bin mir sicher, daß sie gefoltert wurde, man versucht hat, Informationen und die Namen der Untergrundkämpfer aus ihr herauszuholen, die ihnen bei der Flucht geholfen haben. Doch sie macht nicht den Eindruck, als hätte sie ihnen auch nur das Geringste verraten. Sie hat Stolz. Sie hält das Kinn hoch, ihr Blick ist fest.

Wir sind über so viele tote Körper gestiegen, daß wir dem Tod gegenüber immun geworden sind, aber diese Hinrichtung verstört uns. Warum ist es so ein schreckliches Gefühl? Warum ist es so viel schlimmer als die Selbstmorde am Zaun, die Selektionen, die zahllosen Morde? Aber sie alle waren tote Gesichter, bar jeder Hoffnung, und hier steht Mala und strahlt trotz der Dunkelheit im Lager. Ihr Gesicht zeigt nie Verzweiflung. Warum kann das geschehen? Warum kann nicht wenigstens eine von uns in der freien Welt bleiben und überleben?

Sie ist so schön. Die Sonne am Himmel scheint nicht für uns, aber Mala strahlt. Sie ist unsere Sonne. Sie hat die Freiheit geschmeckt und den Himmel in der Welt draußen gesehen. Für uns ist keine Hoffnung, wir werden wahrscheinlich nicht überleben – aber Mala, den Kopf erhoben, ist all diesem Wahnsinn entflohen. Sie ist der heimliche Hoffnungsstrahl gewesen, und jetzt werden sie uns unser einziges Licht auslöschen.

Sie führen sie zur Schlinge, aber mit einer geschickten Bewegung zieht sie eine Rasierklinge aus ihrem Ärmel und schlitzt sich die Handgelenke auf. Ihr Blut spritzt über die Plattform.

Taube versucht die Blutung zu stoppen. »Scheißjude, du wirst am Strang sterben, nicht durch deine Hand!« schreit er und schlägt gnadenlos auf ihren Körper ein. »Bringt den Karren!« Belfernd wischt er sich voll Abscheu die Hände ab. Eine Schubkarre flitzt auf den Galgen zu, und Gefangene legen Malas Körper darauf.

»Bringt sie sofort ins Krematorium. Sie wird im Feuer sterben!« Ihr zusammengefallener Körper bekommt nicht mehr mit, wohin es geht. Ihr Geist schwebt bereits über dieser Welt. Die Schubkarre jagt den Todeskammern zu; aus der Karre baumelt der Arm, ihr Lebensblut tropft auf die Erde Polens.

»Bitte laß sie sterben«, beten wir. »Bitte laß sie sterben, ehe man sie in den Ofen schiebt.«

Vier Uhr morgens.

»Raus! Raus!«

Aufwachen ist schwer. Das Bild der verblutenden Mala hat unseren Schlaf gestört und all unsere Träume von Freiheit ins Wanken gebracht, die wir aufgrund ihrer Flucht gehegt haben. Der Teekessel wartet wie ein Hexenkessel der Verdammnis auf uns. Dann raunt es sanft durch unsere Reihen, nährt die wenige Hoffnung, die wir noch haben.

»Einer von der SS hatte Mitleid mit ihr und erschoß sie, bevor sie ins Feuer kam.« Unsere Gebete sind erhört worden – noch dazu von einem Deutschen.[4]

Es ist ein warmer Sonntag. Wir öffnen die Fenster, um frische Luft in unseren Block hereinzulassen. Wir stehen an den Fen-

[4] Für den 15. September 1944 sind die Hinrichtungen von Mala Zimetbaum und Edward Galinski anberaumt worden. Sie sollten gleichzeitig stattfinden, jeweils im Männer- und im Frauenlager. »Mala gelingt es, die Hinrichtung zu verhindern. Während das Urteil verlesen wird, schlitzt sie sich die Handgelenke auf und schlägt mit ihren blutenden Händen dem SS-Mann Ruitters ins Gesicht, als er sie aufzuhalten versucht. Die Hinrichtung wurde unterbrochen. Mala Zimetbaum wird in einem Schubkarren zur Krankenstation der Gefangenen gebracht, um die Blutung zu stoppen und mit der Hinrichtung fortfahren zu können« (Czech, 710). Die Angaben, welchen SS-Mann Mala tatsächlich geschlagen hat und ob sie auf dem Weg zum Krematorium starb oder erschossen wurde, ehe sie das Krematorium erreichte, differieren.

stern und starren auf Block Fünf, wo die Braunhemden zu uns herüberstarren.

Wir flirten wortlos. Wir sind jung, und sie sind es auch; es ist nur natürlich. Einer von ihnen hält einen Laib Brot und deutet lächelnd und nickend darauf. Er läuft nach unten und legt einen ganzen Laib Brot draußen hin, dann flitzt er wieder hinein.

Ich renne hinunter, um es zu holen. Er war im Eingang stehengeblieben, und wir schauen einander aus unseren getrennten Welten heraus an. Ich lächle kurz und forme mit den Lippen ein Dankeschön, ehe ich in unseren Block zurückkehre.

»Seht her, es ist ein ganzer Laib Brot!« Wir können unser Glück nicht fassen. »Wie viele sind wir?« Wir teilen das Brot in zwölf Stücke und schlingen es gierig hinunter.

Bumm! Wir springen auf. Sirengeheul verkündet Luftalarm im Lager.

»Raus! Raus!« schreit unsere Blockälteste. »Folgt mir! Schnell! In den Keller.« Wir rennen nach unten. Eine Türe geht auf und wir zwängen uns durch sie hindurch, rempeln einander an. Wir versuchen uns umzudrehen, treten aber nur einer anderen auf die Zehen, wenn wir uns woanders hinbewegen. Als ich mich auf der Suche nach mehr Platz umdrehe, sehe ich einen SS-Offizier die Türe schließen. Der Riegel rastet ein.

»Schließt uns hier nicht ein!« wimmert eine. »Vergeßt uns nicht!«

Es ist zum Ersticken. Wir sind alle vom Entsetzen gepackt. Was ist, wenn das Gebäude einstürzt und wir hier drin in der Falle sitzen? Der ganze Bau zittert, und wir sind in diesem kleinen Schlupfloch zusammengepfercht. Erinnerungsfetzen nehmen in meinem Kopf Gestalt an – unsere erste Nacht in Auschwitz, der Transport aus der Slowakei.

»Hast du Angst?« Dankas Stimme verankert mich in der Gegenwart.

»Nein«, lüge ich sie an und versuche, der Panik Einhalt zu

gebieten, die sich in meinen Atem stiehlt. Ich lege meinen Arm um sie und ziehe sie dicht an mich heran. Doch mein Herz klopft so laut, daß ich die Seiten tausche und sie an meine rechte Brustseite drücke, wo sie es nicht spürt.

Ich wiege sie wie ein Baby in meinen Armen. Ihre Augen suchen nach Bestätigung, als sie ihre Arme um meinen Nacken schlingt. Der Boden unter uns rumpelt. Meine Beine werden weich, haben Mühe, uns beide aufrechtzuhalten. Keine bewegt sich. Ein Mädchen wird ohnmächtig, dann noch eins. Draußen hören wir einen lauten Schlag.

Stille.

Und wenn das Gebäude über uns nun zerstört worden ist, und wir lebendig begraben sind? Sie werden uns nicht retten. Wir sind Gefangene – Abfall. Keiner wird uns aus diesem Grab herausholen.

In unserer Falle verlieren wir jedes Gefühl für Zeit und Raum. Niemand spricht. Niemand regt sich. Wieder wird ein Mädchen ohnmächtig, ihr Körper schlägt dumpf zu Boden. Unter meinen Kleidern stellen sich mir die Haare auf.

Stille. Die Zeit steht still.

Wir hören Schritte draußen. Ein Schlüssel kratzt am Schloß. Licht zuckt über unsere geweiteten Pupillen und zwingt sie, sich rasch zusammenzuziehen. Wir zucken zusammen. Benommen und geblendet kämpfen wir uns aus unserer Zelle. Jedes Mädchen klammert sich an eine Freundin, als wir uns auf schwachen Beinen über die Treppe hoch ans Tageslicht kämpfen. Auf dem ganzen Gelände kreischen Krankenwagen- und Luftschutzsirenen. Wie gelähmt starren wir aus den Fenstern.

Block Fünf ist weg, plattgedrückt bis zur Unkenntlichkeit. Sanitäter rennen hierhin und dorthin, tragen Bahren. Verzweifelt arbeitet die SS daran, ihre Soldaten aus den Trümmern zu holen, aber keiner kann gerettet werden, alle Braunhemden sind tot. Ich stehe am Fenster und kämpfe gegen die Tränen, die mir in den Augen brennen. Es tut mir leid, daß der Soldat, der uns das Brot gegeben hat, tot ist. Ich kann nicht verstehen, warum ich so bei einem deutschen Soldaten empfinde, aber ich tue es. Ich verberge meine Trauer. Ich liebe die Deutschen nicht. Ich hasse das, was sie getan haben – tun – mir, meiner Schwester und meinem Volk, aber ich verstehe nicht, warum jemand, der so freundlich zu uns war, sterben muß. Ich verstehe nicht, warum überhaupt jemand sterben muß. Das macht alles gar keinen Sinn.

Die Bombenangriffe machen uns alle verrückt; plötzlich sieht es so aus, als könnte der Krieg eines Tages aufhören, und wir sind voller Erwartung, was wir jedoch hinter der Maske unserer Knechtschaft verbergen müssen. Jusek, einer der Männer, die in der Lederfabrik arbeiten, wechselt eines Tages beim Vorbeigehen ein paar heimliche Worte mit Danka. Alles ist ganz unschuldig, nur das, was in der freien Welt vorkommen kann, wenn die Menschen Hoffnung verspüren. Wir gehen in die Wäscherei, ohne weiter darüber nachzudenken.

Aufseherin Mullenders schleicht hinter uns rein. Ihre Augen bekommen einen heimtückischen Ausdruck. »Deine Nummer ist dran!« Sie sieht Danka direkt an und geht dann hinaus.

Dankas gerötete Wangen werden blaß. Sie lehnt sich gegen die Wand und schlägt die Hände vors Gesicht.

»Vielleicht droht sie nur, daß deine Nummer auf der Liste steht.« Ich versuche meine kleine Schwester zu trösten, doch ich habe Angst. Mullenders zeigt sich uns gegenüber nicht nachgiebig. Sie ist grausam.

»Was wird geschehen?« Danka will von mir einen Fingerzeig sehen. »O Gott, was wird mit mir passieren?«

Ich antworte nicht. Ich weiß es nicht.

An diesem Abend gehen wir mit unserem Brot und dem Tee in den Block. Wir setzen uns wie betäubt auf die Koje und versuchen, unser Essen hinunterzuwürgen. Die Kehle ist wie zuge-schnürt. Auf der anderen Raumseite herrscht ein wenig Aufre-gung, aber wir achten nicht darauf. Meine Gedanken rasen. Was kann ich tun, um Danka zu retten?

Dina setzt sich zu uns auf die Koje und teilt uns sachlich mit: »Danka wird nicht angezeigt werden.«

»Ich werde nicht angezeigt?«

»Nein. Alle sind mit einem kleinen Schmuckstück einge-sprungen, eine hatte sogar eine Uhr. Wir haben die Mullenders geschmiert.«

»Was kann ich tun?« frage ich.

Dina schüttelt den Kopf. »Nichts, Rena. Es ist erledigt.« Die Mädchen um uns herum lächeln, ihre Gesichter strahlen stolz und selbstbewußt in der Dunkelheit. So nah sind wir uns. Diese jungen Frauen, mit denen ich seit fast einem Jahr zusam-menlebe und arbeite, haben Dankas Leben gerettet.

»Was ist mit deiner Stimme los, Rena?« Danka sieht mich be-sorgt an.

»Ich weiß es nicht.«

»Ich glaube, wir sollten etwas dafür tun.«

»Es wird wieder vergehen, du wirst schon sehen.«

»Das hast du vor zwei Monaten auch schon gesagt, und sie ist nur noch rauher geworden. Jetzt wird es wieder kalt. Ich glaube, es ist etwas Ernstes.«

»Ich kann aber nichts dagegen tun, Danka.« Doch sie hat recht, es ist nicht weggegangen. Ich klinge jetzt fast wie ein Mann; noch ein paar Wochen, und ich kann vielleicht über-haupt nicht mehr sprechen. Glücklicherweise gibt es wenig Anlaß, laut zu sprechen, und keiner untersucht unsere Kehlen oder Stimmen, aber dieser Verlust meiner Stimme könnte Grund genug sein, selektiert zu werden, falls einer von der SS es bemerkt.

»Ich habe gehört, was du gesagt hast«, sagt eine Krankenschwester leise zu uns. »Wir werden dir etwas aus dem Krankenhaus mitbringen. Am Samstag, nach dem Appell.«

»Danke.« Danka lächelt.

Es ist Samstagabend. Wir kauen langsam unser Brot und warten auf die Schwester. »Danke dir, daß du dich so um mich kümmerst«, sage ich zu Danka.

»Ich kann nicht zulassen, daß sie dich selektieren«, erklärt sie mir. »Wir haben ein Gelübde.« Ich lächle. Wir haben ein Gelübde, aber es kam mir nie in den Sinn, daß sie sich meinem Überleben genauso verpflichtet hat wie ich dem ihren. »Ich muß die Tür beobachten.« Sie steht auf und schleicht sich hinunter, um zu warten. Verblüfft sehe ich ihr nach. Das ist meine kleine Schwester. Wann wurde sie erwachsen?

Es ist schon mitten in der Nacht, als vier Schwestern an meinem Bett erscheinen. Es herrscht absolutes Schweigegebot, denn wenn eine von uns erwischt wird, werden wir alle erschossen.

Die verantwortliche Schwester zieht eine Nadel aus ihrer Tasche. »Ich werde dir jetzt Strychnin injizieren«, flüstert sie. Gib mir deinen Arm.«[5]

»Es wird gut werden, Rena.« Danka streicht mir über die Braue.·»Du bist tapfer. Du schaffst das.« Meiner Schwester zuliebe versuche ich zuversichtlich auszusehen, empfinde aber nur Angst. Ihre Augen sind voller Zuversicht und Mut, und ich stütze mich auf ihre Stärke und kämpfe gegen die aufkommende Panik an.

Die Nadel schimmert. Die feste Hand ist kühl auf meiner Haut, als sie mich für den Einstich vorbereitet. Die Nadel durchdringt mein Fleisch, und unmittelbar darauf wütet ein brennendes Feuer durch meinen Körper. Meine Muskeln

---

[5] »Früher verwendete man Strychnin als Tonikum und Stimulanzmittel des Zentralnervensystems, doch wegen seiner hohen Toxizität (5 mg/kg ist eine für Ratten tödliche Dosis) und da heute effektivere Substanzen zur Verfügung stehen, hat es mittlerweile keinen Platz mehr in der Humanmedizin« (Bartlett, 534).

verkrampfen sich, als ich hochzucken und losschreien möchte, aber ihre Hände drücken mich runter und pressen mir fest den Mund zusammen. Es tut scheußlich weh. Ich versuche mich zu ermahnen, still zu sein, aber über die Seufzer, die sich meinem Körper entringen, habe ich keine Kontrolle. Es ist, als tanzten Nadeln durch meine Venen und löcherten meine Lungen. Ich keuche und würge, kann aber nicht erbrechen.

»Holt kalte Kompressen! Wasser!« höre ich die Schwester an ihre Helferinnen weitergeben. Ich spüre etwas Feuchtes auf meiner Haut.

Minuten ... Stunden ... Ich weiß nicht, wie lange ich vor Todesangst um mich schlage und mich winde, unfähig, meine Glieder zu kontrollieren. Die Kompressen scheinen zu helfen. Ich schreie, wenn sie sie wechseln. Dankas Gesicht ist verweint.

Ich befinde mich in einem Dämmerzustand. Der Körper schläft unruhig und weckt mich mit seinen sporadischen Zuckungen, während das Gift seine Wirkung tut. Mein Geist ist weit weg.

Das Morgenlicht im Block schmerzt mir in den Augen. »Wie geht es dir?« Dankas Stimme weckt mich.

»Furchtbar.« Ich kann fast nicht sprechen. Sie hält den Finger an den Mund und bedeutet mir, ruhig liegenzubleiben.

»Es ist etwas schiefgegangen, ich weiß nicht was, aber es war knapp. Die Schwester meinte, du würdest dich heute schwach fühlen, aber morgen würde es dir schon besser gehen, und in ein paar Tagen wird deine Stimme wieder normal sein.« Sie gibt mir einen Becher Wasser. Durstig stürze ich es hinunter.

»Danke dir.« Ich versuche wieder zu sprechen.

»Schsch.« Danka lächelt. »Ruh dich jetzt aus.«

Es dauert ein paar Wochen, aber nach und nach wird meine Stimme wieder normal.

Draußen explodiert etwas. Wir hören alle zu arbeiten auf. Es hört sich nicht nach einer Bombe an, es fliegen keine Flugzeuge über uns hinweg, doch es hört sich an, als wäre es nur ein paar Kilometer weit entfernt. Mullenders rennt zur Tür. Wir folgen ihr langsam und werfen einander heimliche Blicke zu. In Richtung Birkenau steigt Rauch in den Himmel. Wir lächeln nicht, aber innerlich grinsen wir. Wir warten und lauschen auf weitere Explosionen und beten, obwohl wir gar nicht wissen, worum wir beten.

Am nächsten Morgen kommen die Nachrichten mit dem Tee. Eines der Krematorien ist vom Sonderkommando gesprengt worden.[6] Endlich ist uns ein Schlag gegen unsere Unterdrücker geglückt. Fieberhaft hoffen wir, dies möge der Anfang vom Ende sein, aber die SS erwischt jeden vom Sonderkommando und tötet sie. Vier Mädchen von der Sprengstofffabrik hat man verhaftet: Sie haben geholfen, den Sprengstoff herauszuschmuggeln. Diejenigen von uns, die weiterleben, sitzen eine stille Schiwa für unsere tapferen Landsleute.

Danka hat fürchterliche Schmerzen wegen eines kaputten Zahns. Am Sonntag bekommen sie und zehn andere Mädchen endlich vom Lagerkommandanten die Erlaubnis, den Lagerzahnarzt in Auschwitz aufzusuchen. Ich stehe am Zaun und sehe meiner Schwester nach, die ohne meinen Schutz das Lager verläßt, bewacht von der SS, der es egal ist, ob sie lebt oder stirbt. Obwohl ich weiß, wohin sie geht, zerrt es an mei-

[6] 7. Oktober [1944], ... es findet ein Aufstand durch das jüdische Sonderkommando statt, von weiblichen Gefangenen wurde Sprengstoff ins Lager geschmuggelt. Das Sonderkommando wurde regelmäßig vernichtet, und die Mitglieder dieser Einheit, die den Umsturz planten, wußten, daß sie ohnehin getötet werden würden, ob sie nun die Krematorien zerstörten oder nicht. Der Plan, sämtliche Krematorien zu zerstören, wurde von den Deutschen vereitelt, doch die Männer vom Sonderkommando brachten erfolgreich Krematorium IV zum Einsturz, ehe der Aufstand niedergeschlagen wurde. (Quelle: Rittner und Roth, 31).

nen Nerven, von meiner Schwester getrennt zu sein; es kann jeden Augenblick jede Menge passieren, und ich bin unruhig. Ich versuche mir einzureden, daß ich mich lächerlich mache, und anstatt im Block herumzuwandern, stelle ich mich ans Fenster und schaue hinaus. Es ist ein strahlender Sonnentag, aber das gibt mir keinen Frieden. Beunruhigende und beängstigende Gedanken wirbeln mir durch den Kopf. Da ist ein Flugzeug. Ich blinzle heftig, als ich in den Himmel starre. Ich kann es nicht sehen, aber ich kann es hören. Die Luftschutzsirenen heulen los.

Maria schreit von oben: »Raus! Geht in den Keller.«

»Meine Schwester ist da draußen!«

»Rena! Komm!« schreit Dina mich an. Ich renne quer durch den Raum zur Treppe. Die Fenster hinter uns klappern, Glasscherben regnen auf unsere Köpfe.

»Danka!« schreie ich. Alles ist ein einziges Chaos.

Im Keller zittern wir vor Angst. Ich wünschte, Danka wäre in meinen Armen wie beim letztenmal. Wenn ich wenigstens mit ihr zusammen wäre, könnte ich etwas tun ... irgend etwas. Ich merke, wie ich vor Sorge langsam verrückt werde. Sollte meine Schwester ohne mich sterben, werde ich mir das nie verzeihen. Ich presse meine Hände zusammen, bis ich keine Fäuste mehr machen kann. Mein Gott hat mich verlassen, mich ausgeschlossen; doch ich bete, wenn ich auch im gleichen Atemzug seiner Macht mißtraue. »Bitte laß meine Schwester nicht sterben«, flehe ich. »Ich kann nicht ohne sie leben ...« Ich versuche meine Nutzlosigkeit und meine Furcht hinter gespielter Tapferkeit zu verstecken, aber was werde ich Mama sagen, wenn Danka etwas zustößt?

Endlich schweigt die Sirene, und wir werden aus unserer dunklen, stickigen Zelle entlassen. Ich laufe die Stufen hoch. In Richtung Auschwitz steigen riesige schwarze Wolkenberge auf. Ein Mädchen kehrt durch das Tor zurück. Bis auf ihre Wache ist keiner bei ihr.

»Was ist passiert?« Ich packe sie am Kragen. »Wo ist meine Schwester?«

»Ich weiß es nicht. Es war ein großes Chaos. Einige Menschen wurden getötet.«

»Ich muß zu meiner Schwester!« Mein Kopf hämmert, als das Blut einschießt; mir wird schwarz vor Augen. Blind renne ich aufs Tor zu, um meine Schwester zu suchen. Ich achte nicht auf die Wachen in ihren Türmen. Mir ist alles egal, ich will nur meine Schwester finden.

»Haltet sie fest!« schreit Dina. Ich spüre Hände, die mich hart an den Armen packen, mich zu Boden zwingen. Vor Kummer ganz außer mir, versuche ich sie abzuschütteln.

»Ich habe sie!« schreit Janka.

»Laßt mich los!« schreie ich sie an. Sie sind mein Feind. Sie sind gegen mich. Ich kämpfe, um sie abzuschütteln. Ich weiß nicht, wie viele Mädchen mich festhalten, um mich daran zu hindern, durch die Tore zu laufen und erschossen zu werden.

»Rena. Hör mir mal zu. Du kannst gar nichts tun. Du kannst nur abwarten«, sagt Dina.

Endlich dringt Jankas Stimme durch meinen Wutanfall. »Was ist, wenn es ihr gutgeht, und du erschossen wirst, weil du ohne Erlaubnis davonläufst? Was soll Danka denn ohne dich anfangen?«

»Beruhige dich. Sie kommt zurück«, versichert Dina mir. »Du wirst schon sehen. Alles wird wieder gut.«

»Ich kann ohne meine Schwester nicht leben.« Ich lasse nicht locker.

»Das weißt du nicht. Warte noch, ehe du selbst getötet wirst. Reiß dich zusammen.« Ich ringe nach Luft und versuche auf ihre kühle, ruhige Logik zu hören.

»Es geht wieder«, gelingt es mir schließlich zu sagen. »Ihr könnt mich loslassen. Ich werde nicht mehr weglaufen, das verspreche ich euch.« Langsam lassen sie von mir ab. Dina und Janka bleiben in meiner Nähe, als ich vor dem Block auf und ab gehe und an Block Fünf denke und daran, wie in Auschwitz die Menschen grundlos sterben.

Ein paar Gestalten nähern sich unserem Gebäude. Ich starre und starre auf ihre Umrisse, versuche hinter dem Maschendraht zu erkennen, ob eine von ihnen Danka ist. Ich glaube sie zu sehen, aber ich könnte mir das auch einbilden, ich könnte verrückt sein. Ich spüre Dinas Hand auf meiner Schulter.

»Ist sie's?« Ich habe Angst, wahnsinnig geworden zu sein.

»Sie ist es«, flüstert Dina.

»Dank dir, Gott.« Doch ich bin mir nicht sicher, ob es Gott zu verdanken ist, daß sie lebt. Es könnte Glück sein, oder ein Irrtum. Zufall ist die einzige Ordnung in unserem Universum.

Sie kommen durch das Tor, und die SS-Wache läßt sie allein. Ich umarme und küsse meine Schwester über und über, gebe ihr gar keine Zeit zu einer Erklärung.

»Was ist passiert?« fragt sie. »Was hast du gedacht?«

»Ich dachte, du wärst unter den Toten! Versprich mir, daß du nie wieder von meiner Seite weichst.« Erschöpft lehne ich mich an das Gebäude.

»Ich versprech's Rena.« Sie nimmt meine Hand und lächelt.

»Aufstellen!« befiehlt uns SS Mullenders. Es ist mitten am Tag. Wir erstarren, dann stellen wir uns schnell auf.

»Marsch!« befiehlt sie. Wir marschieren aus der Lederfabrik. Es ist noch nicht Feierabend, und wir steuern nicht auf die neuen Blocks zu. »Ich möchte, daß ihr deutsche Marschlieder singt.« Wir öffnen unsere Münder, aber es kommt kein Ton heraus.

»Singt, oder ihr werdet bestraft!« Sie fängt zu singen an und läßt drohend ihre Peitsche vor uns hin und her pendeln. Wir stimmen ein, unsere Stimmen zittern vor Angst. Sie biegt ganz unmißverständlich ab. Birkenau steht drohend vor uns. Die Herzen schlagen uns bis zum Hals, doch wir werden gezwungen zu singen.

Wir marschieren unter der verhaßten Schrift hindurch. Wir wissen nicht gleich, was der Zweck unserer Rückkehr nach Birkenau ist, aber wir fürchten es mehr als den Tod.

»Aufstellung nehmen! Gesicht nach vorne!« lautet ihr Befehl. »Haltet die Augen auf und schaut auf den Galgen.«

Mit sinkendem Mut stellen wir uns auf. Keine von uns vermag ihr Zittern zu unterdrücken. Das ganze Frauenlager steht in Reih und Glied und starrt auf eine Plattform mit vier Schlingen. Ich kann meinen Blick gar nicht mehr von den vielen jungen Frauen lösen, die im Lager gefangen sind, ein Meer besiegter Seelen. Dann mache ich innerlich dicht.

Ella, Roza, Regina und Ester steigen tapfer auf die Plattform. Man hat sie gefoltert. Ich kenne ihre Namen von den Männern, die uns den Tee bringen. Ich weiß, daß man sie verhaftet hat, weil sie das Schießpulver aus der Fabrik, in der sie arbeiteten, geschmuggelt haben, so daß das Sonderkommando die Krematorien in die Luft sprengen konnte. Ich weiß, daß sie nie einen Namen oder eine Kontaktperson der vielen Menschen angegeben haben, die an dieser Sabotage beteiligt waren. Ich frage mich, ob ich die Courage hätte, das zu tun, was sie getan haben; ich bewundere ihre Stärke. Tief drinnen, wo es keiner sehen kann, weine ich.

»Diese Verräter des Dritten Reichs sind durch Befehl des Führers wegen Spionage zum Tod verurteilt. Ihr werdet diese dreckigen Verräter hängen sehen, bis sie sterben, damit ihr wißt, was mit Feinden des Reichs geschieht! Alle, die man mit geschlossenen Augen erwischt, werden erschossen, weil sie es verpaßt haben, diese Lektion zu lernen!« brüllt Kommandant Hössler.

---

[7] »6. Januar [1945] ... Am Abend werden vier weibliche jüdische Gefangene, Ella Gartner, Róza Robota, Regina Safir und Estera Wajsblum im Frauenlager von Auschwitz gehängt. ... Die Begründung dieser Strafe wird vom ersten Schutzhaft-Kommandeur Hössler von Auschwitz verlesen; er brüllt, daß man alle Verräter auf diese Weise vernichten wird« (Czech, 775).

Die Mädchen steigen auf die Stühle. Die SS legt ihnen die Schlingen über den Kopf. »Lang lebe Israel!« Gemeinsam rezitieren sie ein hebräisches Gebet. Ihre Stimmen verstummen, als man ihnen die Stühle wegzieht. Es gibt keinen Gott, sie zu erretten.

Ich muß hinsehen, das ist das mindeste, was ich tun kann; auf diese Weise gebe ich ihnen die Ehre. Wir stehen und warten, bis der letzte Körper seinen Todestanz in der Luft beendet hat. Sie nehmen die Leichen ab, laden sie auf einen Karren und fahren sie zum Krematorium.[8]

»Eine von ihnen lebt noch«, raunt es durch die Reihen. »Eine von ihnen atmet noch.« In einer zivilisierten Welt wird ein Verurteilter, der das Hängen überlebt, freigesprochen, doch nicht so in Auschwitz-Birkenau. Wir beten, daß sie stirbt, ehe man sie in den Ofen schiebt.

Mullenders läßt uns zurück in unser Lager marschieren und deutsche Lieder singen. »Lauter!« treibt sie uns an. »Kinn hoch!« Wir singen mit unseren trockenen, brüchigen Stimmen und versuchen, nicht daran zu zerbrechen.

Am Morgen wachen wir nur langsam auf, uns bedrückt der Verlust unserer Kameraden. Der Teekessel kommt. Wir trauern um die Mädchen, die gestorben sind, und wollen vom Krieg heute nichts wissen. Einer der Küchenmänner flüstert uns zu: »Sie ist auf dem Weg zum Krematorium gestorben.« Wir atmen erleichtert auf. Sie mußte nicht leiden.

Ich nehme meinen Tee entgegen. Sanft aber bestimmt wird mir eine Nachricht in die Hand geschoben. Sie ist von Marek:

---

[8] Im November und Dezember 1944 hat man Abbrucheinheiten zusammengestellt, die für den Abbau eines Teils der Krematorien zuständig waren. »Nachdem man mit der Zerstörung der Vernichtungsmaschinerie begonnen hatte, wurden wahrscheinlich keine Selektionen mehr unter den Gefangenen durchgeführt. Die Gefangenen sterben eines »natürlichen Todes« durch Hunger, harte Arbeit und die unerträglichen Lebens-, Hygiene- und sanitären Bedingungen.« In der Lagerregistratur wurden alle, die eines gewaltsamen Todes starben, in der Rubrik »Tod durch Sonderbehandlung« geführt. (Quelle: Czech; Zitat S. 756)

Sie werden uns aus dem Lager führen. Die Russen sind ganz nah. Du mußt dich entscheiden, ob du Krankheit vortäuschen und im Lager bleiben möchtest oder ob du mitmarschierst. Ich werde dir in beiden Fällen behilflich sein und dich in Amerika treffen. Wenn du rauskommst, geh nach Amerika und suche nach Charles Boyer. Sag ihm, ich hätte dich geschickt, er ist ein Freund von mir aus der Zeit in Belgien. Er ist ein so berühmter Schauspieler, daß jedes kleine Kind in New York seinen Namen kennt ...«

Ich kämpfe gegen die Tränen an. Kinder mögen wissen, wer Charles Boyer ist, aber ich weiß es nicht. Amerika kommt mir so weit weg vor.

Wir bekommen mehr und mehr Nachrichten, daß die Russen kommen und wir befreit werden. Und deshalb fangen wir an, uns darüber zu unterhalten, was wir tun werden – sollen wir bleiben oder versuchen zu entkommen?

»Sie werden alle Kranken in Birkenau lassen, und der Rest muß nach Deutschland marschieren«, erklärt uns eins der Mädchen im Block.

»Na gut, dann tun wir eben so, als wären wir krank.«

»Ich habe gehört, sie planen, an allen vier Ecken des Lagers Feuer zu entzünden, die Tore zu verschließen und die Elektrozäune anzulassen, so daß alle drin verbrennen werden«, berichtet uns eine der Schreibkräfte.

»Dann könnten wir also in den Flammen umkommen, wenn wir uns krank stellen?«

»Das habe ich gehört.«

»Was sollen wir tun?« fragt Danka mich.

»Ich weiß es nicht. Was wirst du tun, Aranka? Krank stellen oder mitmarschieren?«

»Ich werden die Chance nutzen und mitmarschieren. Vielleicht kann ich unterwegs fliehen.«

»Vielleicht erschießen sie dich dann.«

»Ich sehe trotzdem eine bessere Chance darin, auf dem Marsch zu entkommen« als in einem brennenden Lager eingeschlossen zu sein.«

»Ich weiß nur, daß ich hier nicht sterben will. Laßt mich überall sterben, nur nicht in Auschwitz.« Die Stimme ist leidenschaftlich. Wir alle schauen Janka an. Ihre siebzehnjährigen Augen haben in all den Jahren Getto und Lager viel gesehen. Sie hat ausgesprochen, was wir alle tief in uns empfinden. Wir werden sterben, wenn es sein muß, aber nicht hier, nicht in den Flammen.

Wir arbeiten weiterhin jeden Tag in der Wäscherei, aber Mullenders ist schreckhaft und schlecht gelaunt. Ihre regelmäßigen Morgenansprachen jagen uns Furcht ein, aber jetzt starren wir sie voller Haß an. Das hätten wir uns ein paar Wochen früher noch nicht getraut, aber die Lieder, die zu singen sie uns gezwungen hat, kleben uns noch immer auf der Zunge, egal wie sehr wir auch reiben, um den Geschmack in unseren Mündern loszuwerden. Wir wissen, daß sie nicht für immer die Kontrolle über uns hat, und wir hassen sie gewaltig.

Unsere Arbeitstage sind nicht mehr so lang, und wir besprechen Dinge offener als je zuvor, sorgen uns, was wir tun sollen. Wir tun das nicht vor Mullenders, denn das wäre töricht, aber wenn sie weggeht, flüstern wir untereinander. Vermutungen und Gerüchte, Vermutungen und Gerüchte – das ist alles, was wir wissen. Keiner kann mit Gewißheit sagen, ob Bleiben oder Gehen sicherer ist.[9]

Der Morgentee kommt. Ich halte meine Tasse hin und fühle, wie der Servierer mir einen Zettel in die Hand schiebt.

»*Jękuje*, danke für meinen Tee«, sage ich auf polnisch.

»Gern geschehen.« Er hat freundliche Augen. Wie kommen diese Männer in der Küche dazu, ihr Leben zu riskieren, um

---

[9] »Beim letzten Anwesenheitsappell [in Auschwitz-Birkenau] wurden 31894 Gefangene erfaßt – 16577 davon Frauen« (Rittner und Roth, 14). »Die Nummer 202499 [ist] die letzte Nummer, die ein [männlicher] Gefangener in Auschwitz bekommt« (Czech, 785).

uns Botschaften zu überbringen? Manchmal erfaßt mich große Ehrfurcht vor ihrer Tapferkeit. Sie kennen mich nicht, sie sind nicht blutsverwandt, aber sie würden eher sterben, als meine Nummer verraten.

Ich verschwinde rasch, um den Brief von Marek zu lesen. Darauf steht: *Für wie viele Mädchen möchtest du Vorräte?* Ich zeige Danka die Nachricht. Wie vielen sollten wir zu helfen versuchen?»

»Wir müssen Dina helfen.«

»Ja, das ist selbstverständlich. Aber wem sonst noch?«

»Janka ... Mania und Lentzi.« Ich nicke. Wir können nicht allen helfen, aber ein paar Mädchen können wir helfen, und das sind unsere Freundinnen, die uns auch geholfen haben.

Kleidung und Essen für sechs, schreibe ich an Marek. *Dankeschön*. Die Männer mit dem Kessel wollen aufbrechen. Ich stecke dem mit den freundlichen Augen die Nachricht zu und entferne mich.

Der Tag vergeht langsam. Das Wetter verschlechtert sich. Überall hängen Wolken, und es sieht aus, als bekämen wir morgen einen Schneesturm. Wir hängen die Boxershorts und die langen SS-Unterhosen drinnen auf die Leine. Auf einmal kommen uns die Tage, an denen wir in Schnee und Regen die Wäsche bewachten, lächerlich vor. Wenigstens ist es warm in der Lederfabrik, und die Wäsche trocknet schnell. Die Suppe kommt mittags. Ich erhalte eine weitere Nachricht: *Paßt morgen auf den Tee auf. Vergiß nicht – Amerika*. Ich gehe wie üblich auf die Toilette und spüle die Nachricht hinunter. Wir legen die getrocknete Unterwäsche in unsere Körbe und lassen das, was noch nicht trocken ist, bis zum nächsten Tag hängen – wenn es einen nächsten Tag gibt.

Der Morgen kommt. Heute müssen wir nicht arbeiten. Ich hole meinen Tee und meine Anweisungen: *Im Keller steht ein Kessel. Hol alles raus und geh dann*. Ich nicke Mania zu, sie ist die größte und stärkste von uns. Danka weiß, daß sie in ein paar Minuten mit Dina nachkommen soll; dann werden Janka und Lentzi sich hinunterschleichen. Wir müssen das Essen und die Kleider schnell verstecken, ohne daß es jemand mitbekommt. Wir finden für jede von uns einen Laib Brot sowie vier Tüten Zucker, sechs Hosen, Schuhe, Socken und Pullover. Ich verteile sie. Mania hilft mir. Wir verstauen die Kleider unter unseren Matratzen, verstecken sie für später.

»Du bist robuster – du hast als Sekretärin drinnen gearbeitet – kannst du zwei Tüten Zucker tragen?« frage ich Mania.

»Gewiß.« Sie nimmt die Tüten unter ihre Arme. Ein kleines, in einen Fetzen gewickeltes Päckchen trägt die Aufschrift *Rena*. Aufgeregt mache ich es auf – es ist eine Uhr aus Chrom. Marek weiß, wie wählerisch ich bin. Ich lächle in mich hinein, mache das Band an meinem Handgelenk fest und denke an die letzte Uhr, die ich trug. Ich streife den Ärmel übers Gelenk und gehe wieder nach oben.

Die SS hat eine Menge vor. Sie versucht, die Berichte zu vernichten, die mit dem Lager zu tun haben. Haufenweise brennendes Papier, das mich an die entsetzliche Nacht vor sechs Jahren erinnert, als die Nazis vor dem Tempel unsere heiligen Bücher angezündet haben und Papas Bart und Ohrlocken abrasierten. Die Flammen sind nichts Neues mehr, sie sind alt und lächeln uns, die wir das Böse ungehindert haben heranwachsen sehen, niederträchtig an. Keiner wird glauben, was das Böse hinter seinen Mauern herangezüchtet hat, es ist wie bei Mengeles schöner Larve. Sie zerstören die Beweise, es wird also keine Belege, keine Aufzeichnungen, nichts außer unseren Erinnerungen geben, falls wir Überleben, und sie werden versuchen, auch diese zu vernichten. Ich schaue aus dem Fenster unseres Blocks: überall im Gelände steigen über den SS-Büros graue Rauchwolken und schwarze Asche auf. Zum erstenmal seit Beginn unserer Schreckenszeit riecht die Luft mehr nach brennendem Papier als nach verbranntem Fleisch.

Wir warten den ganzen Tag, ziehen unsere neuen Kleider an, wechseln die Schuhe, um bereit zu sein. Das ist fast so schlimm wie die Zeit in der Quarantäne. Wir haben keine Ahnung, was sie mit uns vorhaben, doch es wird etwas Neues sein. Trotz all unserer Befürchtungen werden wir Auschwitz-Birkenau verlassen. Eine Art Vorfreude auf das Unbekannte erfaßt uns, aber noch immer lastet die Furcht auf uns. Wir wissen nicht wann, aber wir wissen, daß sie bald kommen werden und sagen: Losmarschieren! Wir sind zu angespannt, um schlafen zu können. Wir warten den ganzen Tag. Wir versuchen uns auszuruhen. Ich mache mir achtmal die Fingernägel sauber.

»Wie spät ist es, Rena?« fragt Danka von unserem Bett aus.

»Zwei Uhr.«

»Wo bleibt die Suppe? Sie sind spät dran.«

»Sie werden uns heute nichts zu essen geben«, meldet sich eine Stimme aus dem Bett über uns.

»Warum nicht?«

»Sie sparen das Essen für sich selbst auf.« Wir sind nur ein Schutzschild gegen die Russen und austauschbar. Sie werden nicht ihr kostbares Essen an uns verschwenden. Wir warten. Wir ruhen. Draußen wird es dunkel. Keiner bringt uns das Abendbrot. Unsere Blockälteste ist aufgebracht; sie wird zusammen mit uns losmarschieren müssen. Danka döst. Meine Augen werden schwer, dann reiße ich sie auf: Ich habe Angst, etwas zu verpassen. Die Lichter in unserem Block sind noch an. Draußen ist Gestampfe zu hören.

»Raus! Raus!«

Wir stellen uns vor dem Block auf, wie wir es immer getan haben. Die SS zählt uns und erteilt die Befehle.

»Losmarschieren!«

Ich schaue auf meine Uhr. Es ist genau ein Uhr morgens. Es ist der 18. Januar 1945. Wir treten vor die Tore.

Tausende von Menschen sind vor uns. Feuerstellen sprenkeln das Gelände. In ordentlichen Fünferreihen – diszipliniert bis zuletzt – stapfen wir durch den gut zusammengedrückten Schnee und lassen den eisernen Fluch ARBEIT MACHT FREI hinter uns zurück: Diese Worte sind uns in die Seele gebrannt. Es schneit. Der Schneesturm ist gekommen. Werden wir dem Leben zugeführt oder dem Tod?

Wir sind die einzigen Frauen auf der Straße, aber Männerleichen liegen auf unserem Weg verstreut. Stapfen und stapfen, unsere Beine tun uns weh vor Erschöpfung, bewegen sich jedoch mechanisch vorwärts. Immer wieder steigen wir über Leichen, auf denen bereits Schnee liegt, so marschieren wir eine, vielleicht auch zwei Stunden, ehe wir in eine Scheune gepfercht werden. Sind die Russen in der Nähe? Ist hier die Freiheit? Für eine kurze Ruhepause lassen wir uns ins Stroh fallen. Der Schlaf ist dunkel, traumlos.

»Raus! Raus!« Steif erheben wir uns. Ein paar wachen nicht auf. Sie werden geprügelt, dann erschossen. Die Schneewehen sind knietief, und der Wind verstärkt sich; doch wir dürfen den Pfad nicht verlassen, wie die Männer vor uns. Die Sonne geht hinter einem bedeckten Himmel auf. Es ist ein grauer Tag. Unser Fleisch ist grau. Stapfen, stapfen; wir steigen über drei, vier Körper gleichzeitig. Schüsse von vorne und von hinten, von vorne und von hinten. Wir sind so benommen, daß wir die Kugeln schon in unseren Köpfen spüren. Unaufhörlich schneit es. Das Schneetreiben hört nicht auf und läßt nicht nach. Ich habe Blasen an meinen Füßen, die noch heftiger schmerzen würden, wenn meine Füße nicht so kalt wären. Wenn wir anhalten, um auszuruhen, gibt es nichts zu essen. Wir teilen uns das Essen, das wir mitgenommen haben, ein; es schwindet schnell dahin. Unser Brot wird schon morgen aufgegessen sein, und der Zucker allein ist zu wenig. Wir essen Schnee.

»Soll ich dir nicht eine Tüte Zucker abnehmen, Mania? Dann mußt du nicht so viel schleppen.«

»Ich habe nur noch eine.«

»Wie kann das alles weg sein?«

»Wir haben ihn gegessen.« Sie trotzt meiner Frage. Ich glaube ihr nicht, aber ich bin zu schwach, mich zu streiten. Wenn wir wegen ihres Egoismus verhungern, muß sie das auf sich nehmen.

Wir stapfen durch weißen und roten Schnee. Wir kriechen über Leichen. Wir halten an. In einer Scheune teilen wir sechs uns das letzte Stück Brot und den Rest Zucker. Ich bin so müde. Ich habe das Gefühl, als wäre morgen für mich alles zu Ende. Ich frage mich, warum ich nicht einfach aufgeben soll. Es ist fast, als hörte ich Stimmen in meinem Kopf, als ich mich gegen die dünne Scheunenwand lehne. Ich höre auf zu sinnieren und lausche dem vertrauten Klang. Dann höre ich es – eine Familie unterhält sich auf polnisch in dem Bauernhaus, das zur Scheune gehört. Ihre Tür ist nur angelehnt. Die Stimmen zerren an mir, ziehen mich zu ihnen. Ich muß diese Menschen sehen, die vor diesem Krieg meine Landsleute waren. Die SS-Wachen sind draußen.

Ich stehle mich hoch zur Küche, meine Knöchel klopfen an die Tür. »Es tut mir leid, Sie zu stören«, sage ich auf polnisch, »doch ich habe eine Schwester, und wir sind beide sehr hungrig. Wir sind aus Tylicz. Wenn Sie eine Kartoffel erübrigen können, werde ich sie mit ihr teilen. Geben Sie mir zwei, werde ich eine für mich behalten.«

Ich höre den Ehemann sagen: »Wir haben nicht genug, um was herzugeben!«

»Sie kommt aus Tylicz!« betont die Frau. Die Familie berät sich. Da ich sie nicht in Gefahr bringen will, warte ich draußen und schnappe einzelne Gesprächsfetzen auf. Die Tür öffnet sich einen Spalt. Ein Strahl warmen, goldenen Lichts fällt auf mein Gesicht. Die Augen der Frau sind feucht vor Sorge und Furcht. »Nimm das.« Sie gibt mir zwei hartgekochte Eier und zwei gekochte Kartoffeln. Ich halte sie in der

Hand, lasse die Wärme in meine Haut eindringen und den Duft zu meiner Nase aufsteigen.

»Jękuje. Bóg zapłać. Vergelt's Gott.« Ich entferne mich von der Tür. »Ich werde Sie nie vergessen.« In dieser Nacht haben wir zu essen.

Ich weiß nicht, wie lange wir gelaufen sind und wie weit. Ich kann mich nicht erinnern, wie oft der Himmel hell und dann wieder dunkel geworden ist, wie viele Male meine Uhr vierundzwanzig Umdrehungen gemacht hat und in wie vielen Scheunen wir auf dem Boden zusammengesunken sind. Es hätte ein Marschtag oder zehn sein können. Ich weiß es nicht, es kümmert mich nicht. Ich fühle mich so elend, daß ich sterben möchte. Ich habe einen so entsetzlichen Durchfall, daß ich zum Plumpsklo laufe, ohne zu fragen. Die SS scheint es leid zu sein, Menschen zu erschießen, denn sie haben mich nicht erschossen, obwohl ich mich ohne Erlaubnis von der Scheune entfernt habe. Nachts versuche ich zu schlafen, aber wir frieren, und mein Magen ist leer.

»Raus! Raus!« Ich stehe auf und gehe zur Außentoilette. Dort werde ich bleiben. Sie haben Mädchen erschossen, die versucht haben, sich zu verstecken und zu entkommen, aber das ist mir jetzt alles egal. Ich bekomme mit, wie die SS alle Aufstellung nehmen läßt, lege meinen Kopf auf meine Hände, weil ich zu schwach bin, ihn länger aufrecht zu halten.

Ich höre jemanden vor der Tür. Man wird mich erschießen. Es wird eine Erleichterung sein. Ich warte.

»Rena.« Ich höre Dankas Stimme vor der Tür.

Ich ziehe meine Hose hoch und binde sie fest, falle aber wieder zurück auf den Sitz, unfähig aufzustehen.

»Was machst du Rena?« Sie macht die Türe auf.

»Geh ohne mich weiter«, sage ich ihr. »Ich bleibe hier.«

»Nein, das wirst du nicht. Du kommst mit mir.«

»Ich kann nicht mehr laufen, Danka ... rette dich.«

»Schau dir all die Leichen an. Sieh dir all die an, die tot sind, aber wir leben noch. Du wirst jetzt nicht sterben. Das werde ich nicht zulassen! Janka!« Ich kann das Zittern in ihrer Stimme hören. Sie ist so tapfer. »Komm hilf mir.« Ich entriegle die Tür. Ich kann meiner Schwester nicht ins Gesicht sehen. Ich warte, daß ihre Hände mich hochziehen. Wir stolpern in die Reihe.

Ich nehme alle Kraft und allen Mut der Welt zusammen und stapfe, auf Danka und Janka gestützt, wieder durch den Schnee. Wir gehen ewig. Die Sonne geht kalt über einer öden Landschaft auf. Ihre Hände unter meinen Ellbogen haben mich fest im Griff. Wir gehen, als wäre mit mir alles in Ordnung. Es ist für immer. Dann kommt plötzlich meine Kraft zurück.

»Ich kann wieder auf meinen eigenen Beinen stehen«, bringe ich mühsam flüsternd hervor.

»Bist du sicher?« Ich nicke. Janka läßt mich zuerst los. Ich stolpere nicht. Langsam lockert Danka ihren Griff. Ich gehe. Es ist ein Wunder. Ich fühle mich besser.

Stundenlang stapfen wir über Leichen, durch Schnee. Schüsse bringen die zu Fall, die zum Weitergehen zu schwach sind und diejenigen von uns, die noch immer zu fliehen versuchen. Wünsche ich mir, wir wären in Auschwitz-Birkenau geblieben? Trotz der Kälte und des Hungers, nein. Ich bin froh, daß wir nicht hinter diesem Schild, hinter den Toren zum Hades sterben werden. Es liegen so viele Leichen auf unserem Weg, daß wir auch im Kreis hätten gehen können: sie alle sehen gleich aus, erfroren, verzweifelt. Frei.

Wir kommen zu einem Bahnhof.

»Steigt in die Kohlenwaggons«, befehlen sie uns. Ohne Hilfe schaffen wir es kaum, aber es gibt keine Hilfe. Alle sind wir erschöpft und zu geschwächt, um in die leeren Güterwagen zu steigen. Ich helfe Danka hinein, die Dina hilft, und so weiter; jede hat gerade soviel Kraft noch einer anderen zu helfen. Wir lehnen uns in die Ecke, endlich dürfen wir rasten. Dann fangen wir zu zittern an. Die Kälte fletscht ihre Zähne und gräbt sie uns ins Fleisch. Wegen des Rußes will ich mich nicht hinsetzen, doch dieser Vorbehalt dauert nicht lange. Überwältigt von Müdigkeit, lasse ich mich mit den anderen auf dem schwarzen, schmutzigen Boden nieder.[10]

Luftschutzsirenen heulen los, und Flugzeuge kommen im Sturzflug auf uns zu, während die SS und die Deutschen in den Bahnhof laufen und uns draußen lassen. Wir kauern uns in den Waggons zusammen und hoffen, daß die Bomben uns nicht töten – hoffen, daß dieses Martyrium ein Ende findet. Trotz des Lärms über uns fallen wir in Ohnmacht.

Stille.

Ich rühre mich und krieche an der Seite des Waggons hoch, um hinauszuschauen, und sehe die Leute gerade auf den Bahnsteig zurückkehren. Eine Frau mit ihrem Kind steht in der Nähe. »Bitte, können Sie mir eine Hand sauberen Schnee hochreichen?« frage ich auf deutsch. »Wir sind so durstig, und hier oben ist er zu schmutzig, um ihn essen zu können.

In ihren Augen steht Furcht, als sie einen Blick auf die SS mit ihren Waffen wirft. Sie schaut auf ihr Baby und schüttelt den Kopf. Ich verstehe. Wieder setzt der Schneefall ein, und nach einiger Zeit kann ich eine dünne Lage frischen, sauberen Schnees vom Rand des Waggons kratzen, ehe er schwarz wird. Den bringen wir im Mund zum Schmelzen und versuchen, unseren Durst zu stillen.

[10] »Kolonnen kommen zu Fuß nach Wodzislaw in Schlesien. Von dort aus werden sie in offenen Güterwaggons, die normalerweise für den Kohlentransport verwendet werden, nach Sachsenhausen und Flossenbürg [Deuschland] gebracht. Fast die Hälfte der Gefangenen stirbt unterwegs vor Hunger, vor Erschöpfung von dem langen Marsch, oder erfriert.« (Czech,789). »Auschwitz wurde am 27. Januar 1945 von der Roten Armee befreit. Diese Truppen fanden dort etwa 7000 kranke und ausgezehrte Gefangene vor – 4000 davon Frauen« (Rittner und Roth, 14).

Endlich fährt der Zug an. Der Wind peitscht uns seinen bitterkalten, frostigen Atem ins Gesicht. Ich weiß nicht, wie spät es ist. Jedesmal, wenn ich auf meine Uhr schaue, vergesse ich, wie die Zeiger stehen, und ich will meine Armbündchen nicht hochschieben und der kalten Luft Gelegenheit geben, meine Haut direkt zu berühren. Ich weiß nicht, wie lange der Zug durch die Nacht rast. Wir gehen rein und bleiben dort, bis man uns sagt, daß wir wieder herauskommen sollen; dazwischen wird es dunkel und hell.

»Raus! Raus!« Man treibt uns aus den Waggons. Unsere Beine sind vom Sitzen verkrampft, und unsere Gelenke geben nur mühsam nach, als wir in die Schneewehen unter uns springen. Anderthalb Meter tief.

Wieder marschieren wir lange Zeit durch die Dunkelheit. Es ist unter Null. Wir stecken bis zu den Knien im Schnee. Keiner hat vor uns einen Pfad getrampelt. Es gibt keine Fußspuren, die darauf schließen ließen, daß andere auf diesem Weg marschiert sind; die Körper, die im Gelände verstreut herumliegen, sind noch warm. Es sind alles junge Frauen. Wohin bringen sie uns?

Gewehrschüsse zerfetzen die Luft, als würden an einem warmen Sommertag Fliegen erschlagen, doch wir marschieren weiter. Ich schaue auf die Uhr, aber die Ziffern haben keine Bedeutung. Vor uns tauchen Lichter auf. Wir marschieren auf die Lichter zu, durch den Schnee auf das Tor eines weiteren Lagers zu: Ravensbrück. Nichtssagende Worte in der Dämmerung – ARBEIT MACHT FREI. Mich verläßt aller Mut. Wir sind nicht frei.[11]

Hier gibt es nichts, keine Decken, keine Betten; hier sind jede Menge junger Frauen, und alle Betten sind belegt. Wir sind so müde, daß wir uns auf dem kalten schmutzigen Boden zu-

---

[11] »Am 24. Januar [1945] kommt ein Transport aus Auschwitz mit weiblichen Gefangenen, darunter 166 Polinnen, in Ravensbrück an« (Czech, 800).

sammenrollen. Ich bin so hungrig, daß ich mich nach draußen schleiche, um etwas zu essen zu suchen. Auf unserem Weg durchs Lager sind wir an einem Kartoffelhaufen vorbeigekommen. Ich taste mich an den Blocks entlang und kämme das Gelände nach dem Schatten ab, der unsere Mägen füllen soll. Doch da sind keine Kartoffeln im Dunkeln, nur haufenweise Leichen.

Vier Uhr morgens.

»Raus! Raus!«

Sie wecken uns mit wässrigem Tee und einer Kante Brot. Ich weiß nicht mehr, wann wir zuletzt etwas gegessen haben, dann fällt mir ein, daß es bei der Polin war.

Geht es hier ums Leben oder um den Tod?

NEUSTADT - GLEWE

Ein paar Tage lang bleiben wir in Ravensbrück, aber wir sind so viele, und es gibt so wenig Essen, daß sie beschließen, das Lager aufzuteilen. Die Daumen bestimmen Danka, Dina und mich; ich sehe mich um nach Janka, Mania und Lentzi, aber sie sind nicht in unserer Gruppe. Ich weiß nicht, wo sie sind. Danka, Dina und ich werden in einen Pritschenlastwagen gepfercht, wo wir uns aneinanderklammern. Bringen sie uns ins Gas? Die Lastwagen fahren durch die Tore von Ravensbrück und biegen in westlicher Richtung ab; sie verlegen uns schon wieder. Wir lehnen uns an die hölzernen Seitenwände des Lasters, drängeln einander. Die Straße ist voller Schlaglöcher und Unebenheiten. Danka und ich vermeiden den Blickkontakt zu den mitfahrenden Mädchen. Wir sind zu müde, uns darum zu kümmern, wohin sie uns bringen und warum; wir wollen nur ausruhen und essen.

Wir kommen in Neustadt-Glewe an, werden gezählt und bekommen ein Stück Brot.[1] Wenigstens müssen wir hier nicht auf dem Boden schlafen. Am Morgen stehen wir zum Anwesenheitsappell an und stellen schnell fest, daß es in diesem Lager kein Krematorium gibt. Doch es gibt einen riesigen Leichenberg, fast zwei Meter hoch. Anstatt nach verbranntem Fleisch riecht es hier im Lager nach Verwesung.

Zur Arbeit werden wir mitten durch die Stadt geführt. Die Stadtbewohner kommen aus ihren Geschäften und Wohnungen und spucken uns an, wenn wir vorbeigehen. Der Haß in ihren Augen ist bestürzend; für sie sind wir keine Menschen, wir sind weniger wert als Hunde. Am Stadtrand zwingt man uns, Gräben auszuheben, dazu gedacht, die Alliierten aufzuhalten. Man hätte meinen können, die Bewohner der Stadt

---

[1] Neustadt-Glewe liegt 132 Kilometer nordwestlich von Ravensbrück.

wären uns dankbar für die Arbeit, die wir zu ihrem Schutz verrichten, aber sie spucken uns auch am Abend wieder an. An diesem Abend bekommen wir wieder eine Kante Brot und einen halben Becher Tee; das ist alles. Die Rationen werden sichtlich kleiner. Die Deutschen verlieren den Krieg.

Einen Monat lang werden wir aus traumlosem Schlaf gehetzt und durch die Stadt geführt, und jeden Morgen, jeden Abend spuckt man uns an, wenn wir vorbeigehen. Wir wachen auf. Wir werden gezählt. Wir marschieren. Wir graben. Wir essen. Wir hungern. Wir fragen uns, ob es je ein Ende haben wird.

Vier Uhr morgens.

»Raus! Raus!« Wir stellen uns zum Appell auf, können dann aber abtreten.

»Es ist doch nicht Sonntag, oder?«

»Ich denke nicht.« Ein Teil des Lagers arbeitet weiterhin in einer Flugzeugfabrik; der Rest von uns hat nichts zu tun. Es geht das Gerücht um, daß wir nicht mehr arbeiten müssen.

»Die Alliierten müssen in der Nähe sein«, spekulieren wir im Flüsterton. »Vielleicht ist der Krieg schon fast vorbei.« Wir hoffen, daß dies stimmt, doch nach unserem Todesmarsch sind wir klüger und setzen unsere Hoffnung nicht mehr auf diesen Wunsch. Wenn es ihnen gefällt, können sie uns in ein anderes Gefängnis verfrachten. Sie könnten uns auch nach Madagaskar marschieren lassen.

Nicht mehr zu arbeiten und den ganzen Tag hinter den Zäunen zu verbringen reicht aus, mich wahnsinnig zu machen. Mir fällt auf, daß der Leichenhaufen hinter den Barracken immer größer wird, und ich erfahre von anderen Gefangenen, daß viele dieser Frauen nach dem Aufstand im Warschauer Getto verhaftet worden sind. Es sind Jüdinnen und Polinnen, die man draußen gemeinsam verrotten läßt, ohne sie wenigstens in einem Graben zu beerdigen.

Ich gehe zur Lagerältesten und sage: »Nachdem es sonst im Lager nichts zu tun gibt, habe ich mich gefragt, ob wir wohl die Erlaubnis bekommen könnten, die Leichen dieser paar hundert Frauen zu begraben?«

»Jawohl«, sagt sie. »Ich werde euch einen Handwagen geben. Suche dir neun Mädchen, die dir helfen. Ihr fangt morgen früh an. Ich werde zwei SS-Männer abstellen, um euch zu begleiten.« Ich halte fest: Sie hat ein grünes Dreieck an ihrer Uniform, sie ist eine Mörderin.

Ich frage nach Freiwilligen für dieses Leichenkommando. Danka und Dina melden sich, ebenso sieben weitere Mädchen. Wir bedecken unsere Nasen und fahren mit dem Handwagen zu dem Leichenhaufen. »Wir haben keine Handschuhe, also müssen wir vorsichtig sein«, warne ich die Mädchen. »Faßt sie nur an den Armen und Beinen an, und gebt acht auf offene Wunden. Wir können unsere Hände vor dem Essen nicht waschen und müssen deshalb sehr achtsam sein, um nicht krank zu werden.« Ich nehme die Arme, während ein anderes Mädchen die Beine nimmt, und wir werfen eine Leiche auf den Wagen. Sie seufzt, als die letzte Luft aus ihren Lungen entweicht.

Wir zögern. »Macht weiter, schnell!« schreit die Wache. Wir beladen den Wagen so schnell es geht, an die fünfzehn Leichen. Dann beginnt unser Weg zum Begräbnisplatz. Auf der anderen Straßenseite ist ein Männerlager mit politischen Gefangenen aus Italien.

»Nicht mehr lang! Nicht mehr lang!« rufen sie uns zu, als wir vorbeikommen. Wir haben kein Radio im Lager; wir sind abgeschnitten von den Nachrichten aus der Welt. Wir starren diese Männer mit ihren wilden Augen an; sie wirken nicht irre, nur voller Freiheitsdrang. »Nicht mehr lang! Nicht mehr lang!« Können sie recht haben? Wie lange ist nicht mehr lang?

Die SS führt uns einen Berg hinauf. Der Wagen ist schwer, und wir strengen unsere Muskeln an, ihn in Bewegung zu halten. Es sieht so aus, als hätten sie einen Begräbnisplatz ausgesucht, der schwer zu erreichen ist.

»Ihr werdet sie hier begraben.« Die Wachen bleiben stehen und zeigen auf das Gelände, in dem wir graben sollen, dann entfernen sie sich, um auf ihre Gewehre gestützt auszuruhen.

Ich stoße meine Schaufel in die Erde. Sie ist hart wie Stein. Wir versuchen tief zu graben, wie es sich gehört, aber es ist unmöglich. Ich steige in das Loch, um den Boden auszugraben. Doch die Erde ist so unnachgiebig, daß es Stunden dauert, die Gräber auszuheben. Als ich im Loch stehe und versuche noch ein wenig tiefer zu graben, geht mir durch den Kopf, daß die SS uns einfach erschießen könnte, und wir in unsere selbstgeschaufelten Gräber fallen würden.

»Helft mir raus«, rufe ich den Mädchen oben zu. Eine Hand streckt sich mir entgegen; es ist meine Schwester, die mich aus dem Graben herauszieht.

»Ich sehe dich nicht gern da unten«, murmelt sie.

»Ich mag es auch nicht.« Und ich meine das auch. Das ist zu schwer für uns, und wir sind zu schwach. Aber schließlich bekommen wir doch alle Gräber fertig, und die Leichen werden in unbezeichneten Stätten zur letzten Ruhe gelegt. Wir stehen auf dem Hügel, die Sonne versinkt langsam am Horizont.

»Laßt uns ein Gebet sprechen für die Frauen, die wir begraben haben«, flüstere ich. Einstimmiges Nicken. Über den Hügeln aus frischer Erde sagen wir ein Gebet. Die Wachen bemerken unsere Stille, unser Schweigen nicht. Mir ist es sehr wichtig, diesen Frauen, die gestorben sind, etwas geweihten Boden in Anerkennung ihres Lebens zu geben. Das Gebet gibt uns ein gutes Gefühl, und das kommt selten genug vor. Müde gehen wir den Hügel hinab und zurück ins Lager. Wir haben heute hart gearbeitet und nur fünfzehn Frauen beerdigt, und der Haufen der Leichen, die noch im Lager sind, sieht trotz unserer Anstrengungen noch nicht kleiner aus. Es tut mir leid, daß ich uns freiwillig zu dieser Arbeit gemeldet habe.

»Meinst du, ich sollte heimlich ein paar Kartoffeln von dem Haufen nehmen, damit wir etwas zu essen haben?« frage ich Dina eines Sonntagnachmittags. Die Portionen werden kleiner, und wir können nicht einmal mehr damit rechnen, jeden Tag sowohl Brot als auch Suppe zu bekommen.

»Ich habe gehört, das die Lagerälteste ein Mädchen umgebracht hat, weil sie eine Kartoffel stahl, als sie zum Kohlenholen hinausging; sie ließ das Mädchen den Eimer ausleeren, und das war's dann. Sie trat auf das Mädchen ein, bis sie zu Boden fiel, warf ein Brett auf sie drauf und sprang dann auf das Brett, bis das Mädchen tot war«, erzählt mir jemand.

»O mein Gott.«

»Mach nichts, was die Lagerälteste wütend macht«, fügt ein anderes Mädchen hinzu. »Sie hat ihren Ehemann umgebracht und auch ihre Schwiegereltern. Sie ist wahnsinnig.«

Mich schaudert, aber ich bin noch immer von dem Gedanken besessen, zwei Kartoffeln zu ergattern, ohne dabei erwischt zu werden. Ich kann das besser als das Mädchen, das jetzt tot ist. Ich weiß, daß ich das kann.

Der Leichenhaufen wird und wird nicht weniger. In der ersten Woche begraben wir über achtzig Leichen, aber es sind wieder neue dazugekommen.

Die SS-Männer, die uns zu der Beerdigungsstelle bringen, sind alt, müde und unscheinbar. Und wir fürchten sie nicht so wie wir die jüngeren, kräftigeren SS-Männer in Auschwitz-Birkenau gefürchtet haben. »Ich denke, wir sollten uns einen Plan ausdenken, sie zu überwältigen. Laßt sie uns bewußtlos schlagen«, schlägt ein Mädchen in unserem Kommando vor.

»Wir könnten ihnen mit unseren Schaufeln auf den Kopf schlagen und sie in ein wirklich tiefes Loch werfen, aus dem sie nicht mehr herauskommen. Dann könnten wir fliehen!«

»Jah!« Ihre Augen tanzen beim Gedanken an den Umsturz.

»Ich könnte keinen umbringen«, flüstere ich.

»Nicht umbringen – wir würden sie nur betäuben.«

»Überlegt mal.« Ich schaue in ihre leidenschaftlichen Gesichter. »Zuerst einmal denkt dran, wie schwer es ist, ein so tiefes Loch zu graben – wir würden uns selbst dabei umbringen. Zweitens, wir sind in Deutschland. In dieser Stadt gibt es keinen Deutschen, der einer Polin helfen würde, geschweige denn einer Jüdin. Glaubt ihr denn, es wäre irgendwo in diesem Land anders? Sie hassen uns. Wären wir in Polen, wäre das etwas anderes, wir könnten darauf bauen, daß uns unsere Leute bei der Flucht helfen. Doch wir sind es nicht. Wir wissen nicht einmal, wo wir sind. Wie weit ist es zur polnischen Grenze? In welche Richtung sollen wir gehen?« Keine kann meine Fragen beantworten. »Wir würden von den Bewohnern oder von der SS gefangengenommen und getötet werden. Außerdem glaube ich, daß wir von jeder Grenze weit weg sind.«

Enttäuschung macht sich auf ihren Gesichtern breit.

»Vielleicht haben die Italiener ja recht, und es dauert nicht mehr lange. Vielleicht werden wir bald befreit.«

»Vielleicht.« Doch keine glaubt wirklich daran.

Wir sind dazu übergegangen, zwei oder drei Leichen in jedes Grab zu legen. Aus Nahrungsmangel und wegen der schlechten Bedingungen im Lager läßt unsere Kraft rasch nach. Den Wagen den Berg hochzuschieben, ist eine Aufgabe, die wir kaum schaffen können. Die Überlegung, die alten Männer zu überwältigen, schwindet wie unser Gewicht und unsere Hoffnung auf baldige Befreiung. Je kleiner der Leichenhaufen wird, desto schlimmer wird es für uns, denn es ist Frühling, und die Körper beginnen zu zerfallen. Obenauf liegen auch neue Leichen, und so kann man erst dann, wenn man eine berührt, sagen, wie lange sie schon hier liegt. Einige müssen wir zurücklassen, sie würden sonst zerfallen. Wir müssen gut aufpassen, die sehr alten, verwesenden Leichname nicht zu bewegen.

Ich wache auf, liege allein in unserer Koje. Hat ein neuer Alptraum mich geweckt? Regen fällt auf das Dach über mir. Der

Himmel über uns grollt und donnert so gewaltig, als läge Gott im Krieg und nicht die Menschheit. Wo ist Danka? Sie hat entsetzliche Angst vor Gewittern. Mama hat in Tylicz immer Kerzen angezündet und gebetet. Hier gibt es keine Kerzen. Ich starre ins Dunkel, kann aber nicht sagen, ob sie im Block ist oder nicht. Andere Augen glänzen in der Dunkelheit. Endlich zieht der Sturm über uns weiter. Ich frage mich, ob der Regen Alliierte und Deutsche gleichermaßen überrascht hat. Die Tür geht auf, und meine Schwester kommt herein. Wie eine Fata Morgana schimmert sie im Dunkeln. Ihr rotes Haar, das wieder wächst, nachdem es einige Monate nicht mehr rasiert wurde, rahmt ihr Gesicht.

»Wo bist du gewesen?« Ich weiß nicht, ob ihre Wangen naß vor Tränen oder vom Regen sind. Schweigend schüttelt sie den Kopf. »Was hast du gemacht, Danka?« will ich von ihr wissen.

»Gebetet«, flüstert sie mit belegter Stimme. »Ich war draußen und habe gebetet, der Blitz möge mich töten, damit ich keinen Hunger mehr leiden muß.«

Eines Abends kommen wir erst zurück, als das Brot schon ausgeteilt ist, und für uns, die wir den ganzen Tag gearbeitet haben, ist nichts mehr übrig. Ich melde mich freiwillig, der Blockältesten einen Eimer Kohlen für den Ofen zu holen. Danka und Dina werfen mir einen warnenden Blick zu. Ich achte nicht darauf. Am Kohlenhaufen werfe ich einen prüfenden Blick auf das Umfeld, packe zwei Kartoffeln in den Eimer und lege die Kohlen darauf. Kopf nach vorne, den Blick gesenkt, so schleiche ich mich übers Gelände.

»Leer mal deinen Eimer auf den Boden.« Ich erstarre. Als ich mich langsam herumdrehe, stehe ich Auge in Auge mit der Lagerältesten. »Nun?«

Zitternd schütte ich den Inhalt aus und hoffe dabei, daß die Kartoffeln von genügend Kohlenstaub bedeckt sind, um inmitten der seltsam geformten Kohlestücke getarnt zu sein.

»Du hast Kartoffeln gestohlen!« Sie schlägt mir aufs linke Auge, ehe ich überhaupt daran denke, in Deckung zu gehen. Sie wirft mich zu Boden, tritt auf mich ein, stampft mit ihren Stiefeln auf mir herum, versucht, mir mit ihren Fingernägeln das Fleisch von den Knochen zu reißen. Ich sehe nur noch den lodernden Haß in ihrem Gesicht: es ist das Antlitz des Todes selbst. Eine Sekunde lockert sie ihren Griff. Ich krieche davon, fliehe übers Lagergelände. »Diebin! Diebin! Scheißjüdin! Komm zurück du dreckige Hündin!« Ihre Stimme folgt meiner Spur wie ein Bluthund seiner Fährte. Ich verschwinde hinter den Blocks, weiche den Scheinwerfern und der kreischenden Stimme der Wahnsinnigen aus. Im Schutz der Dunkelheit schlüpfe ich in einen der anderen Blocks.

»Ich habe eine Kartoffel gestohlen, und sie wird mich sicher umbringen«, flüstere ich ins Dunkel.

»Komm her.« Ich höre eine freundliche, mir unbekannte Stimme und krieche schnell zwischen zwei Körper, verstecke mich unter deren Decke. Mindestens eine Stunde lang hören wir sie herumbrüllen: »Komm heraus du elende Mistbiene! Komm jetzt heraus! Du kannst dich nicht ewig verstecken. Ich kriege dich schon noch!« Endlich beruhigt sie sich. Ich warte noch ein wenig, nur um sicherzugehen, daß sie sich nicht irgendwo versteckt, und schlüpfe dann aus der Koje, in der ich untergetaucht bin. »Danke, daß ihr mir das Leben gerettet habt«, flüstere ich den Mädchen zu, deren Gesichter ich nicht kenne, dann krieche ich zurück durchs Lager, damit sie nicht erfährt, welcher Block mich versteckt hat. Mit meinem linken Auge kann ich überhaupt nichts sehen. Verstohlen schlängle ich mich im Schatten und an Wänden entlang zurück, bis ich unseren Block erreiche. Ich schlüpfe zu Danka ins Bett.

»O Rena. Was wird jetzt passieren?«

»Ich weiß es nicht.« Wir halten einander die ganze Nacht hindurch fest, schluchzend und beide zitternd vor Furcht. Jetzt ist es soweit. Das ist mein Ende. Das ist alles, was mir einfällt, und keine von uns beiden kann an etwas anderes denken. Uns bleibt nichts anderes übrig, als uns zum letztenmal aneinanderzuklammern. Mit diesem blauen Auge werde ich den Anwesenheitsappell niemals überleben. Die Angstkälte läßt meine Zähne aufeinanderschlagen, es ist Todesangst. Die Befreiung ist so nah, und jetzt dies. Danka wird allein auf der Welt sein, wenn die Lagerälteste mit mir abgerechnet hat. Wir machen kein Auge zu.

»Raus! Raus!«

Danka und ich stellen uns ganz hinten in die Reihe. Schreiend und uns verfluchend geht die Lagerälteste die vorderen Reihen ab.

»Jede, die weiß, wer gestern abend die Kartoffeln gestohlen hat, sollte die Gefangene sofort melden. Wenn ich dahinterkomme, daß ihr mir Informationen vorenthaltet, werde ich euch an ihrer Stelle umbringen. Wer weiß, wer die Kartoffeln gestohlen hat?«

Keine rührt sich, keine meldet sich. Die SS-Frau wandert von einer Reihe zur anderen, zählt jede Gefangene, sucht nach mir. Sicherlich hat die Lagerälteste mein Gesicht gesehen und kennt mich als eine vom Leichenkommando. Sie wird mich sehen und mich töten. Ich stehe hinten und versuche nicht zu zittern, versuche, tapfer zu sein.

Plötzlich werde ich sehr ruhig und mir wird warm. Ich spüre ein leichtes Kribbeln an meiner Wange, als hätte jemand mein Gesicht berührt. *Mama?*

Sie ist nur noch ein paar Gefangene von mir entfernt. Ich bin getröstet. *Erinnere dich, wie du Mengele entkommen bist.* Ich erinnere mich – ich habe Danka erklärt, daß wir unsichtbar sind, und wir waren es. Meine ganze Angst sickert über meine Fersen in den Boden, und ich habe volles Vertrauen, daß ich unsichtbar bin. *Mama ist hier und steht neben mir, sie hält ihre Hand über mein Auge.* Die SS-Frau sieht mich an, zählt mich und wendet sich ab. Danka seufzt.

Schütze mich, wenn ich durchs Tor gehe, Mama, bete ich. Ich muß noch mit den Leichen hinaus, und die Lagerälteste steht immer dort und zählt die Leichen, prüft unsere Nummern. Ich tue so, als würde ich hinten im Karren die Leichen zurechtrücken, und achte darauf, daß ein Arm mein Auge bedeckt, so daß sie mein Gesicht nicht sehen und mich wiedererkennen kann.

Jeden Morgen spüre ich ein warmes Prickeln auf meinen Wangen, wenn die SS direkt an meinem blau-schwarz geschwollenen Auge vorbeigeht. Jeden Morgen mache ich mich an den Leichen zu schaffen, wenn wir sie durchs Tor fahren, und jeden Morgen komme ich unerkannt an den Augen der Lagerältesten vorbei.

Wie lange kann das so weitergehen? Sechs Tage lang verstecke ich mich vor der Mörderin, und sie sieht nie mein Gesicht. Sie sehen mich nicht, weil sie von ihrem Vorurteil geblendet sind. Für sie sehen wir alle gleich aus. Wir haben die Identität von Scheiße – Scheißjuden, Mistbienen.

2. Mai 1945.

Vier Uhr morgens. Automatisch wachen wir auf und treten aufgeregt ins Dämmerlicht, fragen uns, welchen neuen Streich unsere Wärter uns diesmal spielen. Es gibt keinen Appell. Außer uns ist keiner mehr im Lager, nur noch eine einzige Wache auf dem Turm. Keine SS-Frau, keine Aufseherin, keine Lagerälteste ist zu sehen. Wir stehen an der Lagerstraße und starren die Wache im Turm an, fragen uns, was wir tun sollen. Er steht als einziger zwischen uns und der Freiheit, und seine Waffe ist direkt auf uns gerichtet. Ich schaue auf die Uhr. Es ist zehn Uhr. Wie lange müssen wir warten, wo die Freiheit uns doch gleich hinter diesen Toren lacht?

Eine Mutter und eine Tochter fassen den Entschluß, aufgrund ihres Hungers genügend Mut zu haben, auf den Kartoffelhaufen zuzugehen. Sie rennen durchs Lager auf das einzig

Eßbare zu. Ein Gewehrschuß zerfetzt das Herz des Mädchens. Sie bricht zusammen. Ihre Mutter schreit, reißt sich die Kleider auf und flucht Gott. Keine wagt es, sie zu trösten. Ein zweiter Schuß zerfetzt ihr die Kehle. Wehklagen. Ihre Körper färben diesen fatalen Kartoffelberg. Der süße Geschmack der Freiheit wird uns bitter im Mund.

Endlich klettert der SS-Mann vom Wachturm und verschwindet. Um elf Uhr schreien die Italiener aus dem Gefangenenlager vor unseren Zäunen: »Wir sind frei!«

Sie haben Gummihandschuhe und Drahtscheren. »Kommt schon! Stürmt die Tore!« Sie durchtrennen die Drähte, unterbrechen den Strom und schaffen ein Loch, groß genug für uns, um hindurchlaufen zu können. Ich nehme Danka bei der Hand und ziehe sie mit durch den Zaun. Wir haben blutige Hände von den Stacheldrähten, die wir aus dem Weg räumen. Mein Pullover verfängt sich im Draht. Ich bleibe nicht stehen. Er reißt. Es ist mir egal.

Plötzlich sind wir auf der Straße. Wir blinzeln, können unseren Augen nicht trauen. Soldaten in Dunkelgrün und Oliv, russische und amerikanische Soldaten kommen auf uns zu.

»Wir sind frei!« Weinend fallen wir einander in die Arme. »Wir sind frei!« Mein Herz ist ein Stein in einem Strom von Tränen.

Auf der Straße verstreuen sich die Mädchen aus dem Lager. Einige Mädchen laufen dahin, andere dorthin, alle sind verwirrt, alle sind verloren, versuchen herauszufinden, welcher Weg nach Hause führt. Danka und eine kleine Gruppe von jungen Frauen sieht mich an, als sollte ich wissen, was zu tun ist.

Wir gehen ein Stück weit, bis wir an eine Kreuzung kommen. Danka, Dina und ich halten an und schauen in beide Richtungen. Der eine Weg führt nach Osten zu den Russen und eventuell nach Polen; der andere zeigt nach Westen, zu den Amerikanern. Ich weiß nicht, welchen ich einschlagen soll.

Die Sonne strahlt golden, brennt sich durch die trüben Schleier in meinem Kopf. Mein Nebel lichtet sich langsam.

Ich sehe Mamas Gestalt in der Ferne. Ihr Kopftuch ist ihr heruntergerutscht, und ihr Arm winkt nun viel langsamer. Welchen Weg sollen wir gehen, Mama? ... Sie rennt nicht mehr durch den Schnee; der lange Winter ist dahingeschmolzen, es ist Frühling. Geh nach Westen, Rena. Sie bindet ihr Kopftuch wieder um ihren Kopf und schickt mir einen gehauchten Kuß. Geh nicht, Mama. Warte auf mich. Ich habe dir deine Kleine zurückgebracht! ...

Leb wohl, Rena. Du bist eine gute Tochter. Ich stehe mitten auf dem Kreuzweg und winke dem Trugbild zu, das mich am Leben gehalten hat. Mama!

Sie steht dort für einen kurzen Augenblick, den Arm noch immer in der Luft. Leb wohl. Ihr Bild zerfällt in tausend Lichtscherben. Meine Augen zucken vor Schmerz zusammen, als mir die Glassplitter von den Augen fallen. Der Traum ist vorbei. Es gibt niemand mehr, zu dem wir nach Hause gehen können.

NACHWORT

Im amerikanischen Sektor wurden Dina, Rena und Danka von einem amerikanischen Major nach Ludwigslust gebracht. Er war so gerührt von ihrem Martyrium, daß er sie in der besetzten Stadt in eine Villa brachte und der Haushälterin befahl, die Mädchen wie Königinnen zu behandeln, ihnen die besten Zimmer zu geben und das Frühstück ans Bett zu bringen. Diese Ruhepause war wie ein Traum, aber die wirkliche Welt war nicht weit; nach ein paar Tagen wurden sie ein Flüchtlingslager und dann nach Holland geschickt. In Holland kamen sie in ein Krankenhaus und wären fast nach Deutschland zurückgeschickt worden, weil sie keine Papiere hatten. Rena ging zum diensthabenden Offizier und flehte ihn auf Knien an, sie nicht mehr zurück nach Deutschland zu bringen. Er nahm sich ihres Falls gesondert an und schickte sie zum Holländischen Roten Kreuz, weil er hoffte, dort könnte man für die Mädchen eine Bleibe finden. (Man verlegte sie am Morgen, Dina wurde vom Rest der Gruppe getrennt.)

John Gelissen, Kommandeur der Arbeitsgruppe 10 des Roten Kreuzes, übertrug Rena und ihrer Schwester die Aufgabe, holländischen Bürgern nach ihrer Entlassung aus Zwangsarbeitslagern in Deutschland bei ihrer Rückkehr in die Heimat behilflich zu sein. Die Mädchen bekamen ein Zimmer mit Stockbetten und drei Mahlzeiten am Tag. John nahm sie unter seine Fittiche und war ihnen zugleich Freund, Psychologe und Aufpasser, der sie in vielen Gesprächen nach und nach von ihren traumatischen Erfahrungen erlöste. Er behandelte sie wie Frauen – nicht wie Gefangene, nicht wie Opfer, sondern wie echte Frauen.

»Wir horteten Brot unter unseren Betten, bis es schimmlig wurde«, erinnert sich Rena, »und John mußte mich beiseite nehmen und mir sagen: ›Dir wird es nie wieder an Brot fehlen.‹ Langsam fingen wir an, ihm zu glauben.«

Sie arbeiteten einige Monate beim Roten Kreuz, ehe sie sich einer jüdischen Jugendgruppe anschlossen, die nach Israel zu emigrieren hoffte. Rena und Danka entschieden sich aber dafür, in Holland zu bleiben, denn beide hatten sich in Holländer verliebt – Rena in den

Kommandeur des Roten Kreuzes. Am 29. Juli 1947, zwei Jahre nach Kriegsende, heiratete Rena Kornreich John Gelissen.

Rena und John emigrierten 1954 in die Vereinigten Staaten. Sie haben vier Kinder, Sylvia, Joseph, Peter und Robert, und drei Enkel, Shaun, Julia und ein weiteres unterwegs. Sie haben sich in die Blue Ridge Mountains von North Carolina zurückgezogen, die Rena an die Karpaten in Polen erinnern.

»Ich habe einen guten Ehemann gefunden und habe ein schönes Leben ... doch ich werde nie vergessen. Jedes Jahr am zweiten Mai schenkt John mir weiße und rote Nelken, um den Jahrestag unserer Befreiung zu feiern. *Dieser Tag ist wichtiger als dein Geburtstag,* schreibt er, *denn ohne diesen Tag gäbe es keine Geburtstage zu feiern. In Liebe, John.*«

DANKA heiratete 1948 Elie Brandel und wanderte 1951 in die Vereinigten Staaten aus. Sie haben zwei Kinder, Norman und Sara, und fünf Enkelkinder – Andrew, Eric, Jamie, Jenna und Adam. GERTRUDE (Renas älteste Schwester) ist 1921 nach Amerika emigriert. Sie heiratete David Shane und hatte einen Sohn, Irvin. Alle Familienfotos von vor dem Krieg kommen von Gertrude, die 1994 im Alter von achtundachtzig Jahren in New York starb. Rena weiß nicht, welches Schicksal ZOSIA und ihre Kinder HERSCHEL und ESTER STUHR erlitten haben. Trotz aller Bemühungen, den Verbleib der Kinder zu erfahren, die, wie man hoffte, in einem christlichen Waisenhaus versteckt worden waren, erfuhr Rena nie, was aus ihrer Nichte und ihrem Neffen geworden ist. Jede Information über deren Schicksal wäre willkommen. Man geht davon aus, daß NATHAN STUHR, Zosias Ehemann, in Sibirien vermißt ist.

Das Schicksal von SARA und CHAIM KORNREICH ist unbekannt. Rena glaubt, daß sie unter den anderthalb Millionen Juden waren, die in den Gaskammern von Auschwitz umkamen. Nach ALEX' (Josephs Sohn) Berichten, hat man die Juden, die zwangsweise von Tylicz nach Florynka geschickt wurden – JOSEPH, seine Familie und die Kornreichs – nach Grybow in Polen gebracht. Alex entkam aus Grybow und floh in die Slowakei, wo er im Untergrund arbeitete. Während seiner Arbeit für den Widerstand hörte er Berichte, daß man die Juden aus Grybow ins Getto von Nowy Sacz verschleppt oder in Lastwagen abtransportiert und vergast hat. Alex hat den Krieg überlebt, er hat einen Sohn und eine Tochter und lebt in New York.

DINA wurde in Holland auf einem Militärgelände von Danka und Rena getrennt; sie emigrierte nach Frankreich und hat einen Sohn. ERNA und FELA DRENGER haben Auschwitz überlebt und sind nach Israel ausgewandert. Vor dem Krieg lebten in Tylicz fünfundzwanzig jüdische Familien, heute lebt dort keine mehr.

FRANIA KIEBLESZ, eine von Renas besten Freundinnen, lebt noch in Tylicz. Sie hat neun Kinder. Was aus TOLEK aus Muszynka in Polen geworden ist, weiß man nicht. Den Gerüchten zufolge, die in Tylicz damals die Runde machten, kam der Offizier HANS JOKSCH an die russische Front, nachdem er Rena und ihrem Vater das Leben gerettet hatte.

Aufgrund des Mantels, den Rena in »Kanada« gefunden hat, glaubt sie, daß JAKOB und REGINA SCHÜTZER in den Gaskammern von Auschwitz umgebracht wurden. Rena weiß nicht, ob ihre Tochter CILI SCHÜTZER aus der Slowakei fliehen konnte und den Holocaust überlebt hat. Der Familie, bei der Rena untergebracht war, als sie sich freiwillig meldete, den SILBERS, gelang die Flucht aus der Slowakei; sie emigrierten nach Amerika.

Was aus den Aufseherinnen EMMA und ERIKA wurde, ist unbekannt.

Wenig weiß man über die männlichen Gefangenen, die Rena und Danka geholfen haben: HENIEK und BOLEK, STASIU (Artista) und TADZIU (Wisniewski, der die Wasserpumpe bedient hat) waren Polen. Wenn Rena auch nicht weiß, ob sie überlebt haben und noch am Leben sind, möchte sie ihnen doch gerne danken, wo immer sie auch sein mögen, daß sie geholfen haben, ihr Leben und das ihrer Schwester zu retten. MAREK STERENBERG hat den Todesmarsch überlebt, schaffte es aber nie nach Amerika. Er blieb in Polen und wurde Bewacher von Nazi-Gefangenen, der nämlichen Männer, die ihn gefoltert und brutal mißhandelt haben. Zur Vergeltung nahm er Rache an seinen früheren Wärtern. Marek wurde von einem der SS-Gefangenen überwältigt, entwaffnet und erschossen.

Nach dem Todesmarsch wurde JANKA in Ravensbrück von Rena und Danka getrennt. Sie überlebte den Krieg, ist verheiratet und lebt in Deutschland. Rena weiß nicht, was aus MANIA und LENTZI wurde, die ebenfalls in Ravensbrück von Rena und Danka getrennt wurden. Was aus ARANKA wurde, ist ebenfalls nicht bekannt.

ANDRZEJ GARBERA hat viele Leben gerettet, auch das von Rena; er starb als Kriegsheld im Alter von dreiundzwanzig Jahren. 1990 kam Rena zum erstenmal seit dem Krieg wieder nach Polen und konnte endlich Blumen auf sein Grab legen.

Von den SS-Leuten, mit denen Rena zu tun hatte, insbesondere von den niederrangigen, weiß man wenig. Die folgenden Informationen sind für den Leser aus unterschiedlichsten Quellen zusammengetragen worden, darunter auch zwei Berichte von Überlebenden.

»Man geht davon aus, daß [CARL CLAUBERG] an über 700 Frauen Sterilisationsversuche durchgeführt hat. Er wurde 1948 in der Sowjetunion zu 25 Jahren Gefängnis verurteilt. Nach seiner Begnadigung im Jahre 1955 kehrte er nach Kiel zurück und prahlte dort mit seinen «wissenschaftlichen Leistungen». Erst als der Zentralrat der Juden ihn anzeigte, wurde er im November 1955 verhaftet; er starb im August 1957, kurz vor seinem Gerichtsverfahren« (Czech, 810). JOSEF MENGELE wurde »angeklagt, Selektionen durchgeführt, tödliche Injektionen (Phenol) verabreicht, Erschießungen, Folterungen und andere Formen der Gewalt mit Tötungsabsicht durchgeführt zu haben« und es kam der Verdacht auf, daß »er neugeborene Babies direkt in die Krematorien brachte und ins offene Feuer warf ... Über zwanzig Jahre konnte Mengele allen Auslieferungsbemühungen entkommen; er starb 1979 bei einem Badeunfall in Brasilien« (Czech, 819).

»HEINRICH HIMMLER ... bekämpfte die Gegner des Dritten Reichs mit Terror und Gewalt und setzte seine fanatische Rassenideologie in konkrete Politik um – wie etwa das System der Konzentrationslager. ... Am Ende des Krieges versuchte Himmler, verkleidet als normaler Armeeangehöriger, der Gefangennahme zu entkommen; nachdem er entdeckt und inhaftiert worden war, beging er am 23. Mai 1945 Selbstmord. ... RUDOLF HÖSS (SS-Oberstleutnant) ...

wurde 1940 zum Kommandanten von Auschwitz ernannt. Gewissenhafter Kleinbürger, der er war, organisierte er den Massenmord mit technischer und administrativer Sorgfalt. 1946 verhaftet, sagte er bei den Nürnberger Prozessen aus ... und wurde im Mai desselben Jahres nach Polen ausgeliefert. Im April 1947 verurteilte man ihn zum Tod durch den Strang und vollzog das Urteil auf dem Lagergelände [Auschwitz]« (Czech, 814).

»Unter den SS-Aufseherinnen zeichneten sich Mandel, Taube, Drexler und Hasse durch ihre brutale Behandlung der weiblichen Gefangenen aus« (Strzelecka, 396). MARGOT DREXLER war bei Kriegsende in Bergen-Belsen. Im Bericht einer Überlebenden heißt es, daß sie am Tag der Befreiung von weiblichen Gefangenen zur Latrine geschleppt wurde und man ihren Kopf ins Abwasser hielt; dieser Bericht läßt offen, ob sie starb oder nicht, oder ob sie jemals wegen ihrer Kriegsverbrechen vor Gericht gestellt wurde. IRMA GRESE kam in Bergen-Belsen vor das Gericht für Kriegsverbrechen und wurde wegen Folter und Körperverletzung der Gefangenen zum Tod durch Erhängen verurteilt (Quelle: Gutman, 1499). MARIA MANDEL kam vor das Kriegsverbrechertribunal und wurde von einem polnischen Gericht zum Tode verurteilt. Sie wurde im Dezember 1947 hingerichtet (Quelle: Rittner und Roth, 29). Unbekannt ist, ob ihre Schwester, ELISABETH HASSE, jemals für ihre Taten zur Rechenschaft gezogen wurde, oder was mit MARIA MULLENDERS geschah.

Über Offizier ANTON TAUBE und seinen Truppenführer STIBITZ ist nicht bekannt, ob die beiden SS-Männer jemals wegen ihr »Körperertüchtigung« und anderer mörderischer Aktionen in Auschwitz angeklagt wurden.

DANKSAGUNG

Folgenden Menschen sei für ihren Glauben an uns und ihre Unter-
stützung gedankt: John, für seine Ruhe und sein Vertrauen während
des ganzen Projekts, für die Essenspausen, zu denen er uns drängte,
für die holländischen Witze und dafür, daß er so ein wunderbarer
Ehemann ist. Danka, für ihr Überleben und ihre Beteiligung an der
Geschichte ihrer Schwester. Karen für ihre vorbehaltlose Zuneigung
und ihren Glauben an uns - für ihre Bereitschaft, Mädchen für alles
zu sein, anstatt sich ihrer eigenen Kunst zu widmen und dafür, daß sie
Heather ermutigte, dieses Projekt zu Ende zu bringen. Corrine
Cochrine, dafür, daß sie uns einander vorgestellt hat. Dr. Annette Allen für die Stunden, die sie mit der Besprechung des Anfangsentwurfs
zubrachte, ihre Einsicht und ihre Hilfe bei der Verbesserung des ferti-
gen Manuskripts und ihr wunderbares Gedicht, das sie für dieses
Buch schrieb. Der außerordentlichen Schnelleserin Joanne Pankow,
die das Manuskript in sechsunddreißig Stunden zweimal durchgele-
sen hat, ehe es an unsere Agentin Sarah Jane ging. Sarah Jane Frey-
mann für ihren Mut, an eine Erstlingsautorin zu glauben, uns zu ver-
treten und diese Geschichte an unseren Verlag zu bringen. Beacon
Press für die Veröffentlichung dieser Geschichte, unserer Lektorin
Deb Chasman für ihr sofortiges Ja zu diesem Buch und dafür, daß sie
das Wesentliche erkannt und herausgearbeitet hat - ihrem Talent und
Einfühlungsvermögen, ihrer Liebe und Geduld ist es zu verdanken,
daß dieses Buch verwirklicht wurde. Penny Niven und Gerald
Jackson für die Beantwortung all der panischen Anrufe und ihre Ein-
führungen in das Geschäft des Biografie-Schreibens und Publiziert-
werdens.

Wir möchten auch Renas Kindern Sylvia, Joseph, Peter und Robert
für ihre Begeisterung danken. Carol Engel, Renas Vertrauter und besten Freundin, die diese Geschichte vor langer Zeit gehört und Rena
gesagt hat, daß aus ihr ein Buch werden sollte. Sara Cuneo, die Rena
vor zwanzig Jahren gebeten hat, ihr die Geschichte zu erzählen, und
sie ermutigte, sie der Welt mitzuteilen. Heathers Mutter und ihrem
Bruder Loch, die alle drei Anfangsfassungen gelesen und geholfen ha-

ben, diesem Projekt eine Perspektive zu geben. Vincent Bridges, der Heather Corinne vorgestellt hat und Heather zum Schreiben überredete. Tamara und der Familie Telberg für den Dachboden und alles andere. Olivia Vlahos, die als erste Rena einlud, vor ihren Schülern zu sprechen, damals, als keiner es hören wollte. Patrica Raskin, die uns zum erstenmal ins Fernsehen brachte. Liz Bergstone für den Computer. Den Mitarbeitern von Franklin's Printing für all die Kopien. Außerdem möchten wir Dean Patterson, Dr. Clauss und all den Lehrern, den Bürokräften und Studenten vom Salem College danken, die uns in ihrer Gemeinschaft willkommen hießen und das erste öffentliche Publikum dieser Geschichte waren.

BIBLIOGRAFIE

Bartlett, Neil et al., eds., *McGraw-Hill Encyclopedia of Science & Technology*. 7th ed. Vol.17, McGraw-Hill, New York, 1992.

Czech, Danuta, *Auschwitz Chronicles 1939-1945*. I.B. Tauris, London 1990, dt.: *Kalendarium der Ereignisse im Konzentrationslager Auschwitz-Birkenau 1939-1945*, Reinbek, 1989.

Gutman, Israel, ed., *Encyclopedia of the Holocaust*, 4 vols., Macmillan, New York 1990, dt.: *Die Verfolgung und Ermordung der europäischen Juden*, 3 Bde., Berlin, 1993.

Hellman, Peter, *The Auschwitz Album*, Random House, New York, 1981.

Langer, Lawrence L., *Holocaust Testimonies: The Ruins of Memory*, Yale University Press, New Haven, 1991.

Posner, Gerald L. und Ware, John, *Mengele: The Complete Story*. McGraw-Hill, New York, 1986, dt.: *Mengele. Die Jagd auf den Todesengel*, Berlin, 1993.

Rittner, Carol und Roth, John K., eds., »Prologue: Women and the Holocaust« and »Chronology« in: *Women and the Holocaust: Different Voices*, Paragon, New York, 1993.

Strzelecka, Irena, »Women«, in: *Anatomy of the Auschwitz Death Camp*, ed. by Ysrael Gutman and Michael Berenbaum, Indiana University Press, Bloomington, 1994.

Wyman, David, ed., *Bombing Auschwitz and the Auschwitz Escapees' Report, in: America and the Holocaust*, Vol.12, Garland, New York, 1990.

[Ders., dt: *Das unerwünschte Volk. Amerika und die Vernichtung der europäischen Juden*, München, 1986.]

HEYNE
BÜCHER

Der Kampf um das Überleben

Sally Perel
Ich war Hitlerjunge Salomon
19/2022

Eleonore Hertzberger
Durch die Maschen des Netzes
Ein jüdisches Ehepaar im Kampf gegen die Nazis
19/2054

Jacqueline van Maarsen
Meine Freundin Anne Frank
19/2060

19/2060

19/2054

Heyne-Taschenbücher